Dear Michael
Mensajero de amor

> Johnson, Elizabeth
> Dear Michael: mensajero de amor / Elizabeth Johnson; con prólogo de Emilce Valencia - 1ª ed. Buenos Aires: Deauno.com, 2012
> 326 p.; 21 x 15 cm.
>
> ISBN 978-987-680-051-8
>
> 1. Biografías. I. Valencia, Emilce, prolog.
>
> CDD 920.71

Queda rigurosamente prohibida, sin la autorización escrita de los titulares del copyright, bajo las sanciones establecidas por las leyes, la reproducción total o parcial de esta obra por cualquier medio o procedimiento, comprendidos la fotocopia y el tratamiento informático.

© 2012, Elizabeth Johnson
© 2012, Deauno.com (de Elaleph.com S.R.L.)
© 2012, Emilse Valencia, prólogo
© 2012, Fotos de cubierta inéditas, propiedad de Luis Pietanesi.

contacto@elaleph.com
http://www.elaleph.com

Para comunicarse con el autor: dear_michael_sp@hotmail.com

Primera edición

ISBN 978-987-680-051-8

Hecho el depósito que marca la Ley 11.723

Elizabeth Johnson

Dear Michael
Mensajero de amor

deauno.com

A Michael Joseph Jackson
A sus hijos, Paris, Prince y Blanket Jackson.

A mis amores incondicionales,
mis hijos, Yuliana y Damián.

Y a todos los niños del mundo

Prólogo

¿Puede una mujer encontrar manera más honesta de iniciar una declaración de amor, que confesando su verdadera edad (49 años), estado civil (casada) y su maternidad (dos hijos jóvenes)?

Sí. Cuando está segura que ese nuevo amor –sublime y espiritual– llegó no para robarle espacio a sus demás amores, sino, por el contario, para fortalecerlos, pero, sobre todo, para redescubrirla como la persona que ahora es.

¿Hay una forma más auténtica de escribir un libro de amor, que reconociéndose no escritora de profesión y que es sencillamente esta amorosa circunstancia la que provoca tal caudal de letras?

Sí. Cuando la necesidad de encontrarle respuesta a sus sentimientos la llevan a explorar los linderos literarios de la narrativa y la prosa poética, para luego adentrarse en diversas disciplinas del conocimiento y, en consecuencia, en lenguajes más objetivos, como el periodístico y el de divulgación científica.

Es así como Elizabeth Johnson, Liz para quienes le queremos, se introduce en la escritura, con el corazón literal y metafóricamente abierto, para reconocer en su Querido Michael, al "Mensajero de Amor" que llegó en el momento menos esperado y que ahora ha puesto en su vida un hermoso desafío: ¡Dar a Luz un Libro!

A diferencia de la gran cantidad de libros que han inundado el mercado editorial en los últimos tres años, valiéndose de ciertos pasajes inéditos en la vida –más íntima que pública– de Michael Joseph Jackson –algunos escritos por plumas de reconocido profesionalismo y otros firmados por sus familiares, amigos y/o enemigos–, este ejemplar, con el que debuta Liz como escritora, no tiene mayores ambiciones –ni mercantiles, ni mediáticas– que la de rendir un modesto tributo al artista/genio, al hombre/niño, ese que tocó primero su corazón y luego se adentró en su conciencia, para enamorarla en el momento que parecía menos propicio para empezar a amarle, pues al mismo tiempo había que sufrir su ausencia y quedaba –aparentemente– poco sitio para los sueños.

Sin ocultar su pena, la autora asume que pertenece a esa nueva generación de fans que –ante su partida– empezó a conocerle, amarle y sufrirle simultánea, irónica y contradictoriamente: *"Hoy siento mucho dolor por no haberlo conocido y disfrutado antes. Me considero víctima de lo que los medios amarillistas quisieron mostrarnos y vendernos sobre Michael. Siento que me privaron de conocer y disfrutar de un ser valioso, sensible y con mucho amor para regalar al mundo".*

Y revirtiendo la pena en valentía, le explica a quienes no comprenden por qué duró casi dos años escribiendo un libro y ha dedicado los últimos tres de su vida a indagar sobre alguien que no conoció personalmente y que ni siquiera admiraba: *"Mi respuesta es muy simple: Por amor... Porque necesito transmitir a quienes no lo conocen, o mal conocen, quién fue realmente".*

Y entonces surge la pregunta: ¿Qué será más difícil, no conocerle o mal conocerle? El conocimiento científico dirá que es más fácil construir una imagen nueva, que reconstruir una imagen dañada. Pero el amor no ve tales dificultades. Liz admite que, además de conocer vagamente a la estrella con que cantó y bailó en sus años de adolescencia, llegó a mal conocer aquellos pasajes del adulto que desembocaron en escándalos mediáticos. Sin embargo, bastó con que en los días posteriores a su partida se detuviera a verle con los ojos del corazón –en un concierto transmitido por tv–, para que por primera vez sintiera una conexión especial con él y, en consecuencia, la imperiosa necesidad de conocerle, para empezar a entenderle.

"Estoy convencida que yo no escogí a Michael, sino que Michael me escogió a mí", sostiene. Lo demás puede resumirse en esa

sabia fórmula, ahora sí, científicamente comprobada, que dice: NADIE AMA LO QUE NO CONOCE. NADIE DEFIENDE LO QUE NO AMA.

En "Dear Michael... Mensajero de Amor" no hay datos inéditos que despierten la curiosidad masiva, tampoco hay algún personaje del entorno Jackson ventilando detalles íntimos que garanticen record de ventas a nivel mundial. A cambio de esas argucias mercadológicas que sacan provecho a tan lucrativa marca registrada –el simple nombre de Michael Jackson vale oro y continúa en alza en el mercado de valores–, en estas honestas páginas se busca el despertar de la conciencia, de la espiritualidad, del amor en su más pura expresión, a través de los ojos con que Liz conoció, ama y ahora defiende a Michael Jackson.

Asalta a la memoria aquel dejo de dolor con que la propia mega estrella decía que desde el momento mismo en que comenzó a romper récords de ventas de todos los tiempos, le llovieron adversarios y éstos hicieron todo lo posible por poner a la opinión pública en su contra.

Él ya no puede gritarle al mundo, en un último intento de redención: "¡Compréndanme! ¡Acéptenme! ¡Valórenme! ¡Respétenme! ¡Ámenme! ¡No me pidan que sea 'normal', cuando no sé qué es eso! ¡No me juzguen sin caminar mi camino con mis zapatos! ¡No me torturen más de lo que yo mismo me castigo! ¡No cuestionen eso que llaman "locura", pues sin ella, no sería lo que soy! Él, dolorosamente ya no está, pero en su defensa hay plumas valientes y sensibles como la de Liz, para develar/tallar/esculpir ese otro perfil –humano– que los medios y la propia industria del espectáculo le escondieron alevosamente.

"Hasta que me encuentre contigo en el cielo, mi voz será tu voz", se compromete la autora.

Por eso, en estas páginas, el amor se humaniza y se espiritualiza para embellecer la hostilidad con que el mundo lo trató, para celebrar el nacimiento de su verdadera vida y obra e, incluso, su muerte, que también –al ser un acto de desprendimiento de energía total– es por sí mismo un acto de amor y entrega a la voluntad suprema, hasta volver al principio de principios, a las quietas y tibias aguas del vientre materno, al alimento de la madre tierra, a la verdadera trascendencia.

A lo largo de los nueve capítulos y veinte temas en que se divide el libro, los fans de siempre y los de reciente generación pueden hacer catarsis, al leerse a sí mismos –como si cada uno hubiese escrito estas letras o parte de ellas– en una declaración de amor y gratitud no a la marca registrada, sino al artista/genio, al hombre/niño que superó con creces a su propio nombre y que sigue rebasando a la industria del espectáculo. Este pasaporte al desahogo seguramente ayudará a muchos fans/lectores a encauzar el proceso final de su duelo, con las herramientas espirituales que Liz comparte de manera generosa.

Pero hay algo más que le da el definitivo plus a la obra y es la posibilidad de conquistar a un público indeciso –que no sabe si creer o no todo lo que dicen los medios–, a un público prejuiciado –que se dejó llevar por una imagen pública en ocasiones contradictoria y confusa–, y a un público indiferente, que aún no sabe que detrás del título nobiliario de Rey del Pop hay una extraordinaria historia que lo sustenta.

A fin de llegar/conquistar/convencer a esos públicos aún no cautivos, la autora se convierte –no sé si deliberada o inconscientemente– en inmejorable guía espiritual, maestra de medicina, cronista musical, periodista investigadora y vocera de la labor humanitaria de Michael Jackson, para proveer al lector de un conocimiento integral del personaje y de la persona que da vida a tan mítico personaje.

Con amorosa paciencia, casi didáctica, nos lleva de la mano a recorrer la vida de su amado Michael, empezando por el niño prodigio, para luego ir hacia el hombre, con su arte, su labor humanitaria, su amor por los niños, su paternidad, su relación con los fans, su vocación espiritual, sus enfermedades, sus juicios, sus conflictos mediáticos. Y finalmente llegar al oasis más sublime, a través de sus constantes visitas a los sueños de quien le ama y a la forma en que ha tocado vidas con su luz. Lo más plausible es que la autora no cae en la tentación del elogio gratuito o de la santificación, sino que intenta documentar con conocimiento de causa cada uno de los logros, atributos, aciertos y rasgos de personalidad que hacen de Michael Jackson un ser trascendental en toda la extensión de la palabra.

Al empezar la lectura, podría pensarse que se trata de relatos autobiográficos pautados por la historia de la estrella, pero más adelante el tono narrativo empieza a adquirir distancia objetiva y se adentra con acucioso profesionalismo en temas de salud, legalidad, paternidad y manejo mediático. No obstante, donde verdaderamente se nota que la escritora más disfruta su trabajo es en el amplio espacio dedicado a la espiritualidad de su amado Michael.

La autora explica cómo la necesidad de encontrar paz interior la llevó hace varios años a incursionar en la meditación y a conocer otras religiones, como el Hinduismo, el Budismo y el Taoísmo, además de leer mucho sobre Psicología Transpersonal y Metafísica Cuántica. Más tarde, le maravilló descubrir su afinidad con Michael Jackson por esos temas y por ciertos autores, en especial por el doctor Wayne Dyer y el doctor Deepak Chopra. Hoy aprovecha esta afinidad para divulgar una faceta tan poco conocida de él, como su amplio conocimiento en la Meditación, Leyes Metafísicas del Universo, Sincrodestino y Espiritualidad, conocimiento que a decir de Liz puede verse reflejado en detalles específicos de su creación artística, en su visión del mundo y hasta en su personalidad. Es aquí cuando la autora hace más didáctica la narración, gesto que el lector terminará agradeciéndole.

En repetidas ocasiones alude a esa conexión espiritual tan fuerte entre ambos. Incluso fortalece su idea con la teoría del astrofísico y divulgador científico estadounidense, Grasse Tyson, que sostiene que: *"Todos estamos conectados los unos a los otros biológicamente; a la Tierra, químicamente y al resto del Universo, atómicamente"*. Y como Liz no es la única que afirma sentir dicha conexión, se vuelve éste uno de los temas más interesantes del libro.

A manera de corolario, incluye testimoniales de más de una veintena de amigas y amigos que ha ido sumando alrededor del mundo en su incesante búsqueda de respuestas y encuentro con grupos de pertenencia en los que Michael Jackson es un estilo de vida.

Dicho estilo de vida queda muy bien definido en las palabras de Raydoreth Isla González, fan originaria de Chile: *"Siento que el corazón de cada uno de quienes lo amamos es un escenario donde Michael sigue cantando y bailando con la magia de siempre, su legado de amor está con nosotros, su inolvidable sonrisa ya es parte de los recuerdos más gratos"*.

Todas estas vidas, tocadas por el ídolo, coinciden en que su amor va mucho más allá del deslumbramiento por el personaje y su arte, en todo caso se sostiene firme en esa reciprocidad que encuentran con el hombre –un amor leal y agradecido de ida y vuelta–, y la consecuente admiración a su esencia humanitaria –como lo hace notar la mexicana Myrna Ramos– que implica genuino interés por los niños vulnerables, por la ecología, por el planeta en su grandeza y complejidad. Lo trascendente –visto desde la perspectiva social, cultural, psicológica y espiritual– es que esta influencia ha provocado cambios importantes en sus vidas, que les inspira a ser mejores personas, más amorosas y espirituales, respetuosas del entorno ecológico, comprometidas con su sociedad, solidarias con su familia.

"Cuando la gente me pregunta por qué te quiero tanto, mi respuesta es fácil, pude saber quién es realmente Michael Jackson", afirma la australiana Paula Katsikas, una de las pocas amigas de Liz que tuvo el privilegio de conocerlo en persona.

En todos estos amorosos testimonios, se siente el duelo, mas no la ausencia: *"Jamás pensé que podría llegar a echarte tantísimo de menos... Lógicamente no te hacía inmortal pero simplemente, nunca pensé que me faltarías. Siempre has estado ahí. Siempre"*, le confiesa desde España Mahe Guilmain. Hablarle al amado de manera tan íntima, sin reparar en el lector, es un tono recurrente en quienes comparten aquí sus sentimientos más auténticos.

Se agradece el respeto de autora y editores a estas expresiones de amor/dolor, desde las más sencillas palabras, hasta las de alcance poético, pues a través de ellas el lector común puede formarse mejor idea de esa "raza extraña" que orgullosamente se asume en todo el mundo como un gran Ejército, o como el propio Michael Jackson le llamó a sus entusiastas seguidores: "Soldados del Amor".

En estas últimas páginas también queda patente como entre esos millones de Soldados –casi tan incomprendidos y mal juzgados como su Rey– sobresalen personas inteligentes, sensibles, creativas, preparadas académica y espiritualmente, que han apostado mucho de lo que son y lo que tienen para tender puentes comunicantes alrededor del mundo, no sólo para compartir entre sus pares esa devoción jacksoniana; sino para difundir con seriedad y fundamento todo cuanto saben de él y que no encuentra resonancia justa en los medios masivos.

Como muestra de esta persuasiva e incansable lucha, la autora hace alusión a la página "Labor Humanitaria de Michael Jackson" en Facebook; así como a la Asociación Benéfica 4LOVEprojects, inspirada en su legado humanitario; y, por supuesto, a "La Corte del Rey del Pop" que, además de ser uno de los sitios en español con mayor tráfico en la red internáutica, es de los clubes más activos y mejor organizados en América Latina, al que, por cierto, pertenece Liz y varias de las voces que aquí se hacen presentes, incluyendo esta...

"La lealtad es una cualidad tan rara, pero mis fans son los más leales del mundo... Son activistas. Ellos te pelean por mí", solía reconocer Michael Jackson con sobrado orgullo en sus entrevistas, sabedor de que nadie más en el mundo del espectáculo gozaba de tal comunión con su gente: *"Una de las cosas que me permitieron hacer frente a los días más oscuros fue la reacción de mis fans. Ellos nunca renunciaron y me dieron la fuerza para pasar*

por alto la fabricación dañina de los medios de comunicación. No me sorprende que yo haya sido capaz de lidiar con el negocio de la fama porque obtuve la energía positiva de mis fans".

A punto de concluir la última página, me resisto a cerrarla sin saber ¿Dónde estabas Liz hasta antes de esta obra? ¿Dónde te habías escondido novel escritora? ¿Quién es responsable de que no hayamos sentido antes esta infinita gama de emociones que tu declaración de amor universal nos provoca? ¿Por qué permanecieron guardados conocimientos tan vitales, no sólo para entender a Michael Jackson, sino para entendernos a nosotros mismos a través de él?

Los que saben de letras de altos vuelos, sabrán reconocer en "Dear Michael... Mensajero de Amor" un logrado trabajo creativo y periodístico que puede caber en varios estantes de las librerías, desde los de Divulgación hasta en los de Desarrollo Humano. Pero quienes saben su negocio editorial seguramente no saben por qué una confesión de tan altísimo amor había permanecido casi tres años en silencio... Bueno, para eso están los que quizá no saben de letras de altos vuelos –como se asume la propia Liz– pero sí saben y entienden de este amor: Los Soldados de Michael Jackson, millones de corazones de distintas nacionalidades, culturas, razas, idiomas, credos, generaciones y estratos sociales, que pese a sus aparentes diferencias laten al unísono *"en la más hermosa armonía que se pueda imaginar"*.

Mientras escribo estas últimas líneas dedicadas a tan amorosos Soldados, siento cómo cobra vida la foto de tapa, que al sonreírme dulcemente, ya no me permite continuar con tal dedicatoria. Y entonces, en este instante de amor sublimado, vuelvo a experimentar aquel primer rubor adolescente, especialmente cuando la luz que le enciende el rostro tropieza en su boca y se multiplica en sonrisas, en miradas angelicales, en síes enamorados, en promesas de amor eterno... Vuelvo a sentirlo –gracias a Liz– como sienten esos 250 millones de corazones enamorados...

Dear Michael

Y es que nunca se fue, nuestro Michael menguante sigue aquí, deslizándose casi sin tocar el piso, inclinándose 45 grados sin caer, caminando hacia atrás y hacia adelante al mismo tiempo, dando sugestivos contoneos de pelvis para luego sonreír, tímido y travieso, flexible como el que más, delgadísimo como el viento, etéreo, ingrávido, virtuosamente sonoro, genialmente creativo, luminosamente espiritual, amorosamente generoso, irrepetible, irremplazable, único ¡Absoluto Rey del escenario, de su tiempo, de su espacio, de su circunstancia y de nuestros corazones!

Y entonces, no me queda sino confesarme:

Tan Emilse como Siempre, para ti, Querido Michael... Mensajero de Amor.

Emilse Valencia
Consultora en Comunicación Integral
Hermosillo, Sonora, México

Introducción

Mi nombre es Elizabeth Johnson y desde que nací, siempre me llamaron Liz.

Soy argentina. Nací en Buenos Aires, el 30 de julio de 1963, estoy casada y tengo dos hijos. Me dedico a la Traducción Audiovisual (Subtitulado y Doblaje) y durante 22 años me dediqué a la enseñanza del idioma inglés.

No soy escritora pero siempre me gustó mucho escribir. Soy una persona común a la que le gusta compartir y expresar sus experiencias y emociones por medio de la palabra escrita, palabra que no puede llevarse el viento. Como dice mi maestro espiritual y autor de cientos de libros, mi admirado doctor Wayne Dyer: *"Escribir no es algo que hago, escribir es lo que soy. Yo soy la escritura – es simplemente una expresión de mí".*

Todas nuestras acciones tienen un propósito, una intención. Mi intención al escribir este humilde libro es rendir homenaje a un ser humano que apareció en mi vida de manera totalmente inesperada y sorpresiva; triste y mágica; atrapando a mi corazón, iluminándolo, despertándolo e impregnándolo de amor.

Mi propósito es contar mi historia, que surge de la necesidad de compartir con quienes aman a este ser humano, un mismo sentimiento, una misma felicidad, un mismo duelo, una misma pasión. Y contarles a aquellos que no lo conocen, o que tienen una idea equivocada sobre él, quién fue realmente. Tal vez, pueda ayudar a que su nombre comience a tener otro sonido en sus oídos y en sus corazones.

Por último, pero no menos importante, mi intención es darle una finalidad útil a este libro. Mi deseo es destinar las regalías para donaciones a entidades de beneficencia o a organizar campañas solidarias, no solo por una necesidad personal, sino también para ampliar mi homenaje a este ser humano de LUZ y Mensajero de AMOR que me regaló tanto sin llegar a saberlo.

Este ser humano es, con sus virtudes y defectos, con sus errores y aciertos, mi querido, mi admirado y mi muy echado de menos Mensajero de Amor:

Michael J. Jackson

Capítulo I

El comienzo

> *No vayas a mi tumba y llores*
> *pues no estoy ahí.*
> *Yo no duermo.*
> *Soy un millar de vientos que soplan,*
> *el brillo de un diamante en la nieve,*
> *la luz del sol sobre el grano maduro,*
> *la suave lluvia de verano.*
> *En el silencioso delicado amanecer*
> *soy un ave rápida en vuelo.*
> *No vayas a mi tumba y llores,*
> *no estoy ahí, yo no morí.*
>
> Mary Elizabeth Frye

Quise comenzar el primer capítulo con este bello poema de *Mary Elizabeth Frye* el cual utiliza el doctor Deepak Chopra en su libro *Sincrodestino*. En primer lugar porque me pareció muy acorde al hecho que entristece a tantas personas alrededor del mundo, y en segundo lugar porque el doctor Chopra fue un muy buen amigo de Michael Jackson y, en mi opinión, una de las personas que mejor supo explicar como médico y como amigo, el profundísimo dolor emocional que Michael padecía. Cito una de las frases en las que el doctor Chopra resume la esencia de Michael:

"Michael Jackson era un alma delicada en un mundo cruel".

25 de junio de 2009

¿Quién de nosotros no recuerda qué estaba haciendo cuando escuchó la triste noticia de que Michael Jackson había fallecido? Aún hoy me cuesta creerlo y hasta necesito detenerme un instante y respirar hondo para poder escribirlo. Tal vez muchos no recuerden qué estaban haciendo. Yo lo recuerdo con claridad, y todavía me asombra y estremece.

Ese día, el jueves 25 de junio de 2009, mi hijo tenía una cita con el médico cirujano. Partimos de casa al medio día. Estaba muy preocupada por saber si tendría que operarse de inmediato, pero al mismo tiempo me sentía tranquila porque sabía que estábamos en buenas manos y que, después de todo, su condición no era de gravedad y que sería una operación sencilla.

Durante el viaje, trataba de pensar en otra cosa, en algo que me provocara alegría. Por esos días mi admirado y querido actor Osvaldo Laport había regresado de su viaje humanitario a La República Democrática del Congo, África, como Embajador de Buena Voluntad para ACNUR. Al mismo tiempo, con sus fans estábamos en plena organización de un Club Solidario. Se estaba despertando en mí algo que estaba latente, pero que hacía falta que alguien o un suceso importante lo activase; comenzar a participar de manera comprometida y constante en campañas solidarias.

A media tarde, mi hijo y yo salimos de la clínica con la tranquilidad de saber que no era necesaria una cirugía urgente. Antes de tomar el autobús para regresar a casa, compramos una revista que cubría toda la experiencia de Osvaldo en África. En viaje, comencé a mirar las fotografías publicadas en la revista. Me dolía la tristeza en la mirada de esos niños, el miedo en los ojos de las mujeres, el gesto preocupado y triste en el rostro de Osvaldo. De pronto, cruzó mi mente como la luz de un relámpago *"We are the World - USA for AFRICA"*. Hacía "años" que no escuchaba esta canción y de alguna manera ver las imágenes de África la trajeron a mi memoria.

Aún sin saber lo que estaba ocurriendo con Michael, estaba recibiendo su primer mensaje de amor.

Llegamos a casa. Mi hijo fue a su habitación y yo me dispuse a preparar la cena. Nunca encendimos la televisión ni la radio. Después de cenar, mi hijo se fue a dormir. Yo me quedé escaneando las fotos de Osvaldo en África para armar un Powerpoint y subirlo a su foro. En algún momento pensé en usar *"We are the World"* para el audio, pero me pareció que no correspondía porque era un tema muy conocido de otro artista. Entonces, decidí usar la canción de Lisa Gerrard *"Now we are free"* de la película *"Gladiador"*, ya que la había tenido en mente desde la partida de Osvaldo y me parecía que acompañaba muy bien las imágenes de África. Cuando terminé de hacer esto, me fui a dormir.

Al día siguiente, enciendo la televisión y comienzo a preparar el almuerzo.

Las noticias anunciaban que el Rey del Pop había fallecido de un paro cardíaco. Por supuesto, me tomó de sorpresa, pero hasta ese momento no sabía que Michael iba a entrar en mi vida de la manera en que lo hizo... Dolorosa, triste, inesperada y mágicamente...

Obviamente durante las semanas siguientes, todos los canales y programas de televisión tenían algo que informar sobre la muerte de MJ. En medio de tanta información, una periodista del espectáculo comenta que Michael figuraba en el libro Guinness de los Récords como el artista que más contribuyó con asociaciones y fundaciones benéficas. Esto llamó poderosamente mi atención. ¿Michael Jackson hacía caridad? Como ya dije, por esos días estaba llegando Osvaldo de África y estábamos organizando nuestro Club Solidario. De algún modo, lo asocié.

Como le sucedía a muchos, tenía una imagen totalmente distinta de Michael. Comencé a buscar información en Internet para conocer un poco más sobre su espíritu solidario. Sin darme cuenta, Michael Jackson comenzaba a sacudir mi mundo.

Una noche anuncian en un canal de cable la transmisión del *"HIStory World Tour"* en Munich. Con mi marido y mi hija decidimos mirarlo. Me senté muy relajadamente en el sillón de nuestra sala de estar sin sospechar que desde esa noche, Michael sacudiría no sólo mi mundo sino mi vida y mis entrañas hasta atravesar mis huesos.

Comenzó el concierto y la sensación de dolor y pérdida fue instantánea. Percibí el amor que miles de personas sentían por él. Me sorprendía y estremecía el llanto, la euforia y la felicidad que provocaba en sus fans. Todos esos sentimientos juntos. Michael todavía no había aparecido en el escenario y ya se me había hecho un nudo en la garganta. ¿Qué me estaba ocurriendo?

De pronto, el Rey del Pop apareció en el escenario. Estaba radiante con su vestuario dorado, brillaba con luz propia. Comencé a redescubrirlo, a verlo con otros ojos. Redescubrí la letra de *"Heal the World"*. Sentí en carne propia la sorpresa y la emoción de la fan que sube al escenario a abrazarlo cuando Michael canta *"You are not alone"*. En ese momento ya no pude contener las lágrimas. Mi hija me miraba sorprendida y me decía: *"Ay, mamá, ¿desde cuándo lloras por Michael Jackson?"* Mi marido le contestaba: *"Sucede que entiende las letras y eso la emociona"*. Mi marido no se equivocaba, pero la angustia que yo estaba sintiendo iba más allá de comprender las letras de las canciones. Esa noche, Michael Jackson entró en mi corazón para no irse nunca más. Esa noche, Michael me tomó de la mano y me invitó a vibrar en su misma frecuencia.

Cada día que pasaba me afectaba más y más su muerte. Esto que sentía me sorprendía tanto que incluso lo escribí en el foro de Osvaldo Laport para compartirlo con fans amigas. Pensaba, ¡Dios mío! ¿Qué me está pasando? ¿Por qué me duele tanto su muerte? De pronto todo se conectó y comencé a comprender por qué Michael me dolía tanto.

Entendí que Michael había formado parte de una etapa muy importante de mi vida, acompañándome con su música y su baile. Recordé una cena en familia, con mis padres, mis hermanos y mi marido, que en ese momento era mi novio. Recordé que esa noche vimos el video *"Billy Jean"*. Todos estábamos fascinados con su baile. Recordé que mi papá, amante del tango, dijo: *"¿Eso es bailar?"* Todos nos reímos y enseguida saltamos eufóricos a explicarle que se trataba de ¡Michael Jackson!

Y recordando entre lágrimas y sonrisas todo esto, pensé ¿en qué momento lo olvidé? ¿Cómo es que me perdí a este ser tan maravilloso? Mis lágrimas empezaron a caer, no podía contenerlas y pensaba, ¡Dios mío! ¿Cómo no me di cuenta de que era tan importante? Hay un sabio proverbio zen que dice que *"el maestro aparece cuando el alumno está preparado"*. Michael apareció en mi vida en el momento más oportuno.

Así es que comencé a buscar toda información que pudiera encontrar sobre Michael; su discografía, sus fotos, sus discursos, sus entrevistas. En poco tiempo me volví casi una experta en Michael Jackson. Descubrí la magnitud de la pérdida, el dolor de sus fans en el mundo. Y más allá de redescubrir al genial artista, descubrí al hombre. Descubrí su generosidad, su tristeza, su altruismo, su fe. Pude ver su alma buena e incomprendida a través de la transparencia de su mirada. Descubrí su sonrisa tímida e inocente. Descubrí a un Michael Jackson espiritual y ferviente lector de la Biblia, seguidor firme de las enseñanzas de Jesús.

Mi dolor se agudizó. De pronto, lo descubría y lo perdía al mismo tiempo. Pensé que esta angustia sería pasajera, pero no fue así. Hasta este día no logro superarlo. Rompo en llanto cada vez que escucho sus canciones, cuando veo sus videos o cuando escucho su voz. Es una mezcla de deleite y desolación.

En un primer momento me preocupé, pensé que me estaba enfermando, que esto me pasaba sólo a mí. Luego, a través de mi investigación, me di cuenta de que esto que yo sentía era un fenómeno mundial. Personas de todo el mundo manifestaban sentir un dolor que va más allá de toda explicación. Todos sentían la misma necesidad imperiosa de ver sus videos, de escuchar sus discos una y otra vez, de buscar sus fotos, de "estar" con Michael de alguna manera, en todo momento.

Sentí mucho enojo por no haber estado cerca de él para apoyarlo durante los duros años de acusaciones. Me sentí culpable porque yo también en algún momento había dudado de él dejándome llevar por lo que decían las noticias. Entonces, fortalecí mi convicción de que nunca debemos juzgar a nadie. Recordé las enseñanzas de Jesús, «*No juzguéis y no seréis juzgados; no condenéis y no seréis condenados; perdonad y se os perdonará*» Michael comenzaba a inspirarme a ser mejor persona. Michael comenzaba a enriquecer mi vida.

Estoy convencida de que Michael Jackson me escogió a mí, no yo a él. Por alguna razón, el alma de Michael hizo contacto con la mía cuando recordé de pronto *"We are the World"* mientras viajaba en el autobús ese mismo 25 de junio, en el preciso instante en que su luz se apagaba en el plano terrenal.

Años '80 y '90

A principios de los 80 estaba de novia con quien hoy es mi marido. Nuestro mayor deseo era casarnos y formar una familia. Cuando Michael vino a la Argentina en 1993 a presentar *"Dangerous"*, ya teníamos a Yuliana, de tres años, y a Damián de casi un añito. Tal vez se pueda comprender que estuviese dedicada tiempo completo a criar a mis hijos y no prestara atención a ir a recitales, a pesar de que siempre fui una apasionada de la música.

Yo no era fan de MJ. Por supuesto me fascinaba su baile, su música y sus maravillosos videos; *"Thriller"*, *"Billy Jean"*, *"Beat it"*. Y anteriores a estos *"Don't stop till you get enough"* y *"Rock with you"*. Me deslumbraba su baile, sus movimientos mágicos, su talento. Pero no era una fan activa. Conocía superficialmente algunos detalles sobre su infancia dolorosa, el maltrato de su padre y todo lo que había padecido a raíz de las acusaciones por pedofilia, acusaciones que, en algún rinconcito de mi corazón, sabía que eran falsas. Pero, en aquellos años, no comprendía a Michael por completo. No comprendía su obsesión por las cirugías y por qué había cambiado el color de su piel. ¿Cómo podía comprenderlo si nunca nos habían informado con la verdad? En esa época no teníamos acceso a Internet como hoy en día. Dependíamos de los medios de comunicación para informarnos. Creo que en mi país, Argentina, no se supo apreciar el talento y la humanidad de Michael en su total dimensión. No se difundió su verdadera esencia. ¿O será que yo estaba inmersa en ser mamá y esposa y no lo vi?

Sin embargo, recuerdo que las noticias sobre Michael eran siempre nefastas. Sobre su sexualidad, sobre el blanqueamiento de su piel, sobre sus cirugías, sobre su irresponsabilidad como padre al sacar a su hijo de pocos meses por la ventana de un hotel para mostrarlo a sus fans. ¿Por qué los medios se empecinaron tanto en maltratarlo? ¿Por qué no dieron a conocer la verdad sobre su Vitiligo? ¿Por qué nunca informaron que padecía Lupus? ¿Por qué fue objeto de tantas humillaciones y acusaciones falsas? ¿Por qué los medios no mostraron su espíritu humanitario?

A través de mi investigación, aprendí que Michael visitaba orfanatos, hospitales y grupos de asistencia social y abría las puertas de su casa a niños carenciados y enfermos para que pudieran disfrutar de los animales, ver películas, comer palomitas de maíz, tomar helados y jugar en el parque de diversiones, cosas que la mayoría de ellos jamás había disfrutado en su vida.

Michael era sensible ante el sufrimiento de sus "hermanos" sin hacer distinción de razas o credos. Le dolía en carne propia el maltrato a los animales y el descuido hacia nuestro planeta. Pero, el sufrimiento de los niños lo apenaba más que otra cosa, porque él mismo había sufrido en su infancia.

Michael donaba alimentos, insumos y juguetes a orfanatos. Donaba los equipos faltantes en hospitales y pagaba los trasplantes de órganos de niños que habían sido abandonados por sus padres. Que yo recuerde, la prensa no informaba nada de esto en mi país. Seguramente todas esas buenas acciones de Michael me habrían llamado la atención, como tal vez a muchas otras personas, y en esos años me habría interesado más por conocerlo como ser humano.

Hoy siento mucho dolor por no haberlo conocido y disfrutado antes. Me considero víctima de lo que los medios amarillistas quisieron mostrarnos y vendernos sobre Michael. Siento que me privaron de conocer y disfrutar de un ser valioso, sensible y con mucho amor para regalar al mundo. La prensa sensacionalista mundial fue, entre otras causas, una de las principales responsables de su aislamiento y profunda tristeza.

Los regalos de Michael

Eres el sol, eres la luna
Eres las flores silvestres en flor
Eres el palpitar de vida
Que late, que baila
Desde una partícula de polvo
A la estrella más lejana
MICHAEL JACKSON
Heaven is here
"Dancing the dream"

Como les contaba anteriormente, en un momento pensé que estaba enloqueciendo, que este dolor tan grande que me atravesaba el pecho no era normal, que me pasaba a mí sola. Pero un día llegó de visita Majo, mi amiga y hermana por elección, con quien tenemos una hermosa amistad. En muchos aspectos somos muy parecidas y con sólo mirarnos sabemos qué estamos sintiendo. Solemos encontrarnos una vez por semana y recuerdo que nos vimos a la semana siguiente de que Michael partiera. Obviamente, fue uno de los temas de conversación. No profundizamos mucho, simplemente recordamos sus canciones más conocidas y lo que sabíamos sobre su vida, según los medios.

A ambas nos llamó la atención que estuviese en el Libro Guinnes por sus obras humanitarias. Nunca habíamos escuchado esto en los años 80 ó 90, ni siquiera en el año 2001, cuando convocó a varios artistas para cantar *"What more can I give?"* – ¿Qué más puedo dar? – para ayudar a las víctimas del 11 de septiembre. Hoy mismo los medios de mi país ya se olvidaron de Michael y no informaron, o informaron muy poco, sobre el juicio a su médico, el doctor Murray. El juicio sólo se pudo seguir por Internet.

Así es que un día, a sólo dos semanas de su partida, mi amiga Majo llegó a casa con una expresión muy triste en su rostro. Me dijo: *"Amiga, vas a pensar que estoy loca. No puedo sacar a Michael de mi cabeza. Estoy muy angustiada"*. Quedé perpleja. ¡A mí me pasaba lo mismo! La tomé de la mano y la llevé hasta mi computadora. Empecé a mostrarle todo lo que había estado investigando sobre Michael. Fotos, canciones, entrevistas, testimonios... En los años que Majo y yo nos conocíamos, Michael Jackson nunca había sido tema de conversación entre nosotras y ahora, las dos estábamos sintiendo el mismo dolor, el mismo angustioso sentimiento de revelación y pérdida. Hasta el día de hoy, Michael está presente en todos nuestros encuentros. Miramos sus videos, cantamos, bailamos, reímos, nos emocionamos. La sensación es la misma para ambas, una mezcla de gozo y de falta de aire.

En medio de toda esta revolución de sentimientos, Michael comenzó a traerme regalos muy importantes. A medida que investigaba en Internet, mi Mensajero de Amor me guió hasta un sitio Web maravilloso y creado por fans argentinos: *"La Corte del Rey del Pop"*.

Nunca había participado de otro foro que no fuese el del actor Osvaldo Laport. Comencé a navegar por las secciones de este majestuoso sitio muy tímidamente. Me sorprendió la prolijidad, la cantidad de información, el brillo y el amor que irradiaba este espacio dedicado a Michael y que estaba online desde hacía ¡diez años!

Poco a poco comencé a conocer a la gran familia de fans y a participar en el foro. El recibimiento cálido de esta gran *familia Jackson* fue un bálsamo para mi alma. Al leer sus mensajes pude darme cuenta de que no estaba sola; todos ellos sentían lo mismo. Todos sentíamos el mismo pesar, la misma rabia, la misma impotencia, la misma congoja. Sus fans de toda la vida y sus fans nuevos, como yo y como Majo, todos estábamos unidos por la misma admiración, el mismo amor y la misma tristeza por la partida inesperada del Rey del Pop.

Junto a la gran familia "cortesana", Michael me trajo de regalo la amistad de una persona muy especial. Un muchachito con un corazón transparente, honesto, amoroso y solidario. Mi querido amigo Mauricio Mastroiacomo, vicepresidente de *La Corte del Rey del Pop*, para quien no tengo más que palabras de agradecimiento y cariño.

Mi Mensajero de Amor puso en mi camino a una persona refinada, suave y tan delicada como firme, la autora del prólogo de este amado libro mío. De México, la prestigiosa Consultora en Comunicación Integral, y a quien nombro oficialmente "madrina" de mi obra, la Sra. Emilse Valencia, quien afectuosa y generosamente se ofreció a escribir las palabras para el prólogo, y para quien todas las palabras de agradecimiento y amor me parecen pocas.

Michael también me sorprendió trayéndome de regalo la amistad de un ser humano afectuoso, alegre, humilde y espiritual. Es músico, compositor y productor con una carrera de 32 años. Ha tocado y grabado con artistas de renombre como The Jacksons, Janet Jackson, Madonna, Elton John, George Michael, Stevie Wonder, Lionel Richie y Kool And The Gang entre otros. Su nombre es Jonathan Phillip Moffett, baterista y amigo de Michael por más de 30 años. Jonathan tuvo el gesto amoroso y desinteresado de enviarme de regalo su CD *"Christmas Again"* el cual ocupa un lugar de privilegio en mi colección de CDs.

Michael me regaló la compañía y el cariño de una gran cantidad de personas maravillosas, no sólo de Argentina sino del mundo entero. Cada una de ellas tiene algo de Michael en su interior y sé que todos juntos y unidos vamos a lograr hacer de este mundo un lugar mejor. Son tantos que no me alcanzaría la vida para nombrarlos a todos, pero sepan que todos están en mi corazón.

Michael también me regaló con su amor y ejemplo solidario, esta necesidad de ayudar a quienes más lo necesitan. Siempre digo que mi admirado actor Osvaldo Laport me abrió la puerta hacia el camino de la solidaridad; Michael me estaba esperando del otro lado para tomarme de la mano y enseñarme a transitarlo.

Y así es que, transitando este camino de la mano de Michael, conocí a una persona cuyo estilo de vida es íntegramente el altruismo. Un "ángel solidario" que motivado por su historia de vida personal, su amor incondicional por Michael Jackson y su legado humanitario, hizo posible que en la Navidad de 2010, los bebés prematuros del Policlínico Santamarina de Montegrande, en Buenos Aires, tuvieran su incubadora portátil.

Hacía un año de mi visita al hospital junto a Osvaldo y sus fans para llevar donaciones de pañales, juguetes, ropa y sillas de ruedas. Desde ese día me mantuve en contacto con Myriam, hoy ex secretaria de la cooperadora del hospital, para continuar colaborando. La meta era reunir el dinero para que el hospital pudiese adquirir una incubadora portátil para los bebés prematuros en riesgo. Con los fans de Michael, hoy mis amigos del alma, hicimos varios eventos para recaudar dinero. Esta hermosa persona solidaria, vio en Facebook las fotos de la cajita de madera que yo llevaba a cada evento para recaudar el dinero y se contactó conmigo.

El 13 de diciembre de 2010, a un año de mi primer encuentro con la gran familia de seguidores de Michael Jackson, este "ángel solidario" hizo el depósito de dinero para que el hospital pudiera comprar la incubadora que tanto necesitaba. Esta bella persona, fan de Michael por excelencia, nos pidió que mantuviésemos en reserva su identidad, deseo que habla aún más de su humildad y modestia, ya que el anonimato es la expresión más genuina del altruismo.

Erich Fromm, psicólogo social, psicoanalista y humanista alemán, dice en su libro *"El Arte de Amar"*: *"Amar es fundamentalmente dar, no recibir. [...] ¿Qué le da una persona a otra? Da de sí misma, de lo más precioso que tiene, de su propia vida. Ello no significa necesariamente que sacrifica su vida por la otra, sino que da lo que está vivo en él –da su alegría , da su interés , da su comprensión, da su conocimiento, da su humor, da su tristeza–, da todas las expresiones y manifestaciones de lo que está vivo en él. Al dar así de su vida, enriquece a la otra persona, realza el sentimiento de vida de la otra al exaltar el suyo propio. No da con el fin de recibir; dar es de por sí una dicha exquisita. Pero, al dar, no puede dejar de llevar algo a la vida de la otra persona, y eso que nace a la vida se refleja a su vez sobre ella; cuando da verdaderamente, no puede dejar de recibir lo que se le da a cambio. Dar implica hacer de la otra persona un dador, y ambas comparten la alegría de lo que han creado. Algo nace en el acto de dar, y las dos personas involucradas se sienten agradecidas a la vida que nace para ambas"*. [...]

Michael Jackson fue un ser humano que se brindó por completo a través de su arte y su esencia altruista. La mayor parte de su labor humanitaria que hoy se hizo pública, la conocemos a través de sus allegados, quienes lo acompañaban en sus visitas a los hospitales y registraron los momentos en video o fotografías, o de las mismas personas que dan su testimonio de la solidaridad y afecto que recibieron de Michael. Este es el legado que dejó en sus seguidores, un legado de amor y solidaridad:

[...] *"Enfoquémonos en amarnos los unos a los otros, en compartir. Pero no lo hagamos un solo día al año, sino los 365 días. Olvidemos el odio y tendamos la mano a aquellos que sufren, no sólo hoy, sino cada día"*. Mensaje emitido por la televisión Británica en la Navidad de 1992.

Capítulo II

Conociendo a Michael

"La Consciencia se expresa a sí misma a través de la creación. El mundo en el que vivimos es la danza del Creador."

Michael Jackson
Dancing the Dream

Algunas personas no comprenden por qué escribo este libro, por qué dedico tanta energía y tiempo en un proyecto que no me va a aportar un gran beneficio económico. Por qué dedico tantas horas de mi vida en una persona que jamás conocí personalmente y que ya nunca podré conocer. Por qué invierto tanto tiempo en alguien que ya murió. Como dije en la Introducción, mi intención es donar gran parte de las ganancias que aporten la venta de este libro a entidades benéficas o a realizar campañas solidarias. De modo que, al comprar este libro, tú estás colaborando directamente con nuestros hermanos más necesitados. No es casual que hayas decidido comprar este libro. Nada es casual, y sé que en el fondo de tu corazón, sabes muy bien qué te impulsó a desear tenerlo en tus manos.

Entonces, cuando la gente me pregunta por qué hago esto, mi respuesta es muy simple: por amor. Porque es una necesidad que nace de un amor compartido por millones de personas. Porque siento la necesidad de contar la verdad sobre Michael. Porque es hora de que Michael sea reconocido y valorado por quién fue verdaderamente, no por lo que la prensa sensacionalista nos quiso mostrar. Porque necesito transmitir a quienes no lo conocen, o mal conocen, quién fue realmente. Porque no estamos en la vida para adquirir, sino para dar. Porque no puedo guardar solo para mí esta experiencia mágica de conocer a Michael, hecho que enriqueció tanto mi vida. Necesito y deseo compartir esta experiencia para que otras personas también puedan descubrir y vivir esa magia. Y porque más importante que el dinero es el amor, la verdad y la solidaridad.

Michael escribe en su libro autobiográfico *"Moonwalk"*: *"Cuando Doubleday me propuso hacer este libro, me gustó la idea de poder hablar de lo que siento en un libro que fuera mío, con mis palabras y mi voz. Confío que contribuya a deshacer algunas ideas falsas".*

Al igual que Michael, aspiro a que mi libro estimule a mis lectores a que no adhieran a las ideas o preconceptos grabados en la sociedad por los medios sensacionalistas. Aspiro a estimularlos a que piensen por ellos mismos y a quitar el cerrojo que el hábito de criticar lo que no se conoce puso en sus corazones.

Michael, niño prodigio

"Lo que yo canto es lo que quiero decir.
Cuando canto una canción, si no lo siento, no la canto".
Michael Jackson
(A los doce años. Entrevista en 1970)

Michael Joseph Jackson nació el 29 de agosto de 1958 en Gary, Indiana, al 2300 de la calle Jackson. Sus padres, Katherine y Joseph. Fue el séptimo de diez hijos (tres hermanas y seis hermanos) Maureen Reilette "Rebbie" Jackson es la hermana mayor. Luego nacieron Sigmund Esco "Jackie" Jackson. Toriano Adaryll "Tito" Jackson. Jermaine LaJaune Jackson. La Toya Yvonne Jackson. Marlon David y Brandon Jackson eran mellizos. Brandon murió poco después de nacer. Steven Randall "Randy" Jackson y Janet Damita Jo Jackson nacieron después de Michael.

Desde pequeño, Michael parecía vislumbrar que tenía una misión que cumplir en su vida. Su madre, Katherine, suele relatar que de pequeño, Michael se entristecía mucho cuando veía imágenes de niños muriendo de hambre en África. Katherine contó en una entrevista que en una ocasión, mientras miraban las noticias sobre el hambre en África, Michael le dijo: *"Algún día yo voy a hacer algo para ayudar a esos niños"*. Desde muy temprana edad Michael sintió el dolor ajeno en su corazón. No sólo el dolor de sus seres queridos; el dolor y los problemas de toda la humanidad le resultaban angustiantes.

Michael era un verdadero niño prodigio y su don era aún más extraordinario que el de la mayoría. Grandes leyendas de la música fueron niños prodigio. A los seis años, Mozart era un virtuoso del piano y el violín. Chopin compuso su primera obra a los siete años y a los ocho tocaba el piano con maestría. Cuando Beethoven tenía siete años realizó su primera actuación en público. Como le ocurrió a Michael, su estudio musical restringió su desarrollo, ya que apenas se relacionaba con otros niños. Vangelis componía suites a los cuatro años y Stevie Wonder, ciego de nacimiento, con apenas ocho años, tocaba el piano, la armónica, la batería y el bajo.

Los niños prodigio suelen ser frágiles, tímidos, y muy respetuosos. Son muy inteligentes, con un cociente intelectual más alto del común de la gente. Poseen gran poder de abstracción, alta sensibilidad al entorno, intuición muy acentuada y elevada autoconciencia. Estas conductas características son innatas. El entorno familiar puede ayudar a estimular estas habilidades, pero si no lo hacen adecuadamente, los niños prodigio pueden sufrir desequilibrios importantes a nivel emocional.

Su madre Katherine escribe en su libro *"Never Can Say Goodbye"*: *"Michael nació con ritmo. De bebé era obvio que amaba la música y la danza. Teníamos un lavarropas descompuesto, que hacía un sonido extraño cuando se iniciaba el ciclo de enjuague. Michael se sentaba en la parte superior de la máquina con su mamadera en la boca, y se movía al ritmo de ese sonido. Incluso antes de que pudiera decir sus primeras palabras, respondía muy bien al sonido. Entonces supe que la música estaba en él"*.

A la corta edad de cinco años, mientras los niños de su edad jugaban en las calles, Michael comenzaba su carrera como cantante y bailarín integrando el grupo *The Jackson 5* junto a sus hermanos Jackie, Tito, Jermain y Marlon. Su padre, Joe Jackson, asumió la tarea de ser el representante de esta banda familiar. Michael era quien más se destacaba del grupo y fue el único que mantuvo una carrera constante y exitosa como solista.

Ben Brown, presidente de la discográfica Steeltown Records, en Gary, Indiana, con la cual los Jackson 5 habían grabado varios temas, dijo sobre Michael: *"Era un alma vieja, como si hubiera sido una superestrella en otra vida"*. En una entrevista en 1993, Michael dijo a Oprah Winfrey: *"Cuando era pequeño, dondequiera que iba, solían decirme que era un enano de 45 años"*.

El pequeño Michael deslumbraba a niños, jóvenes y adultos con su canto y su baile. Aún siendo tan pequeño lograba interpretar temas de amor con tanta sensibilidad y pasión que sorprendía y fascinaba a su público. Estremece escuchar su interpretación de la canción *"Ain't no sunshine when she's gone"*, de Bill Withers, o el maravilloso blues *"Who's loving you?"* de Smokey Robinson. *"Puedo ser joven"*, dijo Michael al presentar esta canción, *"pero sé de qué se trata el blues"*. Robinson mismo diría que el niño tenía un "alma vieja". "Who's Loving You" fue grabada el 7 de agosto de 1969 por The Jackson 5. Michael tenía apenas 11 años. Son muchos los temas interpretados por Michael de niño y de adolescente que nos emocionan y nos dejan perplejos por su maravillosa interpretación, entre ellos *"My Girl"*, *"Ben"*, *"Got to be there"*, *"I hear a symphony"*, *"Music and Me"*, *"I want you back"*, *"I'll be there"* y tantos otros éxitos de los J5.

La infancia de Michael no fue una infancia normal. Si bien le apasionaba cantar y bailar, y jamás dejó de amar su profesión, desde muy pequeño se vio obligado a asumir la responsabilidad de un trabajo, cumplir contratos, grabar discos, y pasar horas y horas ensayando en lugar de jugar y hacer las cosas normales que hacen los niños a esa edad.

En 1988, Michael escribe su autobiografía, "Moonwalk". En el primer capítulo *"Tan sólo niños con un sueño"*, Michael expresa: "[...] *Recuerdo mi niñez como compuesta en su mayor parte por trabajo, a pesar de que me encantaba cantar.* [...] *Yo no estaba obligado a ser el pequeño Michael, primera figura cantante; yo lo hacía y estaba feliz con ello, pero efectuarlo constituía un trabajo intenso.* [...]*De este modo, me identifico profundamente con cualquiera que haya trabajado de niño. Sé cuánto ha luchado y cuánto ha sacrificado. También sé lo que ha aprendido. Aprendí que el desafío aumenta a medida que se crece en edad. Me siento mayor por algunas razones. Siento como si tuviera el alma vieja, como alguien que ha visto y ha experimentado una enormidad de cosas. Repasando todos los años que he vivido, me cuesta aceptar que sólo tengo veintinueve. Algunas veces siento como si estuviera al final de mi vida, doblando el cabo de los ochenta, con la gente dándome palmaditas en la espalda. Éste es el resultado de haber empezado tan joven".* [...]

No caben dudas de que Michael era un verdadero niño prodigio, aunque si hubiera nacido en la década de los setenta ó en el nuevo milenio, los especialistas en Psicología Espiritual podrían haber catalogado al pequeño Michael como niño índigo o cristal. En la década de los ochenta, la metafísica Nancy Ann Tappe publicó en su libro *Understanding Your Life Through Color* (*Comprendiendo tu vida a través del color*), los resultados de un estudio según el cual clasificó las diferentes personalidades tomando en cuenta el color del aura. Nancy lleva en sus genes la sinestesia. Sinestesia es una palabra de origen griego; "sin" significa unión y "estesia" significa sensación; es decir, unión de sensaciones. Es muy común en los artistas o personas con alta capacidad creativa. Kandinsky, Mozart y Picasso eran sinestesicos. Muchos compositores, como era el caso de Olivier Messiaen, pueden *ver* colores al *escuchar* música.

Nancy es como una cámara Kirlian, o sea, puede ver campos electromagnéticos, los colores y las frecuencias. A los niños índigo se los denomina así porque su aura, o campo energético, refleja sublimes colores añiles o azules.

Investigando sobre las características de un niño índigo y un niño cristal, Michael pudo bien haber sido un niño de vibración cristal, sólo que en aquella época se los llamaba niño prodigio o superdotados.

Según la doctora norteamericana Doreen Virtue, existen características comunes entre los niños índigo y cristal. No puedo evitar estremecerme al leer esas características, ya que me encuentro con la descripción exacta de la esencia de Michael. Estos niños son más sensibles y perceptivos. Tienen un importante propósito de vida global. Son congruentes entre corazón, mente, palabras y acciones. Perciben la falta de integridad y honestidad. Tienen mucha pasión por la vida, el amor, la justicia. De jóvenes y adultos tienen un sentido agudo de servicio y ayuda humanitaria. Por naturaleza, no juzgan. En general, tienen un alto sentido del humor. Necesitan agua, naturaleza, arte, ropa de fibra natural, ejercicio físico y un entorno seguro tanto física, como emocional, psíquica y espiritualmente.

Ciertamente Michael Jackson nació con muchas –por no decir casi todas– de estas características maravillosas. Podemos o no estar de acuerdo con la Psicología Transpersonal y la psicoespiritualidad, pero no podemos negar que Michael poseía un nuevo estado de conciencia y traía consigo la misión de promover cambios en la conciencia de las personas.

Michael amaba e idolatraba a su madre. Ella fue quien le enseñó a amar a Dios y a leer la Biblia. Su madre era todo para él. En su autobiografía escribe: [...] *Mamá siempre tuvo una voz bonita y creo que yo recibí de ella y, naturalmente de Dios, mi habilidad para cantar. [...] Me enseñó que mi talento para cantar y bailar era tan obra de Dios como una puesta de sol hermosa o una tormenta que deja nieve para que los niños puedan jugar con ella. [...] Una cosa que sé acerca de los niños es que si ellos no reciben de sus padres el amor que necesitan, lo conseguirán de otra persona y se aferrarán a la misma, un abuelo, alguien. Nosotros nunca tuvi-*

mos que buscar a nadie más estando mi madre cerca. Las lecciones que nos enseñó fueron de incalculable valor. Amabilidad, amor y consideración para con los demás encabezaban su lista. [...] El 10 de febrero de 1993 en una entrevista con Oprah Winfrey Michael dijo: "Mamá es maravillosa. Para mí es la perfección".

No poder jugar y tener amigos hacía sufrir al pequeño Michael, pero había algo que lo lastimaba aun más y que le dejaría heridas en su corazón por el resto de su vida; el maltrato físico y verbal de su padre. Duele y desgarra escuchar su relato de cómo su padre lo castigaba con un cinto, o lo lanzaba por el aire contra los equipos de música cuando no recordaba una letra o los pasos de una coreografía.

Michael solía relatar que era tan grande el miedo que le tenía a su padre, que cuando lo escuchaba entrar en la sala, con sólo escuchar su voz, su estómago se comprimía y terminaba vomitando. Triste, ¿verdad? Este maltrato de su padre marcó profundamente a Michael psicológica y emocionalmente, incluso durante varios años de su vida adulta.

En el año 2000, Michael inició una larga conversación de varios meses con su guía espiritual en aquel momento, el rabino Shmuley Boteach, para grabar la conversación más íntima de su vida. Luego de la muerte de Michael, el rabino escribió el libro *"Confesiones de Michael Jackson: las Cintas del Rabino Boteach"* con la transcripción de esas grabaciones. Sé que existen opiniones encontradas sobre la decisión del Rabino en dar a conocer las declaraciones de Michael. Mi intención es mostrar la verdadera esencia de Michael y sólo utilizaré las declaraciones hechas por él mismo en los audios que se encuentran disponibles online. Sobre su padre, Michael expresa en su diálogo con Boteach: [...] *"Era duro, muy duro. Primero nos hacía desnudar. Y nos untaba con aceite. Era todo un ritual. Y cuando el cordón de la plancha me golpeaba, sentía que moriría. Nos quedaban marcas en el rostro, en la espalda, en todos lados. Mi madre le decía llorando, 'No Joe, lo vas a matar, lo vas a matar, ¡no!' Y yo qué iba a hacer. No podía hacer nada. Lo odiaba por eso. Lo odiaba. [...] Tengo miedo de mi padre hasta el día de hoy.*

Mi padre entraba en la habitación y, Dios sabe que digo la verdad, me he desmayado en su presencia muchas veces. Me desmayé una vez, para ser honesto. He vomitado en su presencia, porque cuando él entra a la habitación y entra esta aura, mi estómago empieza a doler, y sé que estoy en problemas. Él es tan diferente ahora. El tiempo y la edad lo han cambiado. Él ve a sus nietos y quiere ser un mejor padre. Es casi como el buque que ha navegado su curso y es muy difícil para mí aceptar este otro tipo que no es el tipo con el que me crié. Simplemente desearía que lo hubiera aprendido antes".

Rabino: *"Entonces, ¿por qué sigues teniéndole miedo?"*

MJ: *"Porque la cicatriz sigue ahí, la herida. Soy como un ángel delante de él, tengo miedo. Un día me dijo "¿Por qué tienes miedo de mí?" Y yo no podía responder. Pensé, y le dije: "Joe, ¿sabes lo que has hecho? ¿Sabes lo que me has hecho?"*

Michael fue creciendo y al llegar a la adolescencia, su padre comenzó a burlarse de su acné. También lo ofendía y mortificaba diciéndole que tenía una nariz demasiado grande y que era demasiado negro. No sorprende que el Rey del Pop se hiciera adicto a las cirugías plásticas. El abuso verbal de su padre destruyó la autoestima de Michael en cuanto a su aspecto físico. Tanto se lo repetía que terminó creyéndolo. Se volvió cada vez más tímido y obsesivo con su aspecto físico.

El doctor Deepak Chopra en una entrevista para un canal de televisión de Nueva York, poco después de la muerte de Michael expresa: *"Michael fue un niño muy dañado y maltratado, su comportamiento puede atribuirse a su infancia. Un documento de febrero de este año (2009) en medicina psicosomática vincula el estrés acumulado en la infancia a trastornos autoinmunes. Los niños que han sido maltratados física o verbalmente desarrollan enfermedades auto inmunes como el Lupus o el Vitiligo, y él tenía ambas".*

Michael relata en su autobiografía: [...] *"Mi padre siempre ha sido un poco misterioso para mí y él lo sabe. Una de las pocas cosas que lamento más es no haber podido tener intimidad real con él. Él erigió una coraza a su alrededor con el paso de los años y, una vez que cesó de hablar acerca del negocio de nuestra familia, encontró difícil relacionarse con nosotros. [...] El talento es algo que*

Dios da a una persona pero nuestro padre nos enseñó a cultivarlo. [...] Él se sentaba con nosotros cada día después de la escuela y nos entrenaba. Nosotros representábamos para él y él nos criticaba. Si uno se despistaba, le pegaba, a veces con un cinturón, a veces con una varilla. Mi padre era realmente estricto con nosotros, realmente estricto. Marlon era el que estaba en apuros todo el tiempo. Por otro lado, a mí me pegaban por cosas que sucedían la mayoría de las veces fuera del ensayo. Papá me ponía tan furioso y dolido que yo intentaba volverme contra él y me golpeaba todavía más. Me sacaba un zapato y se lo arrojaba o simplemente contraatacaba moviendo los puños. Por eso recibí más que todos mis hermanos juntos. Yo me defendía y mi padre quería hacerme pedazos". [...]

El 6 de marzo de 2001, Michael fue invitado por la Universidad de Oxford, en Londres a dar un discurso, el cual incluyo completo en el capítulo "Palabras que brillan". Adelanto en este capítulo un extracto sobre lo que expresa acerca de su padre.

[...] "Probablemente no les sorprenderá escuchar que no tuve una niñez idílica. El estrés y la tensión que existe en mi relación con mi padre están bien documentados. Mi padre es un hombre severo y nos presionó mucho a mis hermanos y a mí, desde muy pequeños, para que fuéramos los mejores artistas que pudiéramos ser. Le costaba mucho trabajo mostrarme afecto. En realidad nunca me dijo que me amaba. Y en realidad tampoco me felicitó nunca. Si yo daba un gran espectáculo, me decía que había sido un buen espectáculo. Y si daba simplemente un buen espectáculo, no me decía nada. Parecía, más que nada, que lo que quería era convertirnos en un éxito comercial. Y en eso, era más que un experto. Mi padre era un genio como nuestro manager, y mis hermanos y yo debemos nuestro éxito profesional, en gran parte, al modo enérgico en que nos presionó. Me entrenó para ser un hombre del espectáculo, y bajo su tutela yo no podía perder el paso. Pero lo que yo quería realmente, era un papá. Quería un padre que me demostrara amor. Y mi padre nunca hizo eso. Nunca dijo te quiero, mirándome a los ojos, nunca jugó a nada conmigo. Nunca me paseó montado en su espalda, nunca me lanzó una almohada, o un globo con agua. Pero recuerdo una vez, cuando tenía cuatro años,

había una feria y me cargó para subirme a un poni. Fue un gesto diminuto, probablemente algo que olvidó cinco minutos después. Pero por ese momento, le guardo un lugar especial en mi corazón. Porque así son los niños, los detalles significan mucho para ellos, y para mí, ese momento significó todo. Sólo lo viví esa vez, pero me hizo sentir muy bien, con respecto a él y al mundo". [...]

A pesar del abuso, Michael pudo encontrar justificativos para el comportamiento de su padre, y lo perdonó. Así lo relata en el mismo discurso:

[...]He comenzado a darme cuenta de que incluso la severidad de mi padre era una clase de amor, sin duda un amor imperfecto, pero amor a fin de cuentas. Me obligó a esforzarme porque me quería. Porque no quería que nadie menospreciara a sus hijos. Y ahora con el tiempo, siento una bendición en lugar de amargura. La absolución ha reemplazado a la ira. Y la reconciliación ha tomado el lugar de la venganza. Y mi furia inicial ha dado pie al perdón". [...]

El niño prodigio crecía y se hacía hombre. Su arte y su magia también crecían en exquisitez, excelencia y perfección. El don que Dios le había dado a Michael conmovía y cautivaba a millones de personas alrededor del mundo, pero su filosofía de vida y su mensaje de amor universal para vivir en un mundo mejor quedarían grabados a fuego en el corazón de sus seguidores.

Michael hombre y su arte

"Me parece que mi imagen está deformada en la mente del público. El público no tiene una idea clara ni una imagen completa de cómo soy, a pesar de todo el espacio que me dedican los periódicos.
Se imprimen inexactitudes y se les atribuye valor de verdad, y con frecuencia sólo se cuenta la mitad del caso.
La parte que no se imprime suele ser la parte que haría que lo impreso fuera menos sensacional porque arrojaría luz sobre los hechos".

MICHAEL JACKSON
Moonwalk

Michael Jackson era todo amor. Era un hombre tierno, dulce, respetuoso, compasivo y solidario que todo lo que hizo en su vida fue dar amor. Era un artista que creaba motivado por una profunda preocupación por los problemas que afectan a la humanidad. Su amor por el prójimo se hacía evidente en la forma en que trataba a cada persona que se le acercaba.

Michael tenía mucho respeto hacia la dignidad de sus semejantes, fundamentalmente de los niños pobres y enfermos. Era muy afectuoso y percibía sus necesidades. Dedicaba todo su arte, su energía, su afecto, tiempo y dinero a defender las bellezas naturales del planeta y a socorrer a los necesitados. Decía que se inspiraba en todos los seres vivos, especialmente en los niños y los animales. Era su filosofía de vida: una forma de ser y hacer, lo cual provenía del amor y concluía en el amor.

Es imposible no enamorarse de Michael después de comprender el contenido profundo de sus letras o de escuchar sus discursos. Es imposible no quedar fascinados por su sencillez y humildad, por su sorprendente y cautivante timidez bajo el escenario. Con su danza, su voz, su magia y su sensualidad nos transmite su mensaje de que sólo mirándonos en el espejo y haciendo un cambio interior profundo podremos vivir en un lugar mejor.

Michael amaba a Dios y leía la Biblia a diario. Quería imitar a Jesús en sus enseñanzas. Era un ser muy espiritual a quien le interesaba leer sobre historia, mística y psicología. Le interesaba conocer personas relacionadas a lo espiritual. Tenía una biblioteca con más de diez mil libros. Le encantaba leer poesía, y en gran parte era un autodidacta. Estudiaba todo lo que pudiera estar relacionado con su oficio y con el cultivo de su espíritu. *"Fue Rose* [su maestra] *quien me inculcó el amor por los libros y la literatura que me sostiene en la actualidad. Leía todo lo que tenía en mis manos. Las ciudades nuevas significaban lugares nuevos para hacer compras. Nos encantaba ir de compras, en especial a las librerías y grandes almacenes. Ella me enseñó el maravilloso mundo del libro y la lectura, y yo no sería la misma persona si no fuera por ella".* Moonwalk, (1988).

"Me encanta leer. Me gustaría poder aconsejar a la gente a leer más. Hay un mundo totalmente distinto en los libros. Si no puedes permitirte el lujo de viajar, viaja mentalmente a través de la lectura. Puedes ver cualquier cosa e ir a cualquier lugar que desees con la lectura". Michael Jackson, (1984).

Bob Sanger, abogado del Rey del Pop durante 16 años, dijo: "Michael leía mucho. Hablábamos acerca de psicología, Freud y Jung, sobre sociología y la historia del negro. Le fascinaban los clásicos de la psicología, la historia y la literatura. Era muy intelectual, pero no alardeaba de ello."

Además de ser un gran cantante y bailarín, Michael escribía bellísimas poesías, era mimo y dibujaba a la perfección.

Michael amaba su profesión y a su público. El amor que el Rey del Pop tenía por sus seguidores no tuvo ni tiene parangón. MJ dijo en un reportaje en su casa de California: *"Mi amor principal en lo que hago es hacia mis admiradores. Amo a mis fans. Cuando estoy dando un concierto y veo a mis fans bailando, gritando emocionados, que estamos llevándoles alegría, eso es lo que más amo. Es el sentimiento más grande del mundo. Estás allí brindándoles esa energía y amor y ellos te lo devuelven. Es fantástico. Ese es mi gran amor, el escenario y hacer felices a mis fans".* Michael realmente amaba a sus fans, jamás los abandonó ni los defraudó.

"Hay dos clases de fans. Están los fans que dicen: "¡Oh Dios mío! ¡Oh Dios mío! ¡Oh Dios mío!" Y se desmayan y tienes que sostenerlos. Luego están los fans que te dicen un abrupto "Hola". Yo les digo: "Hola. Un gusto conocerte. ¿Cómo te llamas?" Te dicen el nombre y tienen cierta actitud. Yo soy simple y cálido con ellos y de pronto comienzan a llorar. Les digo: "¿Por qué lloras?" Y ellos contestan: "Porque no pensé que serías tan amable". Y se van siendo una persona diferente. Yo les digo: "Bueno, y ¿cómo pensaste que yo sería?" Y dicen: "Pensé que serías arrogante". Les digo: "Por favor, nunca juzgues a una persona. No soy nada de eso". Esto los impresiona y estoy seguro de que se van amándote mil veces más.

Nada vence a la amabilidad y al amor. Y la simplicidad". [...] "Ellos gritan, lloran, aman, apoyan, defienden, escuchan... Mis fans son todo. Así que yo les doy todo".

¿Cuántos artistas podemos recordar que digan a su público durante un concierto: *"Los amo"*? ¿O que en respuesta a las expresiones de cariño de sus fans el artista conteste: *"Yo los amo más"* o *"Son hermosos"*? Michael siempre decía que sus fans eran su legado. ¡Y vaya que lo son! ¡Michael deja una familia de 250 millones de seguidores alrededor del mundo! ¡Son sus soldados de amor! Un ejército de almas que vibraron y continúan vibrando en su misma frecuencia, que captaron su mensaje, que trabajaron y prometen seguir trabajando incansablemente para hacer de este mundo un lugar mejor, siempre armados sobre la base del respeto, la verdad y el amor.

Michael era un caballero, era muy respetuoso, no sólo con las mujeres que amó en su vida, sino también con sus fans. Comprendía que quisieran tocarlo, abrazarlo, besarlo, acercarse a él de alguna manera. Le dolía no poder complacer a todos pero jamás negaba un abrazo, un autógrafo, un gesto amoroso.

Michael era muy divertido y le gustaba mucho jugar con sus sobrinos o los niños que visitaban Neverland. Lo que más le fascinaba era jugar con globos o pistolas de agua, o a la guerra de almohadas en los hoteles que se hospedaba durante las giras.

Luego de la filmación del video *"Black or White"*, en el cual participó el joven actor Macaulay Culkin, MJ organizó sorprender al director John Landis con una guerra de tortas y crema. Michael escribió "Speechless" después de jugar a los globos de agua con unos niños en Alemania. En una entrevista con la revista Vibe, Michael comentó: *"Yo estaba tan feliz después de jugar que subí corriendo las escaleras en su casa y escribí 'Speechless'. La diversión me inspira. No me gusta decir esto porque es una canción romántica, pero fue el juego que lo hizo posible. Yo estaba feliz, y escribí la canción completa ahí mismo. Me pareció que sería buena para el álbum. Por medio de la felicidad viene la magia, el asombro y la creatividad."* Michael tenía una maravillosa alma de niño. Adoraba y admiraba a Disney y llevaba a Peter Pan en su corazón. *"Peter Pan representa algo muy especial en mi corazón. Representa la juventud, la niñez, nunca crecer, magia, volar, todo lo que tiene que ver con los niños, lo maravilloso y la magia".*

Su sentido humanitario y su amor universal fue lo que más llamó mi atención. Estoy convencida de que Dios eligió a Michael como su mensajero de amor. A través de sus acciones solidarias nos demuestra que sus palabras condicen con sus actos y nos deja un legado humanitario sin precedentes en un artista. *"Creo que... dar. De la mejor manera que puedo, a través del canto y a través de la danza y la música. Es decir, estoy comprometido con mi arte. Creo que todo arte tiene como objetivo final la unión entre lo material y lo espiritual, lo humano y lo divino. Creo que esa es la razón de la existencia misma del arte. Y siento que fui elegido como un instrumento para dar música y amor y armonía al mundo. A niños de todas las edades, y adultos y jóvenes... Amo a las personas de todas las razas con mi corazón, con verdadero afecto".* Entrevista con Ophra Winfrey (1993).

De pronto, mi mente vuela al pasado y recuerda tantos personajes célebres, seres humanos iluminados, quijotes de la paz, defensores de la igualdad y la justicia que fueron blanco de agresiones, desprecio y difamaciones. En la historia de la humanidad podemos encontrar a verdaderos héroes que se atrevieron a criticar el estado de las cosas de su época y a alentar a sus oyentes a cambiar su comportamiento por medio del ejemplo, aunque fuera peligroso para sus vidas.

Desde el Nuevo Testamento y hasta nuestros días, cuántos nombres vienen a nuestra memoria; Juan el Bautista y Jesús de Nazaret; el profeta más grande de todos los tiempos. San Francisco de Asís, Santo Domingo de Guzmán, Juana de Arco, Brígida de Suecia, Pedro de Córdoba, Bartolomé de las Casas, Ghandi, Martin Luther King, Mons. Oscar Romero, Su Santidad el Dalai Lama, Nelson Mandela, John Lennon, Lady Diana Spencer y tantos otros luchadores por la justicia y la verdad... Todos ellos fueron combatidos, perseguidos, exiliados, encarcelados, hostigados por sus compromisos proféticos o asesinados simplemente por transmitir al mundo un mensaje de igualdad, amor y paz.

Cuando digo esto, algunas personas me dicen: *"¿Estás comparando a Michael Jackson con Jesús? ¿Te volviste loca?"* No, no comparo a Michael con Jesús. Jesús es el Hijo de Dios y nuestro Salvador. Michael fue un "elegido" de Dios, un pacifista, un humanitario global, un iluminado. Michael quería imitar a Jesús, seguir su doctrina. La misión de Michael era esparcir amor sobre la tierra, ayudar a sanar a los niños enfermos brindándoles amor y los medios para afrontar los gastos de cirugías y tratamientos costosos. Su misión era crear conciencia en los corazones de las personas de todas las razas sobre la importancia de cuidar a nuestro planeta. A través de sus letras, de sus discursos, de su compromiso y su vocación de servicio luchó contra el racismo, la desigualdad, las drogas, la pobreza y la guerra. Proclamaba la importancia de los lazos familiares y la educación, y brindaba apoyo económico a instituciones que albergaban a jóvenes pandilleros, como así también a universidades para otorgar becas de estudio de las cuales se beneficiaron miles de estudiantes negros.

Michael se atrevió a exponer a la corrupción, fue acosado y difamado por defender los derechos de los artistas ante las discográficas, por denunciar la manipulación de la población por los núcleos del poder, por atreverse a denunciar el engaño de la prensa sensacionalista y por mostrar que los libros de historia enseñaban falsedades. Michael fue maltratado y herido profundamente por promulgar, a través de su arte, un mensaje espiritual en contra de la corrupción, la guerra, el hambre y la injusticia.

En su discurso en la Universidad de Oxford, Michael expone: [...] *"Amigos, permítanme darles una idea más clara de la situación. Este es un día típico en Estados Unidos —seis jóvenes menores de 20 años cometerán suicidio, 12 niños menores de 20 años morirán por armas de fuego— recuerden, este es un día, no un año.*

Trescientos noventa y nueve niños serán arrestados por consumo de drogas, 1.352 bebés nacerán de madres adolescentes. Esto está sucediendo en uno de los países más ricos, y más desarrollados del mundo. Sí, en mi país hay una epidemia de violencia que no se compara con la de ninguna otra nación industrializada. Estas son las formas en que la gente joven en Estados Unidos expresa su dolor y su ira.[...] Estos números fríos y duros, que estremecen mi espíritu y retuercen mi alma, deberían explicar por qué he dedicado tanto de mi tiempo y recursos a convertir la nueva iniciativa Heal The Kids en un éxito colosal. Nuestra meta es simple — recrear el lazo padre/hijo, renovar su promesa e iluminar el camino para todos los hermosos niños que están destinados a caminar en esta Tierra un día.[...]

El doctor Patrick Treacy es un reconocido cirujano plástico, Director Médico de la Clínica Ailesbury en Irlanda y humanitario. Michael fue su paciente mientras vivió en Irlanda, de julio de 2006 a principios de 2007. Michael se sintió conmovido por la ayuda humanitaria que el doctor Treacy brindaba a África y lo invitó a hacer algo juntos. A partir de ese momento comenzaron a organizar un concierto en Ruanda al tiempo que nacía entre ellos una gran amistad. El doctor Treacy recuerda a Michael en un programa de televisión con estas palabras: "*En el budismo existe una forma de iluminación llamada "bodhisattva". Esto es cuando alguien decide postergar el logro del nirvana con el fin de aliviar el sufrimiento de los demás. Cuando observamos a Michael, se trata de alguien que en 1983 tomó los ingresos totales de su Victory Tour y los donó al pueblo de África. En 1984, co-escribió We Are The World con Lionel Richie, vendiendo 22 millones de copias, una de las ventas más grandes de todos los tiempos, y donó todo a la gente hambrienta de África. En 1993, al final de la gira Dangerous –que fueron 67 conciertos y 18 meses de trabajo– donó cada centavo a la Fundación Heal The World para ayudar al pueblo africano. En 1999,* (con motivo de un concierto en beneficio de Sudáfrica), *una vez más donó todo al Fondo de Nelson Mandela para la Infancia. En mi vida, y he vivido casi medio siglo, hay cinco personas a las que puedes contar con una mano que han alcanzado este nivel de iluminación: John Lennon, la Madre*

Teresa, Nelson Mandela, Bono y Michael Jackson. La diferencia con Michael Jackson fue que como mensajero global, no sólo hizo lo que el resto de ellos hicieron, sino que fue y se involucró de cerca – tú sabes, la pobreza, el racismo, y cuando hoy escuchas su música, la bondad de su persona es fenomenal".

Michael era un verdadero filántropo. La palabra filantropía deriva del griego y significa "amor al género humano y todo lo que a la humanidad respecta". No obstante, la presencia de un filántropo y defensor de los derechos humanos puede generar cierta incomodidad en algunos entornos. Don McLean, cantautor estadounidense dijo en 1984 *"...Él ya tenía mucho dinero antes de que el video ('Thriller') se lanzara. No lo necesitaba. No era materialista. Cuando haces esa cantidad de dinero, hay muchos chupasangres intentando quitártelo... Cuanto mayor es tu éxito, mayor es el peligro y la hostilidad. Ellos te construyen y te derriban".*

Debido a su profesión, Michael tenía que moverse en entornos donde las personas no siempre son honestas. Se vio rodeado de individuos y sistemas perversos donde reina la inhumanidad y donde la competencia es dura y despiadada. MJ no sólo fue perseguido en su vida privada sino que incluso su trabajo se vio amenazado y boicoteado por no aceptar someterse a esos poderes y esquema de valores.

En julio de 2002, Michael habló sobre el racismo en la industria del entretenimiento ante una multitud reunida en la sede Red Nacional de Acción del reverendo Al Sharpton en Harlem, Nueva York.

"Gracias, Al Sharpton. Gracias, Johnnie Cochran. Gracias por invitarme aquí y a toda la gente hermosa esta noche. Recuerdo que hace mucho tiempo, en Indiana, yo tenía seis o siete años, tenía un sueño, quería ser un artista. Cuando no me podía dormir por la noche, o mi madre me despertaba y gritaba: '¡Michael, Michael, James Brown está en la televisión! ¡Enciéndela!' Yo saltaba de la cama y miraba fijamente a la pantalla y él daba vueltas y giraba y se sacudía.... Y luego estaba Jackie Wilson. Él seguía y seguía. Sencillamente fenomenal, ilimitado, enorme talento. Es muy triste ver

que estos artistas estén sin dinero. Ellos crearon tanta alegría para todo el mundo, y el sistema, es decir, las compañías discográficas, se aprovecharon totalmente de ellos. Y no es como dicen siempre, ya saben, que ellos construyeron una gran casa, gastaron mucho dinero, compraron un montón de coches... Eso es estúpido. Eso es sólo una excusa. Eso no es nada comparado con lo que hacen los artistas. Sólo necesito que sepan que esto es muy importante, por lo que estamos luchando. Porque estoy cansado, estoy realmente cansado de la manipulación, estoy cansado de cómo la prensa está manipulando todo lo que ha estado sucediendo en esta situación. ¡Ellos no dicen la verdad! ¡Son mentirosos! Y manipulan nuestros libros de historia. ¡Los libros de historia no son verdad! ¡Es una mentira! Los libros de historia mienten. Deben saber esto. Es necesario que lo sepan. Todas las formas de la música popular: desde el jazz al hip-hop, al bebop, al soul... Los diferentes estilos de danza, desde el Cakewalk al Jitterbug, desde el Charleston al breakdance. ¡Todas estas son formas de danza negra!

¿Qué es más importante que dar a la gente una sensación de evasión, entendiendo evasión como entretenimiento? ¿Qué sería de nosotros sin una canción? ¿Qué sería de nosotros sin un baile, sin alegría, sin risas, sin música? ¡Estas cosas son muy importantes! Pero si van a la librería de la esquina, no verán a una sola persona negra en la portada. Verán a Elvis Presley, verán a los Rolling Stones. Pero ¿dónde están los verdaderos pioneros, los que empezaron?

Otis Blackwell fue un escritor prolífico, fenomenal. Escribió algunas de las mejores canciones de Elvis Presley. Y era un hombre negro. Murió sin un centavo. Y nunca nadie escribió acerca de este hombre, nunca escribieron un libro sobre él. Sus canciones se escucharon en todo el mundo. Hoy conocí a su hija y fue un honor. Para mí, conocerla es como estar en el mismo nivel que conocer a la reina de Inglaterra.

Estoy aquí para hablar en nombre de toda injusticia. Tienen que recordar algo... el momento en que comenzó a romper el récord de ventas de todos los tiempos; rompí los récords de Elvis, rompí los récords de los Beatles, en el instante en que mi álbum se convirtió en *el más vendido en el Libro Guinness de los Récords Mundiales, de la noche a la mañana me llamaron loco, me denominaron homosexual, me llamaron abusador de niños, dijeron que intenté blanquear mi piel... Hicieron todo lo posible para poner al público en mi contra. Y todo esto es una completa y total conspiración. Es necesario que lo sepan. ¡Yo sé cuál es mi raza! Me miro al espejo. Sé que soy negro.*

Es el momento... Yo los amo más... ¡Es el momento para el cambio! No abandonemos este edificio y olvidemos lo que se ha dicho. Pónganlo en vuestro corazón. Pónganlo en vuestra mente subconsciente, y hagamos algo al respecto. Tenemos que hacerlo. Tenemos que hacerlo. Porque esto viene sucediendo desde hace mucho tiempo. Y debe haber un cambio. Así que, mantengamos nuestras antorchas en alto, y obtengamos el respeto que nos merecemos. Los amo. Sólo quiero decir, por favor no pongan esto en su corazón hoy y lo olviden mañana. No habremos logrado nuestro propósito si eso sucede. Esto tiene que parar. Se tiene que parar. Es por eso que estoy aquí con los mejores, para asegurarme de que se detenga. ¡Los amo, gente! Y recuerden, todos somos hermanos y hermanas, no importa de qué color seamos".

También hubo padres que se aprovecharon de la amistad y el apoyo económico y emocional que Michael ofrecía a sus hijos enfermos. Padres sin escrúpulos que no tuvieron miramientos al momento de exponer a sus propios hijos ante jueces, fiscales y trabajadores sociales, y obligarlos a mentir descaradamente para obtener dinero de Michael. Al mismo tiempo, los tabloides se encargarían de difamar a Michael dejando plasmada en la opinión pública mundial una imagen desfavorable de él, lo cual terminó por destrozarle el corazón.

Me sorprendo al tomar conciencia de la facilidad enorme que tenemos para sacar conclusiones sobre una persona pública basándonos en lo que los medios de comunicación nos cuentan. Me perturba con cuánta ligereza prejuzgamos a los demás basándonos sólo en la imagen que vemos en una pantalla de televisión o en las páginas de un diario o revista. Me preocupa el poderoso efecto que los medios tienen sobre nosotros, que no seamos capaces de pensar por nosotros mismos y que tomemos como verdad absoluta, y como palabra autorizada y final lo que la prensa comunica.

Esto va más allá de Michael Jackson. Es necesario que aprendamos a no sepultar o glorificar a una persona influenciados por lo que escuchamos en la TV o leemos en los diarios. Es necesario que aprendamos a no prejuzgar a nadie en todos los ámbitos de la vida. Michael y muchos otros son el más claro ejemplo del daño irreparable que podemos causarle a una persona, y nosotros mismos alguna vez podríamos ser víctimas de ese prejuicio.

En febrero de 2005, en la entrevista que le realiza Geraldo Rivera para su programa "Geraldo At Large", Michael dice: *"Cuanto más grande es la figura, más grande es el objetivo. No digo que yo sea la gran mega estrella, no digo eso. Lo que digo es que la gente se acerca a los famosos; somos el objetivo. Pero la verdad siempre prevalece. Creo en eso. Creo en Dios, ¿sabes?"*

David Nordahl fue retratista de Michael desde 1988 hasta 2005. La amistad entre Nordahl y Michael se arraigó no sólo por admirarse mutuamente como artistas, sino porque ambos habían atravesado por sucesos traumáticos en su infancia. Además de su trabajo como retratista, Nordahl realizó diseños para el parque de diversiones en Neverland Ranch. En una entrevista realizada por Deborah Kunesh para su sitio Reflections of the Dance, Nordahl dice: *"Michael recibía entre 60 y 50 intentos de extorsión al año. La mayoría de ellos eran de paternidad. Mujeres alegando que Michael era el padre de sus hijos, y otros muchos sobre música. Alguien había escrito una canción o algo así y afirmaba que Michael le había robado su música o sus letras. Todas esas cosas quedaban fuera de los tribunales porque una vez que llegaban a la corte, no podían respaldarlo".*

Michael Jackson cautivó el corazón de 250 millones de personas alrededor del mundo. A pesar de su solidaridad, de su generosidad, de haber donado fortunas a asociaciones de caridad y de haber defendido los derechos de los niños, Michael fue ridiculizado, asediado y humillado durante años por la prensa amarillista. Fue extorsionado por padres y madres inescrupulosos que se aprovecharon de su buena fe y generosidad. Michael fue acusado, juzgado y absuelto por delitos que nunca cometió. Aún así, la prensa continuó y continúa ensañada con él descalificándolo y estigmatizándolo.

Michael Humanitario

> *"Trato de escribirlo, ponerlo en una canción, en un danza.*
> *Lo pongo en mi arte para enseñarle al mundo.*
> *Si los políticos no pueden hacerlo, yo quiero hacerlo. Debemos hacerlo.*
> *Los artistas lo ponen en sus pinturas, los poetas en sus novelas y poemas. Eso es lo que tenemos que hacer.*
> *Creo que es muy importante salvar al mundo"*
> MICHAEL JACKSON
> Revista Ebony, Diciembre de 1984

> *"Jamás dejaré de ayudar y amar a las personas de la forma en que Jesús lo dijo"*
> MICHAEL JACKSON
> Entrevista para el programa 60 Minutes
> 25 de diciembre de 2003

Michael Jackson tuvo un corazón solidario desde muy pequeño. De acuerdo a sus relatos y los de su familia, Michael solía comprar helados y gomas de mascar para los niños de su barrio con sus ganancias diarias como miembro de los Jackson 5. Michael tenía un corazón verdaderamente compasivo, quería compartir con los demás lo que ganaba por medio de su talento dado por Dios. No importaba si ganaba mucho o poco, el dinero que ganaba a través de su arte comenzó a compartirlo desde su inicio como artista. *"La compasión no es un asunto religioso, es un asunto humano, no es lujo, es esencial para nuestra propia paz y estabilidad mental, es esencial para la supervivencia humana"*. Enseñanza de Su Santidad el Dalai Lama, con quien Michael tuvo la oportunidad de compartir un encuentro.

Son innumerables las personas que fueron contactadas por Michael para ofrecerles su ayuda y su amistad. Con el corazón totalmente abierto, se acercaba personalmente a niños enfermos graves y a sus padres angustiados, o los recibía en su hogar. Apenas leía una noticia sobre algún niño accidentado o en situación de abandono, Michael se ponía en marcha para ir a ofrecerle su amor, su amistad y ayuda económica.

Geraldo Rivera le pregunta a Michael en su entrevista de febrero de 2005, "¿Qué sucede con los niños necesitados? Has mencionado los esfuerzos por ayudar por lo del tsunami. ¿A qué se debe? ¿Es tu propia paternidad la que te motiva?" Michael responde: "El preocuparme. Leer la Biblia, aprender sobre Dios, sobre Jesús, sobre el amor... Jesús dijo: 'Dejad que los niños se acerquen a mí', 'imitad a los niños', 'sed como niños' y 'preocupaos por los demás'. 'Cuidad de los ancianos...' Y nosotros nos criamos con esos valores. Son valores muy importantes y mi familia y yo nos criamos con eso y siguen siendo valores muy fuertes en nosotros hoy día".

David Nordahl relata en la entrevista realizada por el sitio *Reflections on the Dance*: "Le pregunté, "Michael, ¿cómo puedes hacer eso? ¿Cómo puedes pasar tiempo con estos niños que están muriendo y después marcharte y en el escenario dar ese tipo de actuación?" Él decía: "¿Cómo no voy a poder? Si estos niños me quieren ver. Sé que yo no soy importante, pero Michael Jackson, la estrella, lo es, y si puedo hacer que un niño viva un minuto más o una hora o un día o un mes, ¿no merece eso la pena?" Michael siempre fue así. Si recibía una llamada de alguien y un niño se estaba muriendo, se subía a un avión e iba y les decía: "Voy a estar de vuelta en dos semanas para verte" y muchas veces alargó la vida de los niños de esa manera. Les dio algo por que luchar en el futuro. Hay que admirar algo así".

Mientras estaba de gira, Michael visitaba orfanatos y hospitales en los distintos países donde daba sus conciertos. Apenas llegaba al aeropuerto y antes de ir a su hotel a descansar, iba a visitar los hospitales. Si encontraba que las instalaciones no estaban en condiciones y que a los niños les hacía falta mejor atención, donaba lo necesario y solicitaba a las autoridades del hospital que dieran a los niños la atención adecuada dentro de las 24 horas. Si esto no sucedía dentro de ese lapso decía que suspendería sus conciertos. Todos sabían que esto provocaría disturbios y entonces cumplían con su pedido.

En 1983, Dave Dave de seis años, sufrió quemaduras graves luego de que su padre lo rociara con querosén y lo prendiera fuego. Michael leyó su historia y se contactó con él para colaborar con sus cirugías y ofrecerle su amistad y apoyo emocional. Las puertas de Neverland estaban abiertas para Dave cuando él lo necesitara.

Michael destinó 1.5 millones de dólares de un acuerdo con Pepsi para fundar el "Centro de Quemados para Niños: Michael Jackson" en el Memorial Hospital de Culver City en California. Seth Riggs, entrenador vocal de Michael durante 32 años, cuenta que cuando Michael fue a ver Dave Dave al hospital, el pequeño tenía toda su cabeza vendada y sólo había un orificio en las vendas en la zona de la boca. Dave Dave le dijo a Michael: *"No sé qué voy a hacer. ¿Qué voy a hacer?"* Y Michael le contestó: *"No te preocupes. Yo cuidaré de ti por el resto de tu vida"*. Riggs agrega: *"Y así lo hizo"*.

En septiembre de 1984, David Smithee de 14 años, bajo el auspicio de la Sociedad Brass Ring, realizó el sueño de su vida. Fue invitado a visitar a Michael en su casa de Encino. David, víctima de fibrosis quística deseaba desde hacía tiempo conocer al Rey del Pop. Los dos compartieron una tarde viendo películas, comiendo y jugando juegos de video. Antes de salir, Michael le obsequió un guante de lentejuelas y su chaqueta de cuero rojo de *Beat It*. David falleció siete semanas después y fue enterrado con ambas prendas.

Todos recordamos *"We are the world" – USA for AFRICA*. Michael escribió la canción junto a Lionel Richie en 1985 y reunió a artistas como Diana Ross, Kenny Rogers, Tina Turner, Billy Joel, Steve Perry, Bob Dylan, Stevie Wonder, James Ingram, Dionne Warwick, Ray Charles, Cyndi Lauper, Kim Carnes, Paul Simon, Willie Nelson, Al Jarreau, Daryl Hall, Huey

Lewis, Kenny Logginns y Bruce Springsteen. Las ganancias conjuntas obtenidas por el sencillo, el álbum, el videoclip y el Merchandising superaron la cifra de 50 millones de dólares y fueron donados a una campaña humanitaria para intentar terminar con el hambre en Etiopía.

Michael relata en su libro autobiográfico "Moonwalk": *"Creo que We Are the World es una canción muy espiritual, pero espiritual en un sentido especial. Yo estaba muy orgulloso de formar parte de esa canción, de ser uno de los músicos que estuvieron allí aquella noche. Estábamos unidos por nuestro deseo de cambiar algo. Hizo el mundo un poco mejor para nosotros y marcó una diferencia para las personas que estaban muriendo de hambre y a quienes queríamos ayudar".*

En el año 1987, Michael visita a una niña llamada Angela Darlington y su madre en el Hospital Infantil de Melbourne. Angela había sido atropellada por un automóvil. A continuación, el relato de su madre:

"Mi hija, Ángela, estaba en el hospital con lesiones en la cabeza después de haber sido atropellada por un automóvil. Un día nos dijo una de las enfermeras que Michael Jackson iba a venir de visita. Tuvimos que guardar el secreto, para que el hospital no fuera abrumado con fans. Hubo una ráfaga grande de gente, sus asistentes repartieron camisetas y él firmó ejemplares de su álbum Bad a todos en el lugar. Entonces él caminó alrededor y habló con los pacientes. [...] Me dijo hola y que estaba encantado de conocerme. Yo estaba boquiabierta. Él era muy amable y parecía tímido. Tengo la sensación que tenía un profundo amor por los niños, especialmente los lastimados. Luego se agachó y dijo: "Hola, Ángela". Ella no podía hablar, porque acababa de salir de un coma, pero comenzó a sonreír. Después de ese día, empezó a mejorar. Pienso en él como una inspiración. Lo habíamos estado pasando muy mal –Ángela estaba en el hospital y yo había estado telefoneando al seguro médico para mantener mi entereza, pero era él fue una inspiración total para todo el lugar. Pensé, ¡Gracias a Dios por haberlo enviado! Él se había hecho presente en Michael – en esta gran empatía con las personas que necesitaban recuperarse. Ahora, Ángela tiene 25 años, va a la universidad y

está llena de vida. Había otro chico en la sala que estaba a punto de cumplir 15 y era un gran fan. Después de la visita de Michael, empezó a mejorar. Su madre pensó que era un milagro. Creo que muchos de los niños mejoraron después de reunirse con él. Creo que la gente debe saber acerca de este lado de Michael. Nunca he creído de él otra cosa que no fuera una buena persona".

En el año 1988 Michael realiza la gira de conciertos Bad. Al final de muchos de los conciertos, MJ invita al escenario a grupos de niños enfermos de las ciudades en las que actúa para despedir el show. Seth Riggs, entrenador vocal de Michael, dice: *"Todas las noches llegaban niños en camilla, tan enfermos que apenas podían levantar la cabeza. Michael se arrodillaba junto a ellos en el suelo y acercaba su cara a la de los pequeños para que pudieran tomarse una foto juntos y les hacía llegar una copia para recordar el momento"*.

En mayo de 1988 Michael se muda de su casa familiar en Encino a un rancho que acaba de comprar en Santa Ynez Valley, al norte de Los Angeles. La finca llamada Sycamore Ranch pasa a ser Neverland Valley Ranch. Michael construyó su mansión Neverland con la ilusión y el deseo de poder brindar a los niños un momento de alegría y diversión. Organizaba paseos mensuales para que niños pobres, discapacitados, enfermos terminales y jóvenes en riesgo visitaran su parque de diversiones con total libertad y pasaran un momento agradable. Allí mismo, construyó un cine/teatro para proyectarles sus películas favoritas e hizo construir dentro del mismo una habitación muy acogedora con paredes de cristal y camas ortopédicas para los niños con enfermedades terminales que no podían estar sentados en las butacas durante largo tiempo. Michael dijo: *"Todo lo que amo está detrás de esas puertas. Tenemos elefantes, jirafas y cocodrilos, y todo tipo de tigres y leones. Y tenemos buses llenos de niños, esperando ver todas esas cosas. Vienen niños enfermos y lo disfrutan"*.

Entrevista con Ed Bradley –60 Minutes TV – 2003

En una entrevista con Steve Harvey, en 2001 Michael expresó: *"Neverland es un lugar sereno y tranquilo tan solo para relajarse y disfrutar y dejar afuera tus problemas y las cosas que te irritan el corazón y el alma. Una vez que entras por esas puertas, es un lugar maravilloso, tranquilo y encantador. Hay lagos y cascadas, césped y árboles, atracciones y trenes... Intento compensar la pérdida de la infancia que nunca pude disfrutar, pero también es para todo el mundo. Tenemos niños discapacitados, niños enfermos con cáncer, leucemia, terminales invitados a través de Make a Wish Foundation, Dream Street..., lo llevamos haciendo desde hace 11 años. Y lo hice antes en la casa de mi madre en Encino. Nunca ondeé una bandera, nunca intentamos que la prensa lo publique, lo hago calladamente. La verdadera caridad sale del corazón, no para decir, "mírame, mira lo que estoy haciendo..." y lo he hecho así durante muchos, muchos años".*

En febrero de 1988, el single "Man In The Mirror" entra en las listas de éxitos. Todos los beneficios correspondientes a Michael por la venta de la canción son donados al campamento Ronald McDonald para niños con cáncer.

En 1988, Michael visita a niños gravemente enfermos y sus padres en el Hospital de Niños Great Ormond Street, donde pasa más tiempo con los pacientes menos críticos, expresando palabras de consuelo para ellos, les lee cuentos y les entrega regalos, entre ellos álbumes, fotos y camisetas autografiadas. Él mismo se asocia con el "Fondo Wishing Well" para patrocinar la construcción de una unidad nueva en el hospital.

Ryan White era hemofílico y a los 13 años se contagió de SIDA debido a una transfusión de sangre infectada con el virus. Sus vecinos se oponían a que regresara al colegio. Michael se acercó a él para ofrecerle su apoyo y amistad. Ryan murió el 8 de abril de 1990 poco antes de terminar su escuela secundaria a los 18 años. Michael le dedicó una canción "Gone too soon", ("Te fuiste demasiado pronto") del álbum "Dangerous" y un poema en su libro "Dancing the Dream".

En 1992, Michael fundó su propia fundación llamada *"Heal the World"* para ayudar a muchas organizaciones benéficas de todo el mundo. Hoy en día esta organización continúa su tarea humanitaria.

El 6 de mayo de 1992, Michael paga los gastos para el funeral del niño Ramón Sánchez, así como el coste del cementerio y una lápida, mostrando cómo él era un "Punto de Luz" y cómo cada persona podía serlo ayudando a los más desfavorecidos. Ramón de 9 años, fue asesinado en su casa durante los violentos disturbios raciales que acontecieron en California tras el incidente con Rodney King (taxista estadounidense en libertad condicional por robo, que fue brutalmente apaleado por policías tras una persecución). Sus padres no contaban con medios económicos para darle sepultura y Michael les ayudó. Más tarde, la familia de Ramón pudo agradecerle a Michael su gesto amable, cuando los invitó al estudio en Culver City donde estaba grabando un comercial para Pepsi. Con la ayuda de un traductor, la madre de Ramón le dijo a Michael que el niño era uno de sus mayores fans, que gracias a su ayuda, había convertido un momento tan trágico en uno más soportable, y que su participación había sido una agradable sorpresa y estarían eternamente agradecidos.

En octubre de 1993, durante su gira "Dangerous" en Argentina, su Fundación *Heal the World* donó ambulancias nuevas para el *Hospital de Niños Dr. Ricardo Gutiérrez* de Buenos Aires. Además, entregó miles de entradas a niños carenciados y enfermos para su concierto del 6 de octubre.

En marzo de 1994, Bela Farkas, de cuatro años, necesitaba un trasplante de hígado. Michael y su esposa en aquel momento, Lisa Marie Presley, lo conocieron en una visita al Hospital de Niños Bethesda, en Budapest. Bela había estado en el hospital desde su nacimiento. Su madre lo había abandonado y su padre rara vez lo visitaba. Michael y Lisa se conmovieron tanto por el niño que regresaron al día siguiente y le hicieron compañía durante varias horas. Bela había sido diagnosticado con una enfermedad hepática congénita que decoloraba su piel y le impedía digerir los alimentos. Sin un trasplante, los médicos le daban un año de vida. El costo estimado para el trasplante era de 120 mil dólares. MJ donó fondos de su Fundación *Heal The World* para cubrir todos los gastos. Como si esto no fuera suficiente, ayudó a conseguir un donante.

Michael relata su encuentro con el pequeño Bela en sus Videos Caseros Privados para el Especial de TV de 2003: *"Vi a este pequeño niño, su nombre era Farkas. Estaba enfermo. Su cara tenía un tono verde. Pero tenía un brillo en sus ojos. Le pregunté a su enfermera: ¿Qué le ocurre a este niño?, y ella dijo: "Necesita un donante de hígado". Entonces, le dije: "¿Esto significa que puede morir? Y ella respondió: "Morirá si no encuentra un hígado". Entonces dije: "No permitiré que muera". Este niño dulce y angelical, no importa lo que signifique, encontraré ese hígado para él. Entonces le encargué a mi Fundación Heal The World a lo largo del mundo. Nosotros buscamos en todos los lugares, nos tomó un largo tiempo. Y yo me decía: "No me rendiré, no dejaré que este niño muera". Me puse tan feliz cuando recibí la llamada. Ellos me dijeron: "¡Encontramos un hígado!". Y él pudo recuperar su vida. Me siento orgulloso de haber podido ayudarlo. Te amo, Farkas.*

El 5 de mayo de 1997, Michael se asoció con Pavarotti en beneficio de la Organización Warchild para ayudar a los niños de Kosovo y Guatemala. Organizó una serie de conciertos benéficos en Alemania y Corea. Convocó a Slash, The Scorpions, Boyz II Men, Luther Vandross, Mariah Carey, Andrea Bocelli y Luciano Pavarotti, entre otros, para los conciertos de *"Michael Jackson y Amigos"*. Las ganancias fueron donadas al *Fondo Nelson Mandela para la Infancia, la Cruz Roja* y la *UNESCO*.

El niño Daniel Parisi, fan de Michael, sufría de SIDA. Durante la gira HIStory World en Milán, Daniel y su madre adoptiva se reunieron con MJ. Daniel murió de esta enfermedad. Antonieta Parisi escribió después de la sentencia del juicio 2003/2005: *"Nunca olvidaré lo que hiciste por mi hijo Daniel. Después de conocerte los médicos ldijeron que era un milagro, porque desde hacía unos meses era como si él nunca hubiera tenido SIDA. Ahora que la justicia ya te ha declarado inocente, solo quería expresar mi gratitud y felicidad. Por favor, nunca permitas que la gente se aproveche de ti como esta vez. Sé que lo haces de buen corazón y quieres ayudar a todos, pero no todas las personas merecen tanta* atención. Mi hijo no está aquí con nosotros, pero sabemos que desde allá arriba siempre está mirando por ti. Nunca he olvidado lo que hiciste por él. Dios te bendiga".

El 14 de junio de 2002, Michael pronunció un discurso en la ciudad de Exeter, sobre los niños, el sida y el amor. *"Tristemente, vivimos en un estado de temor. Todos los días oímos hablar de la guerra en las noticias, en la radio, en la televisión y en los periódicos, siempre sobre guerra. Oímos hablar de naciones destruyéndose entre sí, de vecinos que se lastiman unos a otros, de familias que se maltratan y de niños que se matan unos a otros. Debemos aprender a vivir y a amarnos unos a los otros antes de que sea demasiado tarde".*

Después del ataque terrorista al World Trade Center el 11 de septiembre de 2001, Michael organizó el concierto *"United We Stand - What more can I give?"* (*"La Unión hace la Fuerza - ¿Qué más puedo dar?"*) en el estadio RFK en Washington a beneficio de las familias de las víctimas. En la letra, Michael nos transmite el mensaje de nunca dejar de dar, de no volver la cara a quien nos necesite o dejar sin consuelo a quien busque nuestra ayuda. Nos recuerda que siempre se puede dar, así sea enviando un pensamiento amoroso, apoyando al que sufre en momentos difíciles, acompañando en el dolor.

El brazalete que Michael lleva siempre en el brazo derecho es en homenaje a los niños del mundo que sufren hambre y mueren en las guerras. Se comprometió a usarlo hasta que no hubiera más niños con hambre y guerras en el planeta. Las cintas que usa en sus dedos son para recordar y recordarnos que aún hay niños que sufren en el mundo.

David Nordahl cuenta a Deborah Kunesh: *"Michael donó más de 300 millones de dólares para ayudar a los niños del mundo. Pagó cirugías, construyó alas de hospitales, orfanatos, un centro de quemados. Nunca hablaba de las cosas buenas que hacía. Las conocemos a través de la gente que estaba alrededor de él. Michael pensaba que si hacemos un acto de caridad y hablamos sobre el tema o nos jactamos de ello, todo el bien que intentamos hacer, se anula del todo. Él era tan genuino, tan cálido y tan cariñoso. En todo el tiempo en que conocí a Michael, casi 20 años, nunca le oí levantar la voz a nadie. Nunca sucedió. No era más que una muy buena persona. Sólo una buena persona en profundidad".*

En mayo de 2003, Michael expresa su intención de adoptar a Ali Ismail Abbas, un niño iraquí de doce años a quien vio en televisión poco después de perder los brazos y a toda su familia durante los bombardeos del ejército estadounidense sobre Bagdad. Ali finalmente fue adoptado por una familia arábigo-canadiense.

Todos recordamos el tsunami en las costas del Índico el 26 de diciembre de 2004, que dejara un saldo de casi 187 mil muertos y 43 mil personas desaparecidas. Michael responde a Geraldo Rivera en febrero de 2005: *"Pensé que debía hacer algo. Dios nos otorgó el talento para dar y ayudar a la gente y entregarnos. Así que, mis hermanos y yo decidimos hacer una canción juntos".*

Son innumerables las obras de caridad que Michael realizó a lo largo de su vida, y el 26 de junio de 2010 a un año de su muerte, Michael Jackson recibió el título póstumo de HUMANITARIO DEL SIGLO. Los invito a leer el listado completo de sus esfuerzos humanitarios en el sitio líder de habla hispana "La Corte del Rey del Pop", como así también en la excelente página de Facebook "Labor Humanitaria de Michael Jackson", creada por una gran admiradora de Michael y fan amiga, Mahe Guilmain.

> *"He visto la verdadera riqueza y la verdadera pobreza,*
> *pero estoy interesado principalmente en el pobre.*
> *Quiero apreciar lo que tengo y ayudar a otros.*
> *Cuando voy a otros países, quiero ver las zonas pobres.*
> *Quiero ver realmente lo que es la pobreza.*
> *No quiero escucharlo o leerlo. Quiero verlo".*
> MICHAEL JACKSON
> *en una entrevista con Timothy White, 1977.*

Michael y su amor por los niños

*"Los niños me muestran en sus sonrisas juguetonas
la divinidad que hay en todos.
Esta bondad simple brilla a través de sus corazones
y sólo pide ser vivida".*

Michael Jackson
en una entrevista con Oprah Winfrey

El amor por los niños... Todos amamos a nuestros hijos, a nuestros nietos, a nuestros sobrinos, a los hijos de nuestros amigos... Pero, ¿amamos a todos los niños en general con la misma intensidad o tan profundamente como para dedicar nuestra vida a ellos? ¿Qué moviliza a una persona a ser maestro, niñera, payaso, o animador de fiestas de cumpleaños? ¿Qué moviliza a un médico a dedicarse a la pediatría en vez de elegir otra especialidad? La respuesta es simple: un profundo amor por los niños.

Me pregunto si Michael Jackson en vez de artista, hubiese sido payaso, maestro de jardín de infantes o médico pediatra, si la gente habría cuestionado y criticado su amor por los niños. En todas estas profesiones u oficios, nos parece muy normal que la persona esté rodeada de niños, que juegue con ellos, que los cuide y los ame. Al parecer, como sociedad no nos pareció normal que un artista sintiera este amor profundo por ellos y la necesidad de dedicar su vida a ayudarlos a tener una mejor calidad de vida. Este es otro preconcepto, un cerrojo más que debemos quitar de nuestros corazones.

Michael decía que veía la belleza de Dios en el rostro de los niños. En ellos encontraba su mayor inspiración y el amor puro e incondicional que no encontraba en la gente que lo rodeaba. Su amor por los niños anidaba en su corazón desde muy joven y los niños querían estar cerca de él.

Michael era un ser humano cuyo corazón sentía compasión por los niños que vivían en la pobreza o que sufrían una enfermedad terminal. Michael no sólo proporcionaba asistencia financiera a los niños pobres o enfermos y sus familias, también estaba siempre dispuesto a regalarles un abrazo, una sonrisa; y la esperanza, fuerza y aliento para seguir adelante y no darse por vencidos.

Pero, quién mejor que el mismo Michael para expresar lo que los niños significaban para él. Comparto en este capítulo sus palabras y pensamientos más amorosos sobre la importancia de los niños en su vida.

En su autobiografía, Moonwalk, de 1988, Michael escribe: *"Dedico mucho de mi tiempo libre, en California o cuando estoy de viaje, visitando hospitales de niños. Me hace muy feliz saber que puedo iluminar un día de aquellos niños, simplemente apareciendo y conversando con ellos, escuchando lo que tienen que decir, haciéndoles sentir mejor. Es muy triste para los niños estar enfermos. Más que nadie, ellos no merecen eso. Ellos muchas veces, ni siquiera pueden entender qué les está pasando. Esto hace que mi corazón se retuerza. Cuando estoy con ellos, sólo deseo abrazarlos y hacer lo mejor que puedo por ellos. Algunas veces, niños enfermos me visitan en mi casa, o en los hoteles donde me hospedo. Algunos padres se mantienen en contacto conmigo y me preguntan si sus hijos pueden visitarme por algunos minutos. Algunas veces cuando estoy con ellos, logro entender mejor lo que para mi madre fue padecer de polio. La vida es muy preciosa y muy corta para no buscar y tocar a las personas que podamos".*

El 10 de diciembre de 1992, Michael Jackson fue recibido en el Consulado Estadounidense en Tokio, reconociéndose su labor al frente de la Fundación "Heal the World": *"Estoy muy feliz de estar otra vez en Japón. Soy muy afortunado de ver a todos los niños y también a quienes son jóvenes de corazón. La inocencia de los niños representa para mí una fuente infinita de creatividad y siento que de allí proviene toda mi fuente creativa. No se trata de un tipo de inteligencia intelectual, sino de una inteligencia que está llena de maravilla, magia, misterio y aventura. En esta inteligencia hay amor, confianza, alegría y belleza. Es la clase de inteligencia que sanará al mundo. Es por eso que estoy aquí y es por eso que estamos aquí. Muchas gracias. Los amo".*

Dear Michael

Entrevista de Oprah Winfrey en Neverland Ranch – 10 de febrero de 1993: *"Me encanta hacer cosas por los niños, e intento imitar a Jesús. No estoy diciendo que yo sea Jesús, no me refiero a eso. Intento imitar a Jesús en el sentido de ser como los niños, amar a los niños, ser tan puros, y ver el mundo con ojos maravillados, de forma mágica... y eso me encanta. Acabamos de recibir como cien niños sin cabello, todos con cáncer y estuvieron por ahí corriendo, pasándolo bien... Y me emociono de felicidad viendo que puedo hacer todo esto por ellos. Me llena de alegría".*

Extractos de la Revista de Música Melody Maker – 1980: *"Me asusto y sufro fácilmente y las noticias me asustan bastante, incluso aunque no tenga que ver nada con los problemas de nadie. Escuché en las noticias que en Big Bear Lake a chico tuvo su Navidad un mes antes, y Santa Claus fue a su casa, porque solo le quedaba una semana de vida. En esa semana moriría, y eso me hizo sufrir tanto..." "Conozco a niños como ese todo el tiempo cuando visito los hospitales. Los doctores y las enfermeras les preguntan, "Puedes ir a donde quieras o hacer o ver lo que quieras, ¿qué quieres?" Y estos niños piden conocer a los Jackson. Dicen, "Tienes que conocer a esta chica, va a morir mañana y desde que salió de su operación ha preguntado por ti". Y, Dios, me siento tan maravillado de formar parte del último sueño de alguien. El trabajo de toda mi vida es recompensado". "Les digo a los niños "Te veré el año próximo", y a veces el pensamiento de que volveré el año siguiente les hace aguantar. Eso ha pasado varias veces. La gente me dijo que esta chica iba a morir, pero yo seguí viéndola tres años seguidos y al cuarto murió. Los doctores no pudieron hacer nada, y para mí, llegar y ayudar a ofrecerle el regalo de la vida me hacía sentir realmente bien". "Algunas personas han sido elegidas para hacer estas cosas. Esos niños están adormecidos pero llega Danny Kaye* (actor y comediante americano) *y les cuenta historias y les hace muecas, y los niños se ponen tan contentos. Bill Cosby* (actor y comediante americano) *también es conocido por su trato con los niños. Los médicos y enfermeras están totalmente sorprendidos por el poder de esta gente". "Conozco la pobreza también. Cuando voy a un país, como Filipinas o Trinidad en África, salgo afuera verdaderamente y voy a las zonas pobres y hablo con la gente. Me siento en sus pequeñas cabañas, sus casas de cartón, y me siento en casa. Creo que es importante saber lo diferente que siente la gente, especialmente en mi tipo de trabajo". "El director del grupo llamaba a toda esa gente pobre y les decía quién estaba allí para verles, y sienta bien saber que ellos te conocen. No creo ser mejor que otras personas, creo que soy diferente para ellos porque hago cosas diferentes. Estrecho sus manos y ellos me siguen a donde quiera que voy. Entonces ven mi cámara alrededor de mi cuello y empiezan a tocarla y me piden que les tome una fotografía. La primera vez que fuimos a África, llevábamos una cámara instantánea y ellos no las habían visto nunca. Daban saltos y gritaban".*

"Mi recuerdo más tierno aquí (Neverland) fue una noche en que teníamos la casa llenade niños enfermos de cáncer. Y un niño se volvió hacia mí y me dijo, 'Este es el mejor día de mi vida.' Tuve que contener las lágrimas". **Who Weekly Magazine, 1993**

"Rezo todo el tiempo porque haya paz. Y lo más importante, rezo para que los niños y los bebés estén protegidos, eso es lo que más me importa; me gusta que estén protegidos, y que haya más derechos para los niños en el mundo, donde haya un día para los niños, una celebración. Darles un poco más de atención y de amor". Entrevista para GetMusic.com – 26 de octubre 2001

Entrevista para TV en Geraldo At Large – 2005: *"He viajado alrededor del mundo ocho veces. Visito tantos hospitales y orfanatos como hago conciertos. Pero, por supuesto, eso no se publica. No lo hago por eso, para que se publique. Lo hago porque nace de mi corazón. Hay tantos niños de la ciudad que nunca han visto las montañas, que nunca han subido a un carrusel, que nunca han acariciado a un caballo o una llama, o no los han visto. De manera que si puedo abrir mis puertas y ver esa alegría, esa risa explosiva en los niños y verlos en los juegos, digo: "Gracias, Dios". Siento que me he ganado la sonrisa aprobadora de Dios porque estoy haciendo algo que le aporta alegría y felicidad a otras personas".*

En 2005, el Rev. Jesse Jackson entrevista a Michael en el programa de radio Keep Hope Alive: *"No tuve niñez. Pero, cuando no tienes niñez como la gente como yo y otros niños famo-*

sos, intentas compensar la pérdida y más tarde tratas de alcanzarla. Por eso ves, como muchos pueden ver, un parque de atracciones o juegos, ese tipo de ambiente en mi casa. Pero lo que quiero hacer es ayudar a otros niños que son menos afortunados que yo. Sabes, niños con enfermedades terminales, niños con enfermedades, niños pobres de la parte conflictiva de la ciudad, sabes, de los guetos, para que puedan ver montañas, o subir a los juegos, o ver una película o comer helado o lo que sea".

En una de las secciones eliminadas de la versión final del documental *"Viviendo con Michael Jackson"*, Michael expresa al periodista Martin Bashir: *"Con un poco de amor y un poco de cuidado, he visto niños recuperarse totalmente. Cuando no puedes encontrar ningún tipo de cáncer en todo su cuerpo. Lo he hecho muchas veces. No estoy tratando de decir que soy Jesucristo. Sólo deberíamos prestar un poco más de atención a la fuerza del amor, al cuidado, la fe y la oración"*.

El 1992, Michael escribió un libro de poemas y reflexiones titulado "Dancing the Dream" –Bailando el Sueño – donde escribe principalmente sobre los niños, los animales y el medio ambiente. Los editores lo promocionaban como un libro que *"nos adentrará en el corazón y el alma de Jackson"*, y como *"un volumen inspirador y apasionado de una humanidad sin precedentes"*. En su única entrevista para promover "Dancing the Dream", Michael describió a su libro como *"sólo una expresión verbal de lo que suelo expresar a través de mi música y mi baile"*.

Michael papá

"Han habido momentos en mi vida cuando, como todos, he tenido que preguntarme por la existencia de Dios. Cuando Prince sonríe, cuando París se ríe, no tengo ninguna duda. Los niños son el regalo de Dios.
Ellos son la energía de Dios, su creatividad y su amor.
Encontramos a Dios en esa inocencia y experimentando esa alegría".

"Cuando me convertí en padre, mi sentido de Dios y del Sabbat se volvió a definir.

Cuando miro a los ojos de mi hijo, Prince, y de mi hija, Paris, veo milagros y veo belleza. Cada día se convierte en el día de reposo. Tener hijos me permite entrar en este mundo mágico y sagrado en cada momento del día.
Veo a Dios a través de mis hijos. Puedo hablar con Dios a través de mis hijos.
Me siento muy honrado por las bendiciones que Él me ha dado".

"Siempre quise tener hijos y me siento bendecido por el Señor
por tener este tipo de amor en mi vida, y haré cualquier cosa y todo
lo que pueda para convertir a mis hijos en amantes del mundo y no
niños malcriados de cuchara de plata.
Quiero que vean el mundo con ojos maravillados y que no tengan miedo de tener metas. Qué vivan la vida de lleno y con cada paso que den. Yo veo eso en ellos, y me levanto por ellos y sigo adelante por ellos. Por primera vez en mi vida, todo tiene un propósito y son mis hijos.
El infierno, el dolor, la soledad, me llevaron a ellos".
MICHAEL JACKSON

El mayor deseo de Michael era ser papá. En mayo de 1994 se casó con Lisa Marie Presley, hija de Elvis Presley. El matrimonio duró sólo 19 meses y no tuvieron hijos.

Michael y Debora Rowe se conocieron a mediados de los 80 en el consultorio del doctor Arnold Klein, dermatólogo de Michael, donde Debbie trabajaba como asistente. Debbie atendía a Michael por su Vitiligo y con el paso de los años entre ellos nació una entrañable amistad. Michael y Debbie se casaron el 14 de Noviembre de 1996 en Australia y Debbie ya estaba embarazada de Prince. La reacción de los medios y del público por el matrimonio fue negativa y cínica. Tuvieron dos hijos. Prince Michael Joseph Jackson nació el 13 de febrero de 1997 y Paris Michael Katherine Jackson nació el 3 de abril de 1998. La pareja se divorció en 1999 pero permanecieron como amigos. Rowe le otorgó a Michael la custodia de ambos niños.

En 2002, Michael tuvo un tercer hijo, Prince Michael II, "Blanket". Según explicara Michael, el niño fue concebido mediante inseminación artificial, utilizando su material genético y un vientre de alquiler.

Sobre la paternidad de Michael, son dos los aspectos que provocaron la crítica de la opinión pública, la manera en que sus hijos fueron concebidos y el formato de familia en el que nacieron. Hoy en día es cada vez más común que tanto mujeres como hombres decidan ser padres solteros independientemente de su condición sexual. Encontramos mujeres sin pareja o lesbianas que desean ser madres y recurren a la inseminación artificial. El material genético puede ser donado por un ser querido y cercano a la mujer o por un desconocido recurriendo a un banco de esperma. Lo mismo sucede con los hombres que desean ser padres y no tienen pareja o son homosexuales. La opción para ellos es acudir a un vientre de alquiler –en términos médicos subrogación uterina– aportando su propio material genético o recibiéndolo de un tercero. Para conseguir el embarazo se realiza la técnica de reproducción asistida (Fecundación in Vitro) y la mayoría de las veces, la mujer que presta su vientre recibe una compensación monetaria, aunque también hay casos en que se realiza de manera altruista, como por ejemplo cuando este acuerdo se realiza entre hermanos u otros familiares.

De acuerdo a la Real Academia Española el término "subrogar" significa sustituir o poner a alguien o algo en lugar de otra persona o cosa. La gestación subrogada era una práctica habitual en la antigüedad. La primera madre de alquiler conocida en la historia vivió unos dos mil años antes de Cristo en Canaán. El capítulo XVI del Génesis del Antiguo Testamento, libro sagrado de los judíos, cristianos y musulmanes dice: *"Sarai, la esposa de Abram, era infértil y le ofreció a su marido la esclava Agar para que le gestara un hijo. Sarai dijo a Abram: "Ya que el Señor me impide ser madre, únete a mi esclava. Tal vez por medio de ella podré tener hijos". Y Abram accedió al deseo de Sarai. En aquel entonces Abraham tenía 86 años, pero su edad venerable no impidió la concepción. En 1910 a. C. Agar dio a luz un hijo que recibió el nombre de Ismael. Sarai le sentó en sus rodillas como si fuera su hijo propio"*. Éste fue el primer niño nacido por medio de la llamada "gestación subrogada tradicional", cuando la madre de alquiler es simultáneamente la madre biológica del niño que está gestando.

Este procedimiento aún es ilegal en gran parte del mundo pero es completamente legal en varios países. En Estados Unidos, la mayoría de los estados lo acepta, siendo California el estado donde más se realiza. Desde 1976, sólo en Estados Unidos han nacido más de 40.000 niños probeta que en su mayoría fueron engendrados mediante programas de gestación subrogada tradicional. Hasta ahora se conocen sólo 15 casos de madres de alquiler que se han negado a entregar el niño a sus padres biológicos.

La mayoría de los países sudamericanos ni autorizan ni prohíben legalmente el alquiler de vientre. En Argentina esta técnica de maternidad subrogada no está legislada. Desde 1978, tras el nacimiento de la primera beba in vitro en Gran Bretaña, la opinión pública ha ido aceptando estas prácticas sin inconvenientes. No obstante, el alquiler de vientre es aún un tema muy controvertido y requiere ser tratado con suma prudencia. Si bien es una práctica cada vez más tolerada y mediatizada, las situaciones que se plantean en el ámbito jurídico, ético, sociológico y religioso son muy complejas.

Por lo tanto, y debido a que obviamente no soy especialista en este tema, simplemente lo abordaré desde mi sentido común basándome en mi experiencia como mamá y esposa, y sin hacer distinción de sexos, ya que considero que ser capaz de dar amor a un niño, tanto como educarlo y criarlo, no es privativo de un sexo en particular. Podemos o no estar de acuerdo con este ideal de familia monoparental, pero lo que no podemos hacer es descalificar, censurar y maljuzgar a las personas que lo eligen, sencillamente porque no "caminamos en sus zapatos".

Michael Jackson decidió ser un papá solo. Lo que más deseaba en su vida era ser padre. Uno de los grandes mitos en torno a la paternidad masculina es que los hombres no son capaces de criar a sus hijos de la misma manera que las mujeres. Desde luego, lo más beneficioso para cualquier niño es contar con las figuras materna y paterna, pero la realidad nos muestra que existen muchos hombres con el deseo de tener hijos sin estar en pareja y, al igual que las madres solteras, se apoyan en su entorno femenino más cercano para cumplir este gran deseo de ser padres.

Quisiera compartir el punto de vista de Debbie y las razones que la motivaron a ofrecerle a Michael ser la madre de sus hijos. Creo que su testimonio es muy importante para poder comprender, desde la historia de ellos como amigos entrañables, qué impulsa a una mujer a ser madre sustituta.

En 2003, un canal australiano emitió una extensa entrevista realizada a Debbie Rowe, producida por Marc Shaffel, amigo de Rowe y antiguo socio de la familia Jackson. Allí, Debbie explica los motivos por los cuales le ofreció a Michael ser la madre de sus hijos.

"Los tuve porque yo quería que Michael fuera padre. Creo que hay personas que deben ser padres y él es uno de ellos. [...] Él estaba triste porque quería ser padre. Le dije: "Entonces, sé papá". Me miró sorprendido. Le dije: "Déjame hacer esto por ti. Quiero hacer esto por ti. Has sido tan bueno conmigo, eres tan buen amigo. Por favor déjame hacerlo. [...] Y él dijo: ¿Harías esto por mí? Y yo dije: ¡Sí, quiero! Por favor, déjame hacer esto por ti. Y me dijo: Te amo".

Debbie relata el momento del primer parto, el cual no fue nada fácil. *"Estábamos muy animados. Michael estaba más animado que yo. Se emocionó tanto cuando tuvimos la primera contracción. Teníamos videos, música... Él estuvo allí durante todo el tiempo. Me sostenía de la mano, me acariciaba la cabeza. Creo que vomité en algún momento. Estaba tan avergonzada pero él decía: 'Estás bien. Esto es hermoso, es maravilloso.' Yo decía: 'Me voy a morir.' 'No, no te vas a morir. Esto es maravilloso. Muy bien, se ve la cabeza. Está justo ahí. Oh, Dios mío, esto es tan hermoso.' [...] Estaba fascinado. Luego, su hijo nació, y la expresión en su rostro...* Debbie hace una pausa para contener las lágrimas pero comienza a llorar. *"Nunca lo había visto tan feliz y eso lo hacía más maravilloso para mí, ver la expresión en su rostro. Él cortó el cordón y se llevaron al bebé para pesarlo y demás. Michael venía a cada rato y me decía: ¿Estás bien? ¿Estás bien?*

Michael anuncia el nacimiento de su primer hijo y expresa su felicidad de ser padre, además hace un pedido: *"No hay palabras para describir como me siento... He sido bendecido más allá de la comprensión y trabajaré incansablemente para ser el mejor padre que pueda. Soy consciente de que mis fans están felices, pero espero que todo el mundo respete la privacidad que Debbie y yo queremos y necesitamos para nuestro hijo. Crecí en una pecera y no permitiré que eso le suceda a mi hijo. Por favor, respeten nuestros deseos y permitan que mi hijo tenga su privacidad".*

Debbie relata su filosofía sobre la maternidad. *"El título de padre se gana. Somos una familia. Todos dicen: 'Oh, Dios mío. ¡Qué familia disfuncional!' Michael es el papá más amoroso. A la gente le cuesta creerlo, no sé por qué... ¿Sólo por no vivir en el mismo lugar, por no comer la misma comida en el mismo momento y en la misma mesa no eres una familia? No somos una familia tradicional. Muchas personas en el mundo no tienen lo que perciben como familia perfecta. ¿Hay personas así? Bien por ellos. Es difícil. Tengo una consideración y un respeto muy elevado por los padres. Creo que es lo más difícil que una persona puede hacer. ¿Era necesario que yo hiciera esto? Sí. Tengo la elección de hacerlo, y mi elección es ver crecer a los niños con su padre. Si pudieran ver la expresión en su rostro, la expresión en el rostro de los niños... Jamás cambiaría de opinión. No haría nada diferente. Para mí está bien, para mí es lo correcto. [...] Tenemos una familia no tradicional, y si esto hace que las personas se sientan incómodas, entonces, es una lástima que no sean más abiertos. Somos una familia. Michael y yo siempre estaremos conectados con los niños. Yo siempre estaré allí para él y para los niños. [...] Los niños no me llaman mamá porque yo no quiero. Son los hijos de Michael. No es que no sean mis hijos, pero los tuve porque yo quería que él fuera papá. La gente comenta, 'No puedo creer que haya abandonado a sus hijos'. ¿Abandonarlos? ¿Abandoné a mis hijos? Yo no abandoné a mis hijos. Ellos están con su padre, donde deben estar. No lo hice para ser madre. Si él me llamara y me pidiera tener más hijos lo haría en un santiamén".* [...] *"Él estaba tan fascinado cuando Prince nació por toda la experiencia, que cuando nació Paris, él pudo absorberlo y decía: 'Oh, Dios mío, es tan bella' y le acariciaba la cabeza...* [...] *Nunca olvidaré esa frase y la manera en que la dijo.* [...] *Durante ambos embarazos para mí era muy importante que los bebés conocieran la voz de Michael. Entonces, él grabó casetes. No tengo idea del contenido. En lo que a mí respecta, era algo entre él y sus hijos. Por las noches, antes de dormir, colocaba unos enormes auriculares sobre mi vientre, y mientras se reproducía el casete de Michael, yo leía durante media hora o 45 minutos. Cuando la cinta terminaba, la ponía sobre la mesa de luz y me iba a dormir. Ellos reconocieron su voz al instante en que la escucharon.* [...]

Debbie relata la reacción de Michael ante su decisión de no tener más hijos. *"Fue lo suficientemente considerado para no ponerme bajo esa presión.* [...] *Fue un momento muy emotivo para los dos porque es como que nuestra amistad cambió un poco en ese momento. Yo sentía que estaba dándole la espalda a un amigo, pero él no quería que yo me sintiera de esa manera. Él comprendía.* [...]

Sobre los niños y el uso de las máscaras: *"Obviamente yo tuve algo de influencia, ya que aún cubren sus rostros. Yo se lo pedí. Fue idea mía, no de él. Michael está muy orgulloso de sus hijos. Yo soy la que está aterrada, yo vi las notas que decían que se llevarían a sus hijos. No hay nada más aterrador que leer una nota que dice, me los llevaré. ¿Saben qué? Usen una máscara. Hagan de cuenta que es Halloween".*

Sobre la figura materna y el futuro de los niños: *"Tienen una niñera fabulosa. Es una joven maravillosa. De modo que en ella tienen la figura materna, o femenina. Si miras a tu alrededor, hay muchas mujeres a las que se les llama "Mamá" y no deberían serlo. Todas esas personas que salen a atacarme por no cumplir con mi rol de madre deberían observar a las que cumplen su rol y no deberían hacerlo. Michael cubre ambos roles extremadamente bien. Los niños no podrían ser más amados.* [...] *Creo que llegará el momento en el que comprenderán lo que sucede. Ellos conocen a su padre. Sabrán por qué están aquí y cómo vinieron a este mundo. Él no tiene una vida habitual, ¿cómo se puede esperar que tenga una familia tradicional? Tenemos nuestra propia familia y funciona. Estoy disgustada con la gente que dice lo contrario".*

Sobre su separación y si se volvería a casar: "*Nos separamos porque yo llegué a un punto en el que ya no podía manejarlo,* (el asedio de los medios), *no podía ir a una tienda. En primer lugar, me seguían, y en segundo lugar tenía que soportar ver los titulares en las revistas que venden en las cajas registradoras diciendo mentiras. No estaba acostumbrada a eso. [...] Michael me ha cuidado muy bien. No tuvimos un matrimonio tradicional. Extraño nuestra cercanía, en el sentido de que estábamos muy conectados íntimamente. Pero él quería tener hijos y de no haber sido por los medios habría estado casada con él para siempre, a menos que él se cansara de mí. [...] Michael es muy difícil de igualar. Cuando alguien cuida de ti, incluso en un nivel amistoso, él es muy difícil de igualar. Y... aún lo amo. No siento deseos de salir a buscar* (una pareja nueva). *Nadie lo reemplazará jamás*".

Después de leer las razones por las cuales Debbie decidió ofrecer su vientre para que su amigo entrañable fuera padre, a mí no me queda mucho por analizar. Su actitud habla de un profundísimo amor, un amor que tal vez muchas mujeres y hombres con una tradición y costumbres familiares convencionales no lleguemos a comprender por completo. Puede que queden aspectos por discutir y profundizar en cuanto a la salud mental y emocional de un niño al que le toca nacer en una familia monoparental. Desde el punto de vista de la psicología, estos niños pueden tener problemas varios durante su desarrollo. Sin embargo, por lo que he podido investigar hasta el momento y sin conocer en profundidad el estado emocional de los tres niños de Michael, puedo decir que mi impresión es que son niños absolutamente normales. Son niños que, si bien no tuvieron la figura materna presente y el amor de una madre, recibieron el amor maternal de una abuela, tías y niñeras muy cariñosas. ¿Cuántos niños conocemos que son criados por las abuelas y debido a esto terminaron padeciendo trastornos psicológicos graves? ¿Cuántos niños son criados por sus padres biológicos y por diferentes causas en la crianza, trato o educación tienen severos problemas de conducta o trastornos emocionales difíciles de superar? Bueno, Michael es un ejemplo claro de ello. El trato que le dio su padre biológico lo marcó emocional y psicológicamente de por vida. Es por eso que Michael siempre decía que jamás les levantaría la voz a sus hijos, que jamás los maltrataría de ninguna manera, y que quería que lo llamaran "Papá", porque su padre siempre quiso que lo llamaran "Joe".

¿Quiénes somos nosotros para juzgar? ¿Quién de nosotros con una familia tradicional puede decir que dentro del hogar reina la armonía y todo es perfecto? Indudablemente, como padres hacemos todo lo posible por criar a nuestros hijos brindándoles todo el amor de nuestro corazón e intentando cubrir todas sus necesidades, pero, aun así, nos equivocamos. Seguramente, en la familia que Michael formó también se hayan cometido errores, tanto de su parte como de Debbie, de la abuela o las tías, incluso de las niñeras, pero lo que no se puede discutir es que esos niños fueron y son muy amados, y que hoy llevan una vida normal como cualquiera de sus pares y amigos.

El 13 de abril de 1999, Michael concede una entrevista a "The Daily Mirror", su primera entrevista con un periódico en 20 años. Expresa sobre sus hijos: *"Amo tanto a mis hijos. Ellos han cambiado mi visión de la vida. Ojalá la gente me dejara en paz seguir con mi vida. Yo soy una persona honesta y que quiere hacer el bien, hacer feliz a la gente y darles la mayor sensación de escapismo a través del talento que Dios me ha dado. Ahí es donde está mi corazón, eso es todo lo quiero hacer. Déjenme compartir lo que hago, poner una sonrisa en los rostros de las personas y hacer que sus corazones se sientan felices. Ver a mis hijos saltando alrededor de la habitación enloquecidos con la música de mi hermana Janet es fantástico. Llena mi corazón con tanta alegría. Tan pronto comienzan las canciones de Janet con un buen ritmo como 'The Knowledge' o 'Rhythm Nation' ambos* (Prince y Paris) *enloquecen. Uno pensaría que es una máquina que los mueve. Comienzo a cantar y hay gri-*

tos por toda la casa. Empiezo a bailar y Prince todo el tiempo está tratando de bailar conmigo". Michael explica que él no toca su propia música para sus hijos, *"La estoy guardando para darles una sorpresa, cuando sean un poco mayores"*.

En la misma entrevista, en 1999, Michael habla sobre su esposa, Debbie Rowe. *"Yo amo a mi esposa, y tenemos un matrimonio feliz. Debbie es una enfermera que ama su trabajo, que ama cuidar de personas. Cada día se quiere levantar y cuidar de los demás, para ayudarles y hacerlos sentir mejor. Es por eso que la quiero, y eso es lo que le da felicidad en la vida, Dios la bendiga"*.

Michael responde si le gustaría que sus hijos ingresaran en la industria del entretenimiento. Dice que le encantaría, pero que también es consciente de las consecuencias, *"Va a ser difícil para ellos. Cuando Lisa-Marie quiere cantar, la gente siempre la compara con su padre, lo cual es muy duro. Por supuesto, me encantaría que hicieran algo en las artes para que yo pudiera enseñarles a cantar y bailar. Pero tendrían que hacerlo sin presión de mi parte"*.

En febrero de 2005, en la entrevista para su programa "Geraldo At Large", el conductor le pregunta a Michael qué significan sus hijos para él. Michael le responde: *"Es difícil decirlo con palabras porque ellos significan todo. Cómo se puede explicar lo que te hacen sentir tus hijos... Son el mundo para mí. Me despierto y enfrento al nuevo día por ellos. Les doy el desayuno, les cambio los pañales, si quieren leer... leemos mucho, jugamos a las escondidas, a vendarnos los ojos y lo pasamos fantástico"*.

En la entrevista con Reflections on the Dance, David Nordahl cuenta: *"Michael era un padre absolutamente fabuloso. Nunca conocí a un padre que fuera tan bueno o mejor que Michael. ¡Los niños eran una delicia! Nunca en mi vida conocí niños que fueran como ellos. Pasé mucho tiempo alrededor de ellos. Nunca les oí gritar, nunca les escuché pedir nada, nunca les vi tener un berrinche"*.

Para Michael, esto era lo más importante: *"Yo les enseño a amar a todos y ser amables y ser buenos en su corazón. Pero lo tienen naturalmente. No tuve que programarlo, lo tienen de forma natural"*. Y lo tienen de forma natural porque lo mamaron desde su concepción. Tal vez, cuando sean mayores, ellos mismos podrán dar su versión de cómo se sintieron al crecer en una familia sin mamá, sólo con un papá. Aunque ya han expresado en algunas entrevistas lo felices que fueron con un padre como Michael.

El 8 de noviembre de 2010, Prince, Paris y Blanket recordaron a su padre en una emotiva entrevista realizada por Oprah Winfrey en la casa de la familia en Encino, California. En la entrevista también participaron los padres de Michael, Katherine y Joe Jackson. Algunos de sus primos también hicieron una breve aparición. Uno de los momentos más emotivos de la entrevista fue cuando Oprah les pregunta qué extrañaban más de su padre y Paris contesta: *"Todo. Era el mejor cocinero, nos hacía la mejor tostada francesa del mundo. Era más que un padre normal, era el mejor papá"*. Prince recordó que les gustaba caminar juntos por la playa comiendo golosinas y bebiendo refrescos y que solían visitar museos.

El 25 de febrero de 2011, Prince, Paris y Blanket estuvieron en el programa *"Good Morning America"* en una entrevista con la presentadora Robin Roberts. Se encontraban en el Hogar LA Family, una organización que ayuda a las personas sin hogar, en representación de la Fundación Heal the World. Los hijos de Michael estaban acompañados por su abuela Katherine.

Prince contó que sus materias favoritas en la escuela son gimnasia y el almuerzo, lo cual generó risas. En cuanto a su vocación, el hijo mayor de Michael está muy interesado en producir películas. Además dijo que la idea es *"continuar lo que nuestro padre estaba haciendo. Ayudar a todos los niños del mundo y a los animales, que no pueden hablar por sí mismos"*. Paris estuvo de acuerdo con el comentario de su hermano mayor y agregó que *"Estoy pensando en hacer una audición la próxima semana para una obra de teatro"*.

Katherine Jackson expresó que todos ellos parecen haberse adaptado muy bien a la vida sin su papá y sobre ella misma dijo que *"No hay un solo día que no piense en mi hijo. Es muy duro. Michael amaba a los niños. Tenía un corazón muy bueno"*.

En la actualidad, Paris y Prince van a una escuela regular y su pequeño hermano Blanket recibe clases particulares en su hogar. Prince quiere ser productor de cine y la vocación de Paris es ser actriz.

Creo que Michael estaría muy orgulloso de sus hijos. Mi sensación al verlos es que los niños están muy bien e interesados en continuar el camino que su padre inició. Tienen proyectos, sueños y una vocación muy definida. Son niños sanos en todos los sentidos. Creo que necesitan hacer una vida normal como cualquier chico de su edad. Poder salir a la calle sin tener que ocultarse. Michael sufrió mucho por eso. Estoy segura de que Michael no querría que sus hijos también tuvieran que sufrir por no tener una infancia y adolescencia normal. Me emociona verlos crecer y que continúen enviando el mensaje de amor de Michael al mundo. *"El arte y la música de mi papá siempre harán felices a todos. Te amo papi".* Blanket Jackson (9)

Michael, hiciste un gran trabajo como papá.

Michael y sus fans

"Fueron ustedes quienes pusieron su corazón en marcha. Fueron ustedes quienes dieron un paso adelante para defender a quien aman. Fueron ustedes, en todo el mundo, quienes me apoyaron como mi ejército, mis soldados de amor. Ustedes siempre estuvieron ahí, siempre leales y los amo eternamente."

MICHAEL JACKSON
en su 45ª fiesta de cumpleaños

Sus "soldados de amor", sus "fans", una "raza extraña", como alguien escribió en el año 2006. Este escrito *"Los fans de Michael Jackson son una raza extraña"*, comenzó a hacerse muy popular en las redes sociales poco después de la muerte de Michael. Lo escribió alguien apodado "Fantam":

"Los fans de Michael Jackson son una raza extraña. A cualquiera le sería difícil encontrar otra comunidad de fans cuyo objeto de admiración es alguien tan innecesariamente juzgado.

A través del tiempo, los entusiastas de Michael Jackson han visto la aparente idolatría mundial de su adorado transformarse en tergiversación evidente y maltrato por parte de la prensa y el público. Sin embargo, a pesar de todo, los verdaderos fans de Michael Jackson no le han abandonado. Al contrario, entre más tratan los opositores de Michael de empujarlo a las profundidades de la desesperación, sus devotos le aman aún más.

Los fans de Michael han aprendido bien la lección, mientras valientemente enfrentan el viaje emocional de casi todos los días, que es una experiencia necesaria de cada seguidor de Jackson: se maravillan de su talento inagotable y aplauden sus victorias, se ríen con él en su felicidad; lloran con él en su dolor y rezan por él en tiempos difíciles. Sus corazones son felices cuando él es aceptado, y sangran cuando es maltratado.

A pesar de los altos estratosféricos y los aparentemente cavernosos bajos que vienen con ser un fan de Michael Jackson, ellos siguen siendo leales. Ellos, como Michael, se niegan a permitir que los detractores les roben su alegría, obstruyan su camino o den forma a sus opiniones. Ellos también se niegan a permanecer de brazos cruzados mientras los demás tratan de negar el legado que Michael ha ganado a pulso. Simplemente, los fans de Michael Jackson son como Michael en ese aspecto, no serán frenados.

Por la naturaleza de su vocación, los fans de Michael son constantemente llamados a ponerse la armadura, ir a la línea de combate y luchar. A menudo con su pluma como espada, ellos luchan lado a lado por el derecho de Michael por algo de humanidad. De esta manera, ellos luchan por la tolerancia sobre el prejuicio, el amor incondicional sobre las críticas, el conocimiento sobre la ignorancia, la justicia sobre la desigualdad.

Las batallas son de nunca acabar, duras y muchas veces mental y físicamente agotadoras. Sin embargo, en lugar de renunciar o conciliar, los fans de Michael resisten. Se resisten a abandonar a Michael cuando todo parece perdido, desertan la idea de que la suya es una causa perdida. Se niegan a tirar la toalla y a resignarse a la ruta más fácil, que tan a menudo implicaría renunciar a su apoyo como fans de Michael.

Cuando las cosas se ponen difíciles, con la mente cansada y el corazón pesado, siguen adelante. Ellos siguen a través de las tribulaciones de Michael y los ataques a los que está sometido. Ellos siguen, a pesar del cansancio. Ellos siguen a pesar de la burla y el cuestionamiento de por qué se molestan en luchar por Michael Jackson, un hombre que algunos consideran indigno de su adoración.

Hazrat Inayat Khan dijo una vez: "Dios rompe el corazón una y otra vez hasta que queda abierto". Sus devotos ven a Michael como una prueba viviente de esta idea. Su corazón se ha roto muchas veces y sus fans personalmente han sentido el aguijón de cada ruptura. Por gracia de Dios el corazón de Michael no se endurece como consecuencia de sus fracturas frecuentes. Por el contrario, su corazón destrozado permite a su sensibilidad y apertura. Puesto que de la abundancia del corazón habla la boca, los fans de Michael son capaces de ver realmente la plenitud de su corazón cuando lo escuchan articular su deseo de aceptación, comprensión, positivismo, amor y paz a través de sus canciones y discursos.

Debido a que sus esfuerzos por quebrar al propio Jackson no han tenido éxito, algunos opositores de Michael Jackson han vuelto su atención para tratar de disolver la comunidad de fans, atacándolos. Una y otra vez, la prensa utiliza groseros y difamatorios términos para describir a los fans de Michael. Que se los llame "delirantes" y "locos" no es ajeno a los seguidores de Jackson. Sin embargo, los devotos de Michael deciden ignorar los insultos infantiles y etiquetas que la gente y la prensa les pone. Los fans se niegan en permitir que la prensa proyecte su imagen negativa e inexacta sobre ellos. Esto se debe a que los fans de Michael Jackson se dan cuenta de que tales términos no representan su verdadera naturaleza, de personas inteligentes y centradas con una admiración sana por la música, visión y humanitarismo de Michael, entre otras cosas.

La influencia de Michael es global y, por lo tanto, también lo es su base de fans. Sus detractores se encuentran bajo la falsa impresión de que su base de fans es minúscula. Por el contrario, los fans de Michael Jackson son vastos y multidimensionales. Se pueden encontrar en todos los continentes, en cada país en todo el mundo. Los fans de Michael trascienden edad, raza y los límites socioeconómicos.

El hecho de que los fans de Jackson sean tan diversos les agrega belleza. Pocos artistas pueden decir que tienen una base de fans tan dinámica y variada de la cual Michael Jackson puede presumir.

Es cierto que nuestras vidas son libros abiertos para que otros puedan leer, y el estudio de Michael Jackson les ha enseñado a sus fans más de lo que podrían haber imaginado que podían aprender sobre la vida, el amor y la supervivencia. Michael Jackson es el testimonio viviente de la idea de que lo que uno sueña y desea para su vida se puede lograr. Michael vive por el mantra de que el amor no debe tener limitaciones ni condiciones. Michael ha demostrado a quien se atreva a darse cuenta que es posible no sólo sobrevivir, sino prosperar, con gracia y fortaleza a pesar de la adversidad. Con sólo existir, Michael Jackson ha enseñado a sus fans a soñar sin miedo, a crear sin límites, a escuchar sin prejuicios y amar sin juzgar. Simplemente, los fans de Michael Jackson son un ejemplo difícil de opacar. Su lealtad, entusiasmo y adoración genuina de su ídolo no tiene paralelo en las comunidades de fans de otros artistas. Sin embargo, pese a todas sus virtudes, cuando se trate de un asunto en particular, los fans de Michael Jackson siempre serán vencidos, pues por más que lo intenten, no importa a qué infinito grado digan y crean que aman a Michael Jackson, el Rey del Pop, siempre va a decir y a demostrar que él los ama más".

¿Cómo no amarlo, cómo no defenderlo, como no cuidarlo? ¿Cómo no apoyar al hombre más allá del artista, al hombre que dio tanto al mundo con su espíritu de compromiso y solidaridad? Se dice que en los tiempos difíciles se conocen a los verdaderos amigos, Michael supo que en los momentos más duros de su vida sus amigos más fieles fueron sus fans. *"Una de las cosas que me permitieron hacer frente a los días más oscuros fue la reacción de mis fans. Ellos nunca renunciaron y me dieron la fuerza para pasar por alto la fabricación dañina de los medios de comunicación. No me sorprende que yo haya sido capaz de lidiar con el negocio de la fama porque obtuve la energía positiva de mis fans".* Cuando Michael se sentía mal, sus seguidores lo animaban con regalos y cartas, y él amaba este gesto con todo su corazón.

Cuando Michael daba un concierto en algún lugar del mundo durante el invierno, a pesar del frío, cientos de fans se reunían fuera del hotel donde se hospedaba. Sólo Michael podía crear esa atmósfera del mágico encuentro entre un maestro y su discípulo. Cada vez que Michael miraba por la ventana, todo el mundo gritaba y agitaba sus posters o banderas. A veces, Michael salía a saludar, todavía con sus pantalones de pijama, y les arrojaba cartas escritas a mano con un estilo muy afectuoso: *"Me hacen tan feliz. Puedo sentir vuestra energía a través de las paredes. Ustedes me inspiran mucho. Los amo a todos. Gracias por estar ahí. Gracias por amarme. Con todo el amor en mi corazón".* Michael apreciaba y agradecía cada regalo de sus fans como el más valioso de los tesoros. Le encantaban las pancartas y siempre pedía que se las alcanzaran, y guardaba todas estas muestras de cariño no sólo en su corazón... *"Guardo todos sus regalos en Neverland. Tengo un lugar especial para guardarlos. Significan el mundo para mí."* ¿Cómo no seguir y apoyar incondicionalmente a un artista que tiene tanta consideración y amor genuino por sus fans? Y lo que un fan puede llegar a retribuir a su ídolo por ese amor brindado, es maravillosamente inconmensurable.

A Michael no le agradaban mucho las giras, decía que eran agotadoras, pero decía que lo mejor de las giras eran sus fans: *"Hay algo bueno en ir de gira; los fans. Amo a mis fans. Vas a cualquier ciudad, cualquier lugar del mundo, y saben todas las canciones, todos los pasos de baile, todo. Incluso vienen con las cintas en los dedos, los sombreros, los guantes y todo. Es una experiencia maravillosa. Me encanta. Los fans son la razón por la que hago las giras y es muy importante dar el mejor show que les pueda dar. Es una cosa espiritual también, porque cuando tocamos algunas canciones, como Heal the World, We are the World, o Man in the Mirror, todo el estadio se ilumina con sus encendedores, y ellos saben cuándo hay que usarlos. Apenas suena un acorde saben exactamente qué canción es. Es muy emotivo. Es divertido y me encanta deleitarlos".*

Para sus fans –seguidores fieles, casi discípulos que en su presencia llegaban al desmayo, estallaban en lágrimas y desbordaban de delirio– Michael Jackson era un ídolo, un mentor, un amigo, un amante, un padre, un hermano, un hijo. Hoy es el guía espiritual de todos ellos, un faro de luz que ilumina sus vidas con la alegría de su música y con su legado de amor y esperanza. La conexión entre Michael y sus seguidores trasciende el tiempo, las distancias y las circunstancias, pues su relación de amor incondicional continúa siendo tan fuerte y estrecha como lo fue siempre.

La respuesta emocional y afectiva hacia la música de Michael no tiene límites de edad, ni género, ni fronteras. Hombres y mujeres crecieron disfrutando de su arte, y hoy, sorprende y emociona observar que una nueva generación esté comenzando a descubrir su música y su esencia. Ver a niños pequeños vestidos como "Billie Jean" en los diferentes encuentros de fans alrededor del mundo, es lo que a Michael más le habría gustado disfrutar.

"La peor cosa del mundo para mí es defraudar a mis fans." "Realmente amo entrañablemente a todos y cada uno de ustedes". "Amo a mis fans, ellos son la razón de mi existencia profesional. Cuando estoy dando un show y los veo cantar y bailar, es lo que más me gusta. Es el sentimiento más fantástico del mundo." "A mis leales y devotos fans de todo el mundo: vuestro amor, cariño y apoyo incondicional nutren a mi alma y hacen que mi espíritu se mantenga firme e inquebrantable. Juntos vamos a Curar al Mundo". "La lealtad es una cualidad tan rara, pero mis fans son los más leales del mundo. Ellos han sido fieles. Son activistas. Ellos te pelean por mí." "Mis fans realmente me sorprenden. La cantidad de lealtad pura que me han dado durante los últimos años es increíble. Creo que nunca sabrán cuánto los aprecio."

Lo sabemos, Michael, tanto tantísimo... Con gratitud, "tus soldados de amor" recibimos tu abrazo, tu respeto, tu devoción; y con el alma aún en carne viva, retribuimos tu entrega con nuestro amor eterno y una firme promesa. Dejas en nuestras manos un hermoso desafío, continuar con tu dulce mandato de enviar al mundo el milagro de un Gran Amor.

Michael Espiritual

"Evito utilizar el término 'religión',
porque mucha gente dice 'mi religión esto, mi religión aquello.'
¿Por qué debería ser 'mi religión'? Sólo creo lo que dice la Biblia
en lo que se refiere a religión. Simplemente creo....
Creo en ella y me pongo de rodillas todas las noches
y doy gracias a Dios y le pido que me indique el camino".
Michael Jackson
Entrevista Revista Ebony, 1979

Este capítulo tiene un valor y un significado muy importante para mí, ya que Michael atrapó mi corazón por su fe en Dios, su gran amor a Jesús y su fe en los ángeles. Michael regaló al mundo su don dado por Dios y tocó en lo más profundo de nuestras almas.

Antes de comenzar a describir la espiritualidad y la fe de Michael, quisiera hacer una breve reseña sobre mí misma. Cabe mencionar el significado de las palabras "religión" y "espiritualidad" para que podamos comprender mejor la esencia de Michael, y por qué no, también la mía.

La palabra "religión" según la Real Academia Española:

1. f. Conjunto de creencias o dogmas acerca de la divinidad, de sentimientos de veneración y temor hacia ella, de normas morales para la conducta individual y social y de prácticas rituales, principalmente la oración y el sacrificio para darle culto.

2. f. Virtud que mueve a dar a Dios el culto debido.

La definición de "espiritualidad" según la RAE:

1. f. Naturaleza y condición de espiritual.

2. f. Cualidad de las cosas espiritualizadas o reducidas a la condición de eclesiásticas.

Me gustaría citar una frase de Sant Baljit Singh, instructor experto y reconocido internacionalmente en el arte de la meditación y maestro espiritual, para terminar de definir lo que sustenta la espiritualidad: *"La espiritualidad habla sobre las experiencias místicas en las cuales se basan todas las religiones y las Escrituras"*.

Me crié en una familia católica y, si bien mis padres no eran practicantes, siempre nos inspiraron a mis hermanos y a mí tener fe en Dios. Hoy, me considero una persona espiritual y creyente más que religiosa. Suelo visitar mi iglesia, aunque no concurro a misa muy frecuentemente, e intento ser una buena cristiana cumpliendo con los mandamientos del Cristianismo, pero he abierto mi mente y corazón a todas las religiones para aprender y tomar de ellas las enseñanzas que nutran mi espíritu. Creo firmemente que para estar con Dios, no es necesario observar al pie de la letra un conjunto de reglas y rituales para poder ir al cielo después de la muerte. Creo que muchas veces seguimos un culto y cumplimos sus reglas, pero al mismo tiempo nos olvidamos el amar al prójimo como a uno mismo, de cumplir con los mandamientos de Dios cuyas bases son el Amor, la Misericordia y la Justicia.

Tengo una devoción muy especial por Jesús y es Aquel con quien necesito estar unida en lo espiritual. El Apóstol Pablo escribe en Gálatas 5:22-23: *"La verdadera espiritualidad es el Fruto del Espíritu Santo en la vida de una persona: amor, gozo, paz, paciencia, benignidad, bondad, mansedumbre y templanza"*.

En lo personal, mi fruto espiritual es consecuencia de vivir de acuerdo a la voluntad de Dios y de tener a Cristo como guía y maestro en mi vida.

Hice mi secundario en una escuela religiosa. Allí comencé a caminar al lado de Dios y a tener un mayor conocimiento de lo que era ser cristiano. Comencé a escuchar la voz de Jesús a través del Evangelio y sentí Su abrazo. Jesús se convirtió en mi mejor amigo. Siempre digo que si hubiera nacido en la época de Jesús, habría sido su seguidora más apasionada, tal vez como María Magdalena.

Al pensar en esto, recuerdo que durante Semana Santa, todos los años, la parroquia del barrio solía proyectar la exitosa película *"Rey de Reyes" (1961)* donde el actor Jeffrey Hunter (1928 – 1969) interpretaba a Jesús de Nazaret. Todos los niños y vecinos del barrio íbamos a verla. Me parece revivir lo que sentía en aquella época al ver la escena en la que el Ángel Gabriel le anuncia a la Virgen María que será la madre del Hijo de Dios. Quedaba como extasiada, como embelesada por tanta divinidad y belleza.

Sentía lo mismo cuando Jesús daba el Sermón de la Montaña o cuando hacía milagros. Sufría con su dolor camino al calvario y no podía tolerar ver la crucifixión. Luego, mi corazón revivía con alegría cuando llegaba la escena de la resurrección. Debo confesar que en ese momento sentía ciertos celos de María Magdalena. Deseaba con toda mi alma haber estado en su lugar. Todo esto sucedía durante los años 70, de modo que yo tendría entre ocho y diez años.

También recuerdo que todos los años, cada 8 de diciembre, un vecino de condición muy humilde armaba en el comedor de su casa un enorme pesebre. ¡Cuánto amor había depositado allí! Había estatuillas de todos los tamaños, pastorcillos, ovejas, camellos y por supuesto José, María, y el Niño Jesús, que aparecía mágicamente apenas daban las 12 horas del 25 de diciembre. Hasta me parece sentir el aroma que había allí dentro, un intenso aroma a mirra e incienso... La iluminación era muy tenue y siempre se podían escuchar villancicos de fondo. Cuando la música dejaba de sonar, se escuchaba el murmullo de los visitantes mientras rezaban. La gente dejaba rosarios, velas, estampitas, fotos de familiares enfermos, notas de agradecimiento o pedidos. El pesebre finalizaba con la llegada de los Reyes Magos, cada 6 de enero. Me encantaba ir allí todas las noches para ver cómo iban cambiando de lugar las estatuillas, como se iban acercando los Reyes Magos al pesebre, y ver la Estrella de Belén que brillaba en el cielorraso de ese comedor. Eran momentos místicos extraordinarios donde sin darme cuenta inicié mi relación con Cristo.

Hace unos años, durante una etapa familiar muy difícil, comencé a buscar ayuda espiritual. Esta búsqueda me llevó a leer y aprender sobre los Arcángeles y de ahí en más, comencé a estudiar todo lo relacionado a los ángeles. Mi necesidad de encontrar paz interior para poder transmitirla a mi familia, me llevó a leer sobre meditación y sobre otras religiones, como el Hinduismo, el Budismo y el Taoísmo, además de leer mucho sobre Psicología Transpersonal y Metafísica Cuántica.

Cuando comencé a investigar sobre Michael para conocerlo mejor y tratar de comprender por qué su muerte me había afectado tanto, mis investigaciones también me llevaron a leer sobre la Metafísica de la Música y el poder sanador de los sonidos. Fue entonces que comprendí por qué la música de Michael y su voz habían calado tan profundo en mi ser.

Quisiera aclarar que no me considero una experta en ninguno de los temas que mencioné antes. Soy una persona común interesada en aprender leyendo textos que me ayudaron a comprender más de una situación en mi vida, tanto alegre como triste. Y en cuanto a Michael respecta, me ayudaron y ayudan a comprender el privilegio que Dios me regaló de vivir una experiencia asombrosa, mágica y que roza lo "divino", gracias a que Michael me invitó a resonar en su misma frecuencia. Estoy convencida de que nuestra mente subconsciente está ligada a la mente subconsciente de todas las personas del mundo. Neil deGrasse Tyson, astrofísico y divulgador científico estadounidense dice que *"Todos estamos conectados los unos a los otros biológicamente; a la Tierra, químicamente y al resto del Universo, atómicamente"*. Los fans de Michael somos personas comunes y corrientes y de todas partes del mundo que laten al unísono en la más hermosa armonía que se pueda imaginar.

Michael Jackson era un ser sumamente creyente, tenía un sentido muy profundo de la espiritualidad y vivía apasionadamente identificado con Dios y su voluntad. Michael era consciente de que su grandeza no provenía de él mismo, sino de una fuente superior. Sabía que su talento provenía de Dios y siempre expresaba su gratitud hacia nuestro Creador. Había sido criado bajo la doctrina de los Testigos de Jehová, y aunque en algún momento comenzó a cuestionarse algunos dogmas de esta organización religiosa, intentó seguir su doctrina para no defraudar a los ancianos de la congregación. Luego, en 1983 antes de que se lanzara el video "Thriller", los ancianos de la congregación del Salón del Reino de Encino obligaron a Michael a incluir una cláusula en el video, argumentando que el video era demoníaco y promovía el ocultismo. Estas normas de su comunidad religiosa hicieron sufrir mucho a Michael. De a poco comenzó a replantearse las reglas y formas de este grupo religioso, encontrando, en definitiva, inconsistencias entre lo que la gente de su culto profesaba y finalmente hacía.

Si bien Michael era un estudioso de la Biblia y adoraba y amaba a Jesús, en mi opinión dejó de ser una persona religiosa para convertirse en un ser creyente y espiritual. Michael entendía las leyes de la física cuántica, la cual dice que estamos todos interconectados en el Universo. A través de muchas de sus letras y poemas, Michael nos recuerda observar la magia de Dios en todo lo que nos rodea, además de mostrarnos que existe una forma de energía que conecta a toda la creación. Michael comprendía y nos transmitía que es posible dirigir esta poderosa energía con el pensamiento y las emociones. Solía decir: *"Si puedes soñarlo, puedes hacerlo"*. *"Te conviertes en lo que crees"*. *"La infinidad de la creación de Dios me abraza. Somos uno"*. *"Exactamente eso es; estás conectado a una fuerza superior y te dejas llevar por el momento y te haces uno con el espíritu. No es que quiera sonar religioso ni nada, pero es es algo muy espiritual, muy como la religión; es un don de Dios y te dejas llevar por él. Es un honor para mí haberlo recibido, y tiene gracia convertirse en uno solo con el público, como una unidad"*.

Recordemos que Michael era un ávido lector. A través de los libros del doctor Wayne Dyer y el doctor Deepak Chopra y la amistad que tenía con ellos –y a través de otro gran número de autores– Michael aprendió sobre Meditación, Leyes Metafísicas del Universo, Sincrodestino y Espiritualidad.

Michael tenía un enfoque integral del ser humano, comprendía que el ser humano es un Todo, que abarca cuerpo, mente, emociones y espíritu o alma. En la Biblia, el apóstol Pablo reconoce a toda persona como espíritu, alma y cuerpo (1 Tesalonicenses 5:23) Michael comprendía la *psico-espiritualidad*, y aún más, la *bio-psico-espiritualidad* en el ser humano *Holístico*. La palabra "holística" proviene del griego "holos", y significa Unión, Entero. La especie humana está dividida en razas, naciones, ideas políticas, clases sociales, religiones. La holística manifiesta que es necesario que cada ser humano realice un cambio interior para lograr una transformación global. Michael sabía todo esto, y por sobre todo, sabía que la energía sanadora por excelencia es el Amor. *"Soñemos un mañana en el cual podamos Amar realmente desde el Alma, y sepamos que el AMOR es la Verdad Fundamental en el Corazón de toda la Creación"*. *"Mi música pretende unir todas las razas, para que todos vivamos como una familia"*. Este pensamiento Michael lo refleja en su canción *"Black or White"* –*"Blanco o negro"*–, enviando un mensaje de tolerancia y unidad entre personas de distintas razas y culturas.

Hoy en día, cada vez más personas se sienten atraídas por conocer los beneficios del poder del pensamiento positivo, las visualizaciones terapéuticas, la meditación, el crecimiento espiritual y las afirmaciones positivas. Michael era un gran lector y había aprendido y aprehendido estas técnicas con el fin de utilizarlas para él mismo y también para ofrecerlas a los demás. Las afirmaciones positivas tienen como objetivo cambiar nuestras conductas mentales, llegar a la mente subconsciente y provocar una acción positiva. Michael sabía que para garantizar la eficacia de las afirmaciones positivas, estas debían repetirse con convicción y deseo varias veces al día. El siguiente suceso ilustra cómo funciona el poder de las afirmaciones positivas. Por supuesto, Michael es el protagonista de esta historia.

En septiembre de 1987, después del lanzamiento del álbum "Bad", Michael hizo su primera visita a Japón. Entre el público se encontraba una persona que se convertiría en un entrañable amigo del Rey del Pop. Esa persona era Akio Morita, uno de los fundadores de Sony Corp. La relación entre ambos comenzó cuando Morita, con su esposa Yoshiko, fue a ver el show de Michael. Después del espectáculo, Michael pidió a su manager que concertara una reunión con Morita.

Más tarde, Michael se encontraba en Japón en el momento del cumpleaños de la esposa de Morita, y fue a la fiesta que se celebró en la casa del matrimonio.

Yoshiko Morita relata en su sitio web: *"Michael encontró algunos de los juguetes Akio, como un piano mecánico, una caja de música, un organillo miniatura y un disco del Museo de Edison, y pasó la tarde jugando con ellos como un niño"*.

En octubre de 1993, el señor Morita sufrió una hemorragia cerebral que lo dejó en estado de coma. Michael se preocupó mucho por la salud de Morita y decidió enviarle una grabación sanadora con su voz repitiendo afirmaciones positivas tales como, *"Usted se va a mejorar. Usted volverá a hablar"* para ayudarle a recuperarse. Esta grabación duraba 20 minutos y, según indicaciones de Michael, Morita debía escucharla tres veces al día; antes de despertar, al medio día y antes de dormir. En la grabación Michael decía: *"¿Sr. Morita? ¿Sr. Morita? Sr. Morita, habla Michael Jackson, le habla Michael Jackson. Por favor, mejórese, por favor mejórese ahora, Usted es un visionario. Usted es nuestro maestro. Usted es nuestro líder. Usted es nuestro mundo. Usted me ha enseñado tanto. Usted es un hombre muy fuerte, Sr. Morita, yo creo en usted. Todos los días, y de todas las maneras, voy a sentirme mejor, y mejor. Repita estas palabras en lo profundo de su subconsciente. Lo amo, Sr. Morita, y sepa que el mundo entero lo ama y lo necesita, especialmente yo"*.

Yoshiko Morita relata: *"Le hice escuchar la grabación durante 10 minutos todas las mañanas antes de que se levantara y todas las noches cuando se iba a la cama durante seis años hasta que falleció. En 1998, Michael actuó en Honolulu, Hawaii. Él empujó la silla de ruedas de Akio cuando fuimos a ver un espectáculo en el Aloha Stadium, y al día siguiente nos visitó en nuestra villa. No puedo decir lo encantado que estaba Akio y hasta hoy no puedo olvidar su bondad en ese momento. Han pasado 10 años desde que Akio falleció. Michael trataba a Akio como a un respetado maestro y amigo. Muchas veces hacía preguntas tales como "¿Cómo puedo mejorar para involucrar a los jóvenes?" "¿Qué puedo hacer para ser más respetado?" Y "¿En quién debo confiar?" Michael no podía confiar en nadie y encontraba consuelo en los niños y los animales. Ahora puede descansar en la comodidad y la paz de los cielos, sin que nadie lo moleste".*

Michael Jackson fue protagonista de muchas historias como esta en las que se entregó a sí mismo y regaló sus conocimientos y espiritualidad para ayudar al prójimo. El maestro sufí Nawab Jan-Fishan Khan decía que *"La vela no está allí para iluminarse a sí misma"*, Michael hacía honor a esta frase con sus acciones. Tal vez, Michael Jackson también fue un maestro sufí, sin ser totalmente consciente de ello. Ananda, primo y compañero fiel del Buda, decía que *"Sufí es alguien quien ama y respeta toda la creación del universo. Y Sufismo es la Luz Brillante que resplandece en el Corazón de aquellos quienes aman y respetan"*. El Sufismo se define como El Camino del Amor. Entre sus significados, Sufi significa sabiduría, pureza. El fundamento del sufismo es la fe y su esencia es el amor, que los sufíes conciben como el camino hacia la verdad, el conocimiento y la acción. El sufismo distingue la Unidad de Ser, el hecho de que estamos integrados con lo Divino. Somos Uno: una comunidad, una ecología, un universo, un Ser. Michael transmite esta idea en su canción *"Another part of me"* – Otra parte de mí– *"Estamos enviando un Gran Amor y este es nuestro mensaje para ti... Los planetas se están alineando, traeremos días más brillantes... Están alineados, esperando por ti... ¿No lo ves? Eres otra parte de mí..."*

Michael Jackson era un gran predicador. Llevaba la música góspel afroamericana en sus raíces y supo incorporar en muchas de sus composiciones voces sublimes de coros de góspel como el **de Andrae Crouch** y The Winans. En sus letras, MJ solía incluir temas bíblicos y frases o dichos de los maestros espirituales que lo inspiraban.

En *"Man in the Mirror"* –El hombre en el espejo– co-escrita por Siedah Garret, Michael nos invita a cambiar al mundo, a hacer del mundo un lugar mejor, pero nos dice que para lograr esto primero tenemos que comenzar por cambiar nosotros mismos. *"Voy a hacer un cambio por una vez en mi vida. Me sentiré realmente bien, lo voy a hacer distinto, lo voy a hacer bien... Mientras me acomodo el cuello de mi chaqueta preferida, el viento aturde mi mente. Veo a los niños en la calle, sin lo suficiente para comer. ¿Quién soy yo para estar ciego y hacer de cuenta que no veo sus necesidades? [...] Si quieres hacer de este mundo un lugar mejor, mírate al espejo y luego, haz el cambio".* Al escuchar esta bellísima canción, es inevitable no sentirnos en falta por la cantidad de veces que miramos al costado ante la realidad de quienes sufren. En *"Man in the Mirror"*, Michael nos estimula a ejercitar la generosidad, la entrega de uno mismo, y a apostar por el cambio interior para lograr hacer de este mundo un lugar mejor. En 1988, en los premios Grammy, Michael realizó en vivo una versión extendida de la canción acompañado por un coro de góspel. *"Man In the Mirror"* es considerada una de las canciones más edificantes de Michael. *"Es mi filosofía, –Si quieres hacer del mundo un lugar mejor, mírate a ti mismo, y luego haz el cambio– La gente no se mira a sí misma con honestidad, no se miran a sí mismos y señalan con el dedo, siempre es culpa del otro. Hay que cambiar uno mismo. Mírate a ti mismo, haz lo mejor de ti mismo... Nunca estoy completamente satisfecho, siempre deseé que el mundo fuera un lugar mejor. Con suerte, eso es lo que hago con mi música, llevar felicidad a la gente, llevar alegría y un poco de paz a sus vidas".* Ebony Jet, 1987

En *"Will You Be There"* –¿Estarás allí – Michael presenta al Coro de Gospel de Andrae Crouch y la canción comienza con un fragmento de la Sinfonía nº 9 de Beethoven realizado por la Orquesta de Cleveland. La letra hace referencia a un encuentro en las aguas del Río Jordán –río en el cual Juan el Bautista bautizó a Jesús y donde confesaba y bautizaba a aquellos que se arrepentían de sus pecados y querían renacer como hombres nuevos para Dios–. *"Sosténme como el Río Jordán, y entonces yo te diré que eres mi amigo"*. La letra hace referencia al perdón y al amor presente e incondicional más allá de nuestras debilidades... Al final de la canción, Michael recita: *"En nuestra hora más oscura, en mi desesperación más profunda, ¿te preocuparás? ¿Estarás ahí? En mis pruebas y mis tribulaciones, a través de nuestras dudas y frustraciones... En mi violencia, en mi turbulencia... A través de mi miedo y mis confesiones... En mi angustia y mi dolor... A través de mi alegría y mi pesar... En la promesa de otro mañana, nunca te dejaré ir, porque siempre estarás en mi corazón"*.

En *"We've already had enough"* –Ya tuvimos suficiente– Michael también utiliza el góspel como género musical, el cual da una fuerza verdaderamente movilizadora a la letra, en una exhortación religiosa y también una advertencia al sistema contra la violencia, los crímenes y las guerras. *"Estamos esperando inocentemente, viendo como la gente pierde la vida, parece como si no tuviéramos voz. Es hora de que hagamos una elección. Sólo Dios puede decidir quién ha de vivir y quién ha de morir. No hay nada que no se pueda hacer si levantamos nuestras voces como una sola"*. La elocuencia del mensaje en esta letra y la interpretación vívida y sentida del Rey del Pop, toca las fibras más íntimas de quienes abren su corazón a esta canción.

En su canción *"Keep the faith"* –Mantén la fe– Michael Jackson nos estimula a tener fe en Dios y en nosotros mismos para alcanzar nuestros sueños; a no permitir que nadie se interponga en nuestro camino, a tener la mirada en la meta pero los pies sobre la tierra... *"Cree en ti mismo, no importa lo que cueste. Puedes ser un ganador pero debes mantener la fe"*.

"Cry" – Llorar – Este sublime mensaje de Michael queda plasmado en las imágenes simples y a la vez extraordinarias del video oficial realizado en el año 2000. Allí se muestran personas de todas las edades y razas tomadas de la mano, en silencio, mirando hacia adelante, tal vez hacia un nuevo

horizonte, como en un estado de espera del despertar de la conciencia individual y global.

Todas ellas forman una cadena humana de unidad sin fin que atraviesa llanuras, montañas, bosques, playas y ciudades. De pronto, una a una, estas personas van despertando, tomando conciencia de que es tiempo de unión y de cambio. Comienzan a sonreír y a batir las palmas para acompañar a Michael en su canto, celebrando la unidad, comprendiendo que somos una sola familia global. *"Y cuando esa bandera flamée, no habrá más guerras. Y cuando todos llamen, contestaré todas vuestras oraciones. ¡Muéstrale al mundo! Puedes cambiar el mundo (No puedo hacerlo yo solo) Puedes tocar el cielo (Necesitaré la ayuda de alguien) Tú eres el elegido (Necesitaré alguna señal) Si todos lloramos a la vez esta noche..."* Este es el mensaje de unión que Michael nos transmite en otra emocionante composición con el estilo vivificante e inspirador del góspel.

Todas las canciones de Michael orientadas a transmitir un mensaje espiritual y de toma de conciencia son una especie de oración en sí mismas, una especie de canto litúrgico, si se me permite la comparación. Por medio del canto, Michael nos invita a ponernos en comunicación con Dios y en sintonía con la comunidad y la naturaleza.

Michael Jackson era un apasionado ambientalista, preocupado por la conservación y recuperación del mundo natural. Escribió poemas como *"Planet Earth"* –Planeta Tierra– y en 1995 compuso una de las canciones más inspiradoras de su carrera, *"Earth Song"* –*"Canción de la Tierra"*– un verdadero himno a nuestro planeta.

En este mensaje, Michael nos invita a reflexionar sobre la falta de respeto y el descuido de la raza humana hacia todo ser vivo sobre la tierra. Una vez más, MJ nos exhorta a ser parte del cambio que se necesita para no destruir el medio ambiente, nuestro único hogar. El video oficial fue filmado en el año 1995 en cuatro lugares del mundo diferentes y cada uno de ellos con su problemática, en el Amazonas, en Croacia, en Tanzania y en Nueva York. Las imágenes son crudas y desgarradoras pero presentan la realidad sobre la devastación del medio ambiente por la mano del hombre, la matanza indiscriminada de animales y el calentamiento global, en definitiva, al hombre destruyendo su propio hábitat.

El primer set de filmación fue en el bosque del Amazonas. Hoy gran parte de este bosque y selva ya no existe, una semana después de filmarse el video fue completamente arrasado. Las personas que aparecen en el video son nativos de esa región. En Croacia, las escenas se filmaron con los residentes del área y muestran a la ex Yugoslavia destruida por la guerra entre los pueblos serbios y croatas, bosnios y albaneses. Luego, en Tanzania, el video muestra la pobreza del pueblo Masai. Durante el rodaje del video, un elefante africano fue asesinado por cazadores furtivos a pocos kilómetros del lugar de filmación. Ningún animal fue maltratado durante la realización de este video. Las matanzas inhumanas que se muestran fueron tomadas de diferentes documentales. En Nueva York, las escenas de los incendios forestales fueron creadas en seis hectáreas al aire libre en un set de un campo de maíz. El video se hizo dentro de la misma semana en donde miles de hectáreas del bosque Long Island y New Jersey se destruyeron por incendios.

El video inicia su fase final con vientos huracanados y temblores de tierra, como si el Planeta, herido y maltratado, se revelara y comenzara a girar en sentido contrario para revertir la destrucción realizada por el hombre.

[...] *¿Alguna vez te detuviste a observar todos los niños que mueren por la guerra? ¿Alguna vez te detuviste a observar el llanto de la Tierra y las costas?* [...]

¿Qué hay de los animales? Hemos convertido reinos en polvo. ¿Qué hay de los elefantes? ¿Hemos perdido su confianza? ¿Qué hay de las ballenas que lloran? Estamos destrozando los mares. ¿Qué hay de los senderos del bosque? Quemados a pesar de nuestras súplicas. ¿Qué hay de la Tierra Santa? Dividida por credos. [...] *¿A nadie le importa?*

Michael recordaba el momento exacto en que se inspiró con esta canción: *"Recuerdo haber escrito "Earth Song" cuando estaba en Austria, en un hotel. Y sentía tanto dolor y sufrimiento por la difícil situación del planeta. Para mí, esta es la canción de la Tierra, porque creo que la naturaleza se está esforzando tanto por compensar la mala gestión del hombre en la Tierra. Y con el desequilibrio ecológico en marcha y tantos problemas en el medio ambiente, creo que la Tierra lo siente... Siente el dolor, tiene heridas, y también tiene que ver con algunas alegrías del planeta. Esta es mi oportunidad para hacer que la gente escuche la voz del planeta. Esto es "Earth Song". Y esto es lo que la inspiró. Cayó de repente en mi regazo cuando estaba en una gira por Austria".* **Extracto del libro de Joseph Vogel, "EARTH SONG. Dentro de la obra maestra de Michael Jackson"**

En la versión en vivo de *"Earth Song"* en su *History World Tour,* hacia el final de la canción, Michael crea e incluye una puesta en escena tan conmovedora como la del video. Al final de la canción, un enorme tanque militar aparece desafiante sobre el escenario. Michael lo detiene con su cuerpo y sus brazos extendidos. Luego, un soldado desciende del tanque y apunta con su fusil a los civiles y a Michael de manera amenazante.

Michael lo mira con mucha dulzura y compasión mientras con la punta de sus dedos baja lentamente el extremo del arma. El soldado comprende el mensaje de Michael, se arrodilla rendido, agotado, y rompe a llorar desconsoladamente. A continuación, una niña aparece en escena trayendo una flor... Con su manito toma al soldado del rostro, y muy suavemente le eleva la cabeza para entregarle un girasol.

La flor favorita de Michael era el girasol. En el Ho'oponopono –antiguo método hawaiano de sanación, reconciliación y perdón– la flor que lo representa es el girasol. Ho'oponopono significa "enmendar", "corregir un error", es un proceso de arrepentimiento, transmutación y perdón. La práctica consiste en realizar una limpieza interior a nivel del subconsciente, haciéndonos cien por ciento responsables de nosotros mismos por medio de la repetición de las frases "Lo Siento, Perdóname, Gracias, Te Amo".

En una entrevista para Ebony Magazine en 2007, Michael dice: *"Estoy muy preocupado por la difícil situación del fenómeno del calentamiento global internacional. Sabía que esto iba a suceder, pero ojalá se hubiera atraído el interés de la gente antes. Pero nunca es demasiado tarde. Se lo describió como un tren fuera de control, si nosotros no lo detenemos, nunca lo vamos a recuperar. Así que tenemos que arreglarlo ahora. Eso es lo que yo intentaba hacer con "Earth Song", "Heal The World", "We Are The World", escribí esas canciones para que la gente tomase conciencia. Me gustaría que la gente escuche cada palabra. Sólo deseo que ellos* (las autoridades) *hicieran más por los bebés y los niños, que los ayudaran más. Eso sería genial, ¿no?"*

El 16 de julio de 1996, Michael realizó un concierto gratuito en el Anfiteatro Jerudong Park en Bandar Seri Begawan, Brunei, al cual asistieron 60 mil personas. El concierto fue en celebración del quincuagésimo aniversario de Hassanal Bolkiah, el Sultán de Brunei y contó con la presencia de la familia real de Brunei. Michael finaliza el concierto con una maravillosa interpretación de *"Earth Song"*, pero lo que más fascina a todo el público es la inclusión de una frase para terminar la canción, la cual Michael interpreta nuevamente con el ritmo estimulante del góspel. Nunca una sóla frase dijo tanto en todo su repertorio: *"Tell me what about it"* –Dime qué hay con eso–.

Sus raíces africanas más profundas se hacen visibles en su actuación. *"Cuando subo al escenario es como que de repente, una magia aparece de algún lugar y el espíritu simplemente te asalta y pierdes el control de ti mismo".* Michael brilló durante todo el concierto deleitando a su auditorio con una actuación majestuosa e inspirada, en la cual incluye muy sutilmente el lenguaje de las manos con posturas mudras de inspiración budista en *"Earth Song" y "You are not alone".* Michael entrega su alma en su forma de cantar, de actuar y sentir cada una de sus canciones.

Michael tenía muy presente la tradición budista e incorporaba el mudra hindú más conocido por todos en occidente y el más bonito en su significado: "Namasté", que significa: *"Yo honro el lugar dentro de ti donde el Universo entero reside. Yo honro el lugar dentro de ti de amor y luz, de verdad, y paz. Yo honro el lugar dentro de ti donde cuando tú estás en ese punto tuyo, y yo estoy en ese punto mío, somos sólo Uno"*. Namasté es una expresión de saludo para expresar hola y adiós originaria de la India y se utiliza en numerosas culturas de Asia.

Durante los ensayos para *This is it*, sus conciertos en Londres, Michael dice antes de cantar *"Earth Song"*: *"Respeto los secretos y la magia de la naturaleza. Es por eso que me molesta cuando veo estas cosas que están pasando, ya sabes, cada segundo escucho que el tamaño de un campo de fútbol es derribado en el Amazonas. Ese tipo de cosas realmente me molestan... Amo, amo al planeta, me encantan los árboles. Tengo esta cosa por los árboles y los colores y el cambio de las hojas... Me encanta. Yo respeto ese tipo de cosas. Estoy convencido de que la Naturaleza intenta como puede compensar el abuso que el hombre hace del planeta. Porque el planeta está enfermo. Es como una fiebre, si no lo curamos ahora, llegara el día en que no tenga remedio. Es nuestra última oportunidad de arreglar este problema, para parar este tren descarrilado, ese momento ha llegado. Es ahora. La gente siempre dice o piensa; ya lo cuidarán otros. El gobierno, ellos... ¿"Ellos"? ¿Quiénes? Comienza por nosotros, lo hacemos nosotros, o nadie lo hará. Estamos devolviendo amor al mundo, porque el amor es importante. Amarnos, somos uno. Ese es el mensaje. Y cuidad el planeta, tenemos cuatro años para reparar el daño que hemos hecho o será irreversible. Tenemos un mensaje muy importante para dar. ¿De acuerdo? Muy importante. Muchas Gracias"*.

En su canción *"Heal the World"* – *"Sanar al Mundo"* – Michael una vez más nos alienta a unirnos y a tomar conciencia de que no podemos hacer oídos sordos al dolor ajeno. La voz de Michael en esta canción es una verdadera caricia al alma; cristalina, dulce y suave; casi un canto de cuna angelical. En una serie de cinco experimentos, científicos de Alemania y Reino Unido encontraron evidencia de que escuchar música con "letras prosociales" como la de *"Heal the World"*, reduce la agresividad de la gente. Los resultados sugieren que estas canciones afectan a las personas a un nivel subconsciente, cambiando sus tendencias agresivas. *"Si te preocupas suficiente por la vida, haz un pequeño espacio, haz un lugar mejor... Sana al mundo, hazlo un lugar mejor para ti y para mí y para toda la raza humana. Hay gente muriendo, si te preocupas suficiente por la vida, haz un mejor lugar para ti y para mí.*

Sana al mundo".

Michael no sólo se sumergía por completo en su música a través del canto y de sus letras, también lo hacía a través de su danza. Al igual que un místico derviche girador sufí, Michael gira sobre sí mismo hasta alcanzar una velocidad increíble sin perder el eje, cae sobre sus rodillas, extiende sus brazos y mira al cielo, en plena concentración y comunicación con Dios, mientras parece absorber la energía que emana la ovación amorosa de su público.

El número preferido de Michael era el número siete. El siete es la cifra de Dios en su unidad perfecta. En el Evangelio, Pedro le pregunta a Jesús: *"Señor, ¿cuántas veces tengo que perdonar las ofensas que me haga mi hermano? ¿Hasta siete veces?* Le dice Jesús: *"No te digo hasta siete veces, sino hasta setenta veces siete".* (Mateo 18, 21-22). Siete son los pecados capitales y 7 las virtudes opuestas, 7 los dones del Espíritu Santo, 7 los Arcángeles, 7 las palabras de Cristo en la Cruz, 7 los dolores que padeció la Virgen María, 7 las obras de misericordia y 7 los sacramentos. Siete son los sabios de Grecia, 7 las artes, 7 los ciclos en que dividían los hebreos el año sabático, 7 las plagas de Egipto, 7 las maravillas del mundo, 7 los mares de la Edad Media, 7 los colores del arco iris y 7 las notas de la escala musical. Michael utiliza la expresión "siete mares" en su canción romántica *"One More Chance"* –Una Oportunidad Más– *"Navegaría los siete mares para estar cerca de ella..."*

Pitágoras –padre de la numerología occidental– consideraba que el orden cósmico estaba basado en relaciones numéricas, y atribuía significado místico a algunos números. Existen distintas numerologías que parten de los principales y más antiguos alfabetos como el sánscrito (numerología tántrica), el judío (numerología cabalística) o el griego (numerología pitagórica). La lectura numerológica nos provee de las herramientas necesarias para aprender a encontrar paz interior, mejorar nuestras relaciones, descubrir nuestros dones y el destino de nuestra vida.

Me gustaría que juntos observemos las características de la esencia espiritual y aspectos de la personalidad de Michael utilizando el arte de los números a través de una poderosa y profunda herramienta para el autoconocimiento: la Numerología Tántrica.

La primera vez que escuché sobre Numerología Tántrica fue en el año 2009 estando de vacaciones con mi marido en una hermosa región natural de la Provincia de Córdoba en el Valle de Traslasierra. Ese año, con mi marido estábamos pensando en realizar unas vacaciones distintas, relajadas, en algún lugar donde poder distendernos, charlar, leer y reencontrarnos como pareja y con nosotros mismos.

En ese momento no estábamos pasando por un buen momento familiar. Había mucha desarmonía y desencuentros. Una persona me dijo que iba a invocar al Arcángel Gabriel para pedirle por nuestra unión familiar. Allí fue que comencé a investigar en Internet sobre los Arcángeles. Si bien desde niña sabía que todos tenemos un ángel de la guarda y que en la Biblia se mencionaba al ángel Gabriel, no sabía mucho sobre los Arcángeles, sus virtudes y cómo invocarlos.

Enseguida me puse a buscar en Internet. Escribí en el buscador "Arcángeles", y entre las primeras opciones apareció *"Atalaya de los Arcángeles, un rincón paradisíaco de las sierras cordobesas. Hostería y Spa Internacional. Turismo-Salud. Bienestar psicofísico, bioenergético y de relajación"*. Entré en el sitio y me cautivó desde un primer momento. Se lo mostré a mi marido y a él también le pareció el lugar ideal para ir de vacaciones ese año.

"Atalaya de los Arcángeles" se encuentra ubicado en la localidad de La Población en el Valle de Traslasierra, provincia de Córdoba, al pie de Las Sierras Grandes de los Comechingones en el Corazón de la República Argentina. Un paraíso en la tierra que ya era considerado un lugar energético por sus primeros pobladores indígenas. Y como lo describe su sitio web *"Atalaya de los Arcángeles" es un espacio libre, multidisciplinario y abierto a todo movimiento espiritual, filosófico y religioso que convoque a mejorar la calidad de vida"*.

Allí conocimos a los *"administradores"* de este centro de bienestar y desarrollo personal; Myrta "Shakti" Yagman y Hernán Latorre. Un matrimonio encantador y amigable que nos recibió con *"las alas abiertas"*. Ellos se llaman a sí mismos *"administradores"* del lugar porque dicen que los verdaderos dueños son *"ellos"*; los cuatro Arcángeles Miguel, Rafael, Gabriel y Uriel. La habitación que nos asignaron fue "casualmente" Miguel.

Myrta es Psicoterapeuta Transpersonal especializada en Psicoterapia Tántrica, Raja Yoga, Kundalini Yoga y Yoga Integral entre muchas otras. Hernán es Arquitecto e Instructor de Reiki con experiencia en meditación y terapias alternativas. Ambos trabajaron para las Naciones Unidas realizando diferentes consultorías alrededor del mundo.

Myrta nos sorprendió desde el primer momento en que tuvimos la oportunidad de conversar con ella. Era la primera vez que nos veíamos, jamás habíamos conversado antes con ella y lo primero que nos dijo con una gran sonrisa apenas nos presentamos fue *"Ustedes no llegaron aquí por casualidad. Nunca se les ocurra pensar en separarse porque ustedes vienen unidos de muchas vidas pasadas y por más que quieran no van a poder hacerlo. Así que, vayan solucionando sus problemas aquí y ahora"*. Se me caían las lágrimas. Con mi marido nos miramos y no podíamos creer las cosas que Myrta nos decía. De ahí en más, Atalaya se convirtió prácticamente en nuestro segundo hogar y con Myrta y Hernán comenzamos una entrañable amistad.

"Atalaya de los Arcángeles" ofrece a sus huéspedes una amplia gama de actividades, talleres y terapias complementarias, entre estas últimas Numerología Tántrica, Meditación y Relajación, Constelaciones Familiares, Tai Chi Chuan, Respiración Holotrópica, Respiración Consciente y muchas más. Con mi marido decidimos encargar a Myrta la lectura de nuestra Numerología Tántrica. Así fue entonces que tuve conocimiento por primera vez de esta fascinante herramienta para el autoconocimiento. Y una vez más, Myrta nos dejó boquiabiertos con los resultados que arrojaron las lecturas de los números de nuestras fechas de nacimiento.

Muchas personas tal vez piensen que la numerología no es más que superstición disfrazada de ciencia o arte, y que es una actividad totalmente opuesta a su religión. Pero, ¿quién sabe? Tal vez, si lo tomamos como una especie de juego divertido e enriquecedor, esta sea una oportunidad para descubrir lo que la numerología revela acerca de nosotros mismos. Y tal vez, como nos sucedió a mi marido y a mí, ustedes también se deslumbren por la exactitud de la lectura.

La Numerología Tántrica es una ciencia sagrada milenaria originaria de la India transmitida a sus discípulos por Ram Lal Singh. Fue introducida en occidente por el maestro de Kundalini Yoga y meditación, el Yogui Bhajan (1929 – 2004) Las enseñanzas del maestro se centraban en una vida feliz, santa y saludable.

La Numerología Tántrica es una herramienta de sutil autoconocimiento al cual accedemos mediante el análisis de nuestra fecha de nacimiento. Esta herramienta nos proporciona un método eficaz para alinearnos con nuestro Ser Superior. Los cinco números de nuestra fecha de nacimiento reflejan la relación que tenemos con nosotros mismos, con otras personas y el destino. Por medio de este sistema, podemos aprender a identificar nuestras áreas de debilidad para corregirlas y a utilizar nuestras fortalezas de manera más eficaz.

La Numerología Tántrica sustenta que somos algo más que cuerpo, mente y alma. Según el Kundalini Yoga, nuestro ser está compuesto de diez cuerpos espirituales no tangibles para nuestros ojos, aspectos de la psiquis desde los cuales se manifiestan las tendencias de la personalidad y sus motivaciones más profundas. Estos diez cuerpos espirituales son *el cuerpo del alma, mente negativa, mente positiva, mente neutral, cuerpo físico, línea arco, aura, cuerpo pránico, cuerpo sutil y cuerpo radiante*. Estos cuerpos representan las aptitudes extraordinarias que Dios nos ha otorgado como ser humano. Todas las virtudes y defectos humanos se pueden encontrar en esos diez cuerpos.

La Numerología Tántrica utiliza los números del 1 al 11. Los números 10 y 11 no se reducen. Si el número final es mayor que 11, se vuelven a sumar los dígitos entre sí para obtener un número menor. La interpretación de los números varía según su posición en nuestra fecha de nacimiento y nos da una mirada profunda de cada uno de los cinco aspectos esenciales de nuestro Ser: *alma, karma, regalo divino, destino y camino o misión*.

Veamos qué reflejan estos cinco aspectos esenciales de nuestro Ser:

Día de nacimiento – Alma: Es lo que tenemos que desarrollar y trabajar para poder conectarnos con nosotros mismos, con nuestra personalidad, con nuestro mundo interior.

Mes de nacimiento – Karma o Personalidad: Es lo que tenemos que desarrollar y trabajar para poder conectarnos con las personas y la realidad que no rodea. Hace referencia a nuestra relación con los demás.

Últimos dos números del año de nacimiento – Regalo Divino: Lo que ya traemos como regalo divino al momento de nacer. Dios nos hace este regalo como ayuda en la vida. Es un *don natural*, la facilidad que tenemos para hacer o comprender alguna cosa y hacerla posible.

Año de nacimiento – Destino (Materia Pendiente): Es lo que venimos trabajando de otras vidas, lo que nos quedó pendiente y lo seguimos perfeccionando en esta vida con sacrificio y esfuerzo. Es también como nos vemos a la vista de los demás, lo que aportamos a la sociedad y a nuestro entorno.

Todos los números – Camino de Vida: Este número se obtiene sumando el *alma*, el *karma*, y el *destino*. Este número refleja nuestra misión u objetivo en la vida, los frutos que dará el equilibrio de los otros cuatro números.

Michael trajo desde su nacimiento el número 11 en Alma. Este número se obtiene sumando los dígitos del día de nacimiento; 29 —> 2+9 = 11. El número 11 es un Número Maestro, de alta vibración o vibración superior. Significa la posibilidad de tener maestría sobre todos los cuerpos. Es el más intuitivo de todos los números. Representa la iluminación, es un canal entre el subconsciente y la mente consciente, posee visión sin pensamiento racional, sensibilidad, energía nerviosa, timidez y falta de sentido práctico. Los portadores de este número maestro son almas viejas, personas cuyo espíritu ha ido evolucionando a través de muchas experiencias terrenas. Mensajeros, inspirados, canalizadores, intuitivos, ingeniosos, místicos, maestros espirituales, idealistas, románticos, artísticos, entusiastas, energéticos, Ángeles de la comunicación creativa, amor de Cristo, visionarios, portadores de alegría.

Cuando el número 11 en Alma está equilibrado, es un número idealista, soñador y creativo. Creador consciente por excelencia. Es el número de la autoexigencia. El silencio del Buda. Es la iluminación a través de la intuición. Quienes llevan este número maestro en Alma, poseen una conexión permanente con la Divinidad. Tienen la certeza de que todo proviene de Dios y todo vuelve a Dios. Poseen una intensa tendencia espiritual y mística, y una gran fortaleza ante las dificultades. La luz interior o conocimiento adquiridos les hacen comprender que el verdadero sentido de la vida es alcanzar el propio perfeccionamiento interior. Esta luz y comprensión los convierte en verdaderos visionarios. Se entregan sin restricciones al servicio de los demás. Poseen un gran magnetismo, talento profético, encanto y gracia. Suelen llegar a ser Grandes entre los Grandes. Con su sola presencia elevan la conciencia de los demás, e inspiran con su propio ejemplo. Sus acciones brillan sobre el resto de sus semejantes. Poseen sobresalientes aptitudes artísticas y muy frecuentemente terminan siendo muy famosos. Tienen buen ojo para la belleza y un fino sentido del equilibrio y del ritmo. Poseen un fuerte interés en la metafísica y la sanación holística, el humanitarismo, y el servicio público, que llevan a la práctica a través de su trabajo. Se involucran con sus semejantes en un romance de infinito amor, generosidad y entrega. El reconocimiento que estas personas adquieren en vida a través de la vibración superior de este Número maestro, no muere con ellas, porque sus logros las inmortalizan en la memoria de quienes han tenido la suerte de conocerlas.

Este número es tan gratificante como difícil. Cuando el número 11 se desequilibra, no es un número fácil. Los portadores de este número maestro en Alma entran en una gran confusión interna, se sienten solos, tristes y aislados. Suelen tener una relación muy conflictiva con ellos mismos. Sienten que su lucha y sus motivaciones no siempre son comprendidas. Pueden manifestar auto-desprecio, baja autoestima, un miedo intenso, imprevisibilidad, falta de discernimiento, inseguridad, hipersensibilidad. Cuando no se centran en un objetivo pueden encerrarse en sí mismos y crear miedos y fobias. Caminan entre la grandeza y la autodestrucción. Se tornan demasiado receptivos y vulnerables al punto de convertirse en un objetivo fácil y ser engañados con facilidad. Su inestabilidad emocional eleva el potencial de riesgo de pérdidas materiales y de contraer enfermedades para las cuales necesitan ayuda médica y psicológica.

Para equilibrar o armonizar este número maestro en Alma, sus portadores deben recordar que son una Persona Universal, recordar su verdadera esencia, que pueden expresarse a través de los diez cuerpos espirituales en todas las situaciones de la vida y en relación con todas las personas. Deben tener siempre presente que su potencial de crecimiento, su estabilidad y poder personal reside en la aceptación de la comprensión intuitiva y de las verdades espirituales, y recordar que esa paz no se encuentra tanto en la lógica, sino en la fe.

Michael solía decir: *"Creo en Dios... Obtengo fuerza de Dios. Creo mucho en Jehovah, Dios... Creo en Dios y amo a Dios".*

En dos entrevistas para la revista Ebony/Jet en 2002 y 2007 Michael dijo: *"Escribí "Will You Be There?" en mi casa, "Neverland" en California. No me pareció algo difícil. Por eso es difícil tomar crédito de las canciones que compongo porque siempre siento que vienen de arriba. Me siento afortunado por ser ese instrumento a través del cual fluye la música. Yo simplemente soy el medio para que fluya. No puedo tomar crédito por ello porque es el trabajo de Dios. Él simplemente me utiliza como mensajero"*. *"Nadie puede decir qué es el proceso creativo. Porque no tengo nada que ver con eso, por supuesto. Se crea en el espacio. Es obra de Dios, no la mía"*.

En Karma o Personalidad, Michael trajo el número ocho en su mes de nacimiento. El ocho en Karma significa que su portador sabe cómo ser uno con su energía vital, en sánscrito Prana. El Prana es la energía vital en nosotros mismos, es la energía sutil que revitaliza el cuerpo y la mente. El ocho rige, en el sentido físico, la respiración, porque es lo que está más íntimamente relacionado con el Cuerpo Pránico. Suelen ser personas que tienen catarros, asma, alergias. Poseen un alma pura, energía divina, capacidad de autosanación y de sanar a los demás.

Cuando el número ocho en Karma está negativo, las personas sienten mucho miedo. A menudo se sienten cansados. No pueden ver los aspectos infinitos que se pueden encontrar en cada situación.

Para armonizar este número, su tarea es ver el infinito en todas las situaciones de la vida. Deben aprender a dominar el cuerpo pránico y así llegarán a ser extremadamente enérgicos. El dominio del cuerpo pránico les dará una gran energía y la capacidad de ser efectivos planificadores a largo plazo y poder seguir adelante con los planes y objetivos.

En Regalo Divino o Don de Dios, Michael trajo el número cuatro, el cual se obtiene sumando los dos últimos dígitos del año de nacimiento. Es una persona neutral, humilde y ama ser servidor. Mente brillante, bendecida con una gran intuición, de naturaleza meditativa y renuncia a la tentación mundana. Toda nuestra vida, nos quedamos flotando en el océano del conocimiento. La persona con un número cuatro de regalo posee la capacidad de profundizar en este océano y conectarse con Dios. Michael solía decir: *"Para mí, el mayor pecado de todos los pecados es recibir un don y no cultivarlo para que crezca, ya que el talento es un regalo divino"*.

En Destino o Materia Pendiente, Michael trajo desde su nacimiento el número cinco. La capacidad de sacrificio de las personas con el número cinco en esta posición, ha sido desarrollada a través de muchas vidas. Estas personas son bendecidas con múltiples cualidades nobles. Versátiles, justos y de gran talento, nunca dejarán de atrapar la atención de todo el mundo donde quiera que vayan. Muy bien informados y perspicaces, estas personas siempre dan una mano a los necesitados. Personas generosas y amables que pueden sacrificar sus intereses personales en beneficio de los demás. No es de extrañar que estas personas sean consideradas como un ángel de Dios que viene en ayuda de los demás. Las personas se relacionan con ellos como con un maestro y ven su estilo de vida como un ejemplo a imitar.

En Camino de Vida o Misión, Michael trajo el número seis. El camino de la devoción total a Dios. A través del proceso de la oración y la meditación, la persona se siente conectada con el ser supremo celestial. Con una mente iluminada y profunda comprensión de la espiritualidad, los favorecidos con el número seis en Camino de Vida destilan tranquilidad y seguridad en sí mismos. Poseen una gran compasión, su misión es estar al servicio de los demás. Sienten una gran preocupación por los débiles y oprimidos. Son sanadores y ayudan a los demás. Son capaces de dar consuelo a los necesitados, y con frecuencia ofrecen un hombro para que otros puedan desahogar sus penas. Tienen un fuerte sentido de responsabilidad. Son idealistas y necesitan sentirse útiles para ser felices.

Predican con el ejemplo y son muy generosos con sus recursos personales y materiales. La sabiduría, el equilibrio y la comprensión son las piedras angulares de su ser. Su extraordinaria sabiduría y habilidad para entender los problemas del otro tienden a comenzar desde una edad temprana. Está en su naturaleza sentirse atraídos por sus hermanos y hermanas más débiles y están muy bien preparados para apoyar a los demás en tiempos difíciles. *"Soy un instrumento de la naturaleza. Mi tarea es hacer felices a otras personas"*. *"Lo que más me gusta de actuar es que la gente se siente feliz. Hacer sonreír a una persona significa para mi más que cualquier cosa"*.

A veces, pueden sentirse abrumados por las tribulaciones ajenas. Sin embargo, el amor que la gente les devuelve es su merecida recompensa. Asumen grandes responsabilidades en la comunidad, pero su vida gira alrededor de su casa, su familia y sus amigos. Intentan mantener la armonía en la familia equilibrando y mediando entre las fuerzas discordantes. Buscan el matrimonio y generalmente son padres maravillosos, que ofrecen calidez, protección y comprensión a sus hijos. Son generosos, amables y atractivos, a menudo admirados, incluso adorados, lo cual los desconcierta. Se mueven bien y con gracia, pero deben trabajar duro para mantenerse en forma. Son personas que han sido bendecidas con un talento musical, así como en las artes visuales e interpretativas. Con esfuerzo pueden obtener éxito en una serie de campos artísticos. También poseen un enorme talento en los negocios. Fueron bendecidos con un gran encanto y carisma, que utilizan con eficacia para atraer a la gente y el apoyo que necesitan. Otras vocaciones que les ofrecen posibilidades de éxito se encuentran principalmente en las áreas de sanidad, enseñanza y todo lo relacionado con los animales.

Cuando este número seis en Camino de Vida está negativo, sus portadores tienden a sentirse abrumados por las responsabilidades y esclavos de los otros. Deben evitar ser demasiado críticos con ellos mismos y con los demás. Ocasionalmente pueden exagerar y ser autosuficientes, imponiendo sus puntos de vista de una forma de interferencia o intromisión. En raras ocasiones eluden sus responsabilidades ya que esto les haría sentirse muy culpables e inquietos. *"Me siento culpable si me quedo sentado cuando sé que podría estar haciendo algo"*.

Los portadores del seis en Camino de Vida no deben dejar que el sentimentalismo influya en sus decisiones, especialmente las relacionadas con la elección de un cónyuge. Necesitan ser necesitados, pero deben aprender a diferenciar entre aquellos a quienes pueden ayudar y aquellos que se debilitan aún más por su cuidado. Pueden caer en la tentación de verse a sí mismos como los salvadores del mundo llevando la pesada carga de los demás sobre sus hombros. Toda su creatividad puede ser truncada debido a su buena voluntad de sacrificio o por su incapacidad para apreciar su talento. La palabra clave del número seis es AMOR.

¡Sencillamente maravilloso! Quienes conocen a Michael se estarán emocionando y estremeciendo con la descripción de sus números. Su esencia espiritual, su devoción y gratitud a Dios, su capacidad de amar y de entrega se repite en casi todos sus números, como así también su creatividad, su visión, su talento e hipersensibilidad.

Este era el verdadero Michael Jackson. Con virtudes y defectos, como los tenemos todos, pero un ser lleno de luz y amor para dar a todo aquel que lo necesitara. Sabio, sensible, culto, puro como un niño, preocupado y ocupado por la humanidad y el medio ambiente. Convencido del poder que existe en nuestra mente, en la oración y en la fe. Y así lo transmitía en sus letras, en sus poemas y en sus discursos.

Michael desnudaba su esencia en su arte. A través de su música, nos abre su corazón y nos muestra la transparencia de su alma. Con sus melodías románticas y apasionadas nos endulza el alma. Enamorado del amor y de la mujer, el Rey del Pop sazona su canto y su baile con toques de erotismo y sensualidad. Otras veces, Michael nos muestra un corazón desgarrado por el dolor que le provocaba el sufrimiento de toda la humanidad y por nuestro descuido del planeta. En sus canciones más alegres y movidas, MJ nos invita a bailar y a soltar nuestro niño interior, nos invita a dejarnos llevar y a volar con su música. En otras ocasiones, Michael nos abre un corazón indignado ante la injusticia y los engaños de la prensa. En definitiva, a través su música, Michael nos emociona, nos estimula, nos divierte, nos lleva al límite de la pasión, pero por sobre todo, el eje principal de su mensaje es permanecer siempre en el Amor; en el Amor que sana, en el Amor que perdona, en el Amor que no se cansa de dar, en el Amor que une... Siempre apegándose a la doctrina de Jesús, nos pide que tomemos conciencia de que sólo con amor y dando lograremos cambiar al mundo.

"Yo creo en los deseos y en la capacidad de la persona para realizarlos. De verdad, creo. Por la tarde, antes de que el sol desapareciera por el horizonte, yo formulaba mentalmente mi deseo secreto. Era como si el sol hubiera de llevárselo consigo. Yo lo formulaba antes de que desapareciera el último brillo. Y un deseo es algo más que un simple deseo; es un objetivo. Es algo que tu entendimiento y tu subconsciente pueden ayudarte a hacer realidad". De su libro autobiográfico *Moonwalk*

Para finalizar este capítulo, me gustaría citar una frase de mi admirado y respetado doctor Wayne Dyer: *"Michael fue un ser trascendental con un corazón tan grande como el cielo".*

Capítulo III

Conociendo la verdad

"Como dice el antiguo proverbio indio, no juzgues a ningún hombre antes de haber caminado dos lunas con sus mocasines. La mayoría de la gente no me conoce, por eso escriben esa clase de cosas, de las cuales la mayoría no son ciertas. Lloro a menudo porque me duele y me preocupo por los niños, por todos los niños del mundo, vivo para ellos. Si un hombre no pudiera decir nada contra un personaje, excepto lo que puede demostrar, su historia no podría escribirse. Los animales no atacan por maldad, sino para sobrevivir, lo mismo ocurre con aquellos que critican, desean nuestra sangre, no nuestro dolor. Pero aún así tengo que conseguirlo. Tengo que buscar la verdad en todas las cosas. Debo resistir por el poder por el que fui enviado, por el mundo, por los niños. Pero tened piedad porque llevo mucho tiempo sangrando".

Nota manuscrita publicada en la revista
"People" el 12 de octubre de 1987

Vitiligo - Lupus - Insomnio

A mediados de la década de los 80, a Michael se le diagnosticó *Vitiligo y Lupus*. Ambas son enfermedades autoinmunes donde el sistema inmune del cuerpo ataca sus propias células. Cuando se tiene una enfermedad autoinmune la propensión a contraer otra se incrementa.

El *Vitiligo* es una enfermedad cutánea degenerativa en la que los melanocitos (células responsables de la pigmentación de la piel) se destruyen, y por consecuencia el organismo deja de producir melanina (sustancia que produce la pigmentación de la piel) lo cual ocasiona parches blancos e irregulares generalmente en las áreas del cuerpo más expuestas al sol (rostro, manos, pies, brazos, piernas). Las zonas despigmentadas con el tiempo pueden crecer y extenderse a todo el cuerpo. Si bien las causas de la aparición de esta enfermedad aún se desconocen, se cree que la destrucción de estas células se debe a un problema inmunitario y/o hereditario.

Un familiar de Michael tenía *Vitiligo*. Estas lesiones en la piel son más visibles en personas de raza negra. Hay diferentes tipos de *Vitiligo*:

Localizado

Focal: Mancha única o en unas pocas localizaciones concretas.

Segmentario: Las manchas se distribuyen en un solo lado del cuerpo. Este tipo de *Vitiligo* no está asociado con la tiroides u otras enfermedades autoinmunes.

Mucosas: Las lesiones aparecen en la región peribucal (alrededor de la boca).

Generalizado

Acrofacial: Despigmentación rostro, cabeza, manos y pies.

Vulgaris: Se caracteriza por manchas dispersas que están ampliamente distribuidas.**Mixto:** Una combinación de *Vitiligo acrofacial y vulgaris*, o *segmentario y acrofacial y/o vulgaris*.

Universal: Las lesiones ocupan toda o prácticamente toda la superficie del cuerpo.

Entre las opciones iniciales de tratamiento, el médico dermatólogo puede realizar una Fototerapia, procedimiento en el cual la piel se expone cuidadosamente a la luz ultravioleta, o indicar medicamentos tales como cremas o ungüentos corticosteroides o inmunodepresores. Existen algunos maquillajes o tintes que pueden disimular el *Vitiligo*. Si ninguno de estos tratamientos iniciales produce el resultado deseado, se pueden hacer injertos con piel de áreas pigmentadas normalmente y colocarla en las áreas que presentan pérdida del pigmento. En casos extremos, cuando la mayor parte del cuerpo resulta afectada, se procede a despigmentar la piel de las zonas sanas residuales. Por tratarse de un cambio permanente, este procedimiento se realiza como un último recurso.

La piel despigmentada es más sensible a la radiación solar y está en mayor riesgo de contraer cáncer de piel, por lo tanto se debe usar un bloqueador o filtro solar de amplio espectro (UVA y UVB) con factor superior a 30 y utilizar protección adecuada al exponerse al sol.

El cambio en la apariencia causado por el *Vitiligo* puede afectar emocional y psicológicamente a una persona y por consiguiente alterar su estilo de vida. Padecer de *Vitiligo* puede ser devastador. Las personas se sienten avergonzadas y les preocupa la reacción de los demás.

La apariencia física juega un papel muy importante en un artista. La maquilladora de Michael, Karen Faye, relata que *"En un principio comenzamos cubriendo las zonas blancas con maquillaje oscuro, pero luego se extendió tanto que tuvimos que aclarar las zonas oscuras porque todo su cuerpo se estaba despigmentando. Tenía que cubrir todo su cuerpo con maquillaje y era más fácil hacer la transición hacia el tono más claro".*

Michael padecía de *Vitiligo Universal*. Luego de años de tratamiento y de cubrir su cuerpo con maquillaje, su médico dermatólogo, el doctor Arnold Klein, decidió optar por el último recurso. La única opción que le quedaba para mejorar su aspecto era la despigmentación médica con el uso de ciertas cremas que aclararían las manchas oscuras y emparejaría el tono de la piel totalmente. Como consecuencia de este tratamiento, su piel se tornó mucho más sensible a los rayos solares, y aquello que los medios sensacionalistas quisieron mostrar como un excentricismo del Rey del Pop, en realidad era una indicación médica sine qua non para protegerse de contraer un cáncer de piel: el uso de su tan cuestionado y ridiculizado paraguas.

El doctor Patrick Treacy explica: *"Está bien documentado que en 1986, Michael fue diagnosticado con Vitiligo y Lupus. El Vitiligo es un trastorno crónico que causa la despigmentación de la piel. Se produce cuando los melanocitos, las células responsables de la pigmentación de la piel, mueren o son incapaces de funcionar. La causa del Vitiligo se desconoce, pero las investigaciones sugieren que pueden derivarse de causas autoinmunes, genéticas, estrés oxidativo, nervios o por causas virales. Además de Vitiligo, Michael también sufría de otras enfermedad auto inmune llamada Lupus. El Lupus es una condición que afecta a diferentes personas de diferentes maneras. Estas varían desde manifestaciones en la piel, inflamación en las articulaciones a la fatiga extrema. Ambas condiciones le hicieron sensibles a la luz solar (por ello el paraguas que usaba cada vez que estaba al aire libre) ya que el Vitiligo lo hacía susceptible al cáncer de piel, y su Lupus podría reactivarse de la remisión. También está bien documentado que utilizaba medicamentos tópicos para equilibrar sus diferentes tonos de piel y estos también lo harían susceptible a los efectos de la radiación ultravioleta".*

Se pueden encontrar en Internet varios casos de Vitiligo en personas de raza negra, como por ejemplo el caso de la diseñadora de modas Darcel de Vlugt, el caso de Maxine Whitton, bibliotecaria académica jubilada y profesora de francés, y el caso del autor, locutor y orador motivacional, Lee Thomas.

El informe de la autopsia realizada a Michael, revela que en el momento de su muerte, su piel no tenía una pigmentación pareja. *"La mayor parte de la piel del difunto presenta áreas con manchas pigmentadas claras y oscuras. Presenta despigmentación focal de la piel, sobre todo en la parte anterior del tórax y el abdomen, rostro y brazos".*

De acuerdo con la **Asociación Lupus Argentina-ALUA** *"el Lupus es una enfermedad crónica e inflamatoria que puede afectar varias partes del cuerpo, especialmente la piel, las articulaciones, la sangre y los riñones. Hay tres tipos de Lupus: el discoide, el sistémico y el Lupus inducido por drogas.*

El **Lupus discoide** *siempre se limita a la piel. Se identifica por una erupción que puede aparecer en la cara, la nuca y el pericráneo. Se diagnostica por medio de una biopsia de la erupción. En aproximadamente el 10% de los pacientes, el Lupus discoide puede convertirse en la forma sistémica de la enfermedad y afectar casi cualquier órgano o sistema del cuerpo. No se puede predecir o evitar. El tratamiento del Lupus discoide no evita su progreso a la forma sistémica. Los individuos que progresan a la forma sistémica* *probablemente tenían el Lupus sistémico desde el principio, siendo la erupción el síntoma predominante.*

El **Lupus sistémico** *suele ser más serio que el Lupus discoide y puede afectar a casi cualquier órgano o sistema del cuerpo. En algunas personas, solamente la piel y las articulaciones están afectadas. En otras, las articulaciones, los pulmones, los riñones, la sangre u otros órganos y/u otros tejidos pueden ser afectados. Generalmente, no hay dos personas con Lupus que tengan síntomas idénticos. El Lupus sistémico puede incluir temporadas con pocos o ningún síntoma (remisión) y, otros períodos cuando la enfermedad se manifiesta activa (estallido o recaída). Comúnmente, cuando una persona dice Lupus, se refiere a la forma sistémica de la enfermedad.*

El **Lupus inducido por drogas** *ocurre después del uso de ciertas medicaciones recetadas para otras enfermedades. Sus síntomas son similares a los del Lupus sistémico. Las drogas comúnmente asociadas con este tipo de Lupus son: la* hidralazina *(usada para tratar la presión sanguínea alta o hipertensión arterial) y la* procainamida *(usada para tratar los ritmos irregulares del corazón). Los síntomas suelen desaparecer cuando se discontinúa la medicación".*

Michael padecía de Lupus Sistémico. ALUA explica en su sitio web: *"Se desconoce la(s) causa(s) del Lupus, pero hay factores del medio ambiente y genético que juegan un papel de importancia. Varios factores del medio ambiente incluyen: las infecciones, los antibióticos (especialmente los de las familias de la sulfa y la penicilina), la luz ultravioleta, el "estrés" extremo, ciertas drogas y las hormonas".*

Los síntomas más comunes para pacientes con Lupus:

Dolores articulares, fiebre más de 38ºC, artritis (articulaciones hinchadas), fatiga prolongada o extrema, *erupciones en la piel, anemia, compromiso renal, dolor en el pecho al respirar (pleuresía), erupción en forma de mariposa en las mejillas y en nariz, sensibilidad a la luz (fotosensibilidad), pérdida de cabello*, problemas en la coagulación de la sangre, síndrome de Raynaud (cambio de color en los dedos por efecto del frío), convulsiones o ataques, úlceras en boca o nariz.

El 1977, a la edad de 18 años, Michael sufrió un neumotórax. La pleuresía o pleuritis es la manifestación pulmonar más común de Lupus. La revista Jet publicó un artículo el 25 de agosto de 1977 sobre el colapso pulmonar de Michael.

"Michael Jackson ha recuperado su energía otra vez después de sufrir un colapso pulmonar que forzó la cancelación de los conciertos de la familia Jackson por un mes. Explicando la incómoda enfermedad de su hijo, Joseph W. Jackson, presidente de Marfil Tower Records, explicó a Jet: 'El colapso pulmonar de Michael se produjo como consecuencia del exceso de trabajo en la serie de televisión familiar y otros proyectos. Básicamente, lo que sucede es que en un período de tiempo una burbuja aparece en el pulmón y finalmente estalla. Cada vez que lo hace, una parte del pulmón se destruye. Las personas no se dan cuenta de cómo la rutina de la televisión puede afectar, incluso durante un show de sólo 30 minutos.'

Restringido a reposo absoluto durante un mes, Michael está de nuevo en pie y recuperado para comenzar a filmar su papel como el Espantapájaros en la versión de la película El mago de Oz en Nueva York.

Dijo su padre, 'Se siente bien ahora. Si no fuera así, desde luego no le habría permitido ir a Nueva York.'"

En un libro publicado en 1983 por Mark Bego, autor de 54 libros sobre rock & roll y el mundo del espectáculo, Michael relata: *"Tuve un ataque de pulmón en la playa el 4 de Julio. No podía respirar. Me tuvieron que llevar de urgencia al hospital. El doctor dijo que era neumotórax, las burbujas en los pulmones revientan y no puedes respirar. Sobre todo las personas delgadas lo padecen, dijo el médico. Me dijo que también tenía un poco de pleuresía".*

Michael también menciona su dolor pulmonar en su libro autobiográfico *Moonwalk* en 1988: *"Todo el período de Wiz fue una época de estrés y ansiedad, a pesar de que me estaba divirtiendo. Recuerdo el 4 de julio de ese año bien porque estaba en la playa en la casa de mi hermano Jermaine, a media cuadra de distancia de la playa. Estaba haciendo surf, y de repente no pude respirar. No tenía aire. Nada. Me pregunté ¿qué pasa? Traté de no entrar en pánico, pero corrí a la casa para buscar a Jermaine, quien me llevó al hospital.*

Fue salvaje. Un vaso sanguíneo se había reventado en el pulmón. Nunca se volvió a repetir, aunque siento que me aprieta y pincha ahí, lo cual probablemente es mi imaginación. Más tarde supe que esta enfermedad estaba relacionada a la pleuresía. Mi médico me recomendó que tratara de tomar las cosas un poco más lento, pero mi agenda no lo permitía. El trabajo duro sigue siendo el nombre del juego".

El informe de la autopsia de Michael confirmó los problemas con sus pulmones, que se reportaron como inflamación crónica con capacidad reducida:

• Marcada bronquiolitis respiratoria, descamación histiocítica y neumonitis intersticial multifocal crónica y,

• Llamativa descamación central del revestimiento respiratorio con metaplasia escamosa.

Michael utilizaba máscaras quirúrgicas en público para proteger sus pulmones enfermos, otro accesorio que los medios sensacionalistas utilizaron para calificar a MJ de raro y excéntrico.

A lo largo de su vida, Michael fue asistido por varios médicos especialistas. El doctor Allan Metzger, reumatólogo especialista en Lupus, trató a Michael durante 1995. Su relación se tornó tan estrecha que el doctor Metzger fue quien grabó su boda con Debbie y fue padrino de uno de los hijos de Michael. El 1 de octubre 2003 ambos dieron un breve discurso juntos en un evento a beneficio para la investigación del Lupus *"Una Noche de Amor, Luz y Risa por el Lupus"* en el Hotel Beverly Hills en Beverly Hills, California.

La prednisona es uno de los fármacos más comunes utilizados en el tratamiento del Lupus. Pertenece al grupo de medicamentos conocidos como corticosteroides. Es una droga muy efectiva pero posee varios efectos secundarios con el uso a largo plazo: Dolor o ardor de estómago; acné; heces con sangre o negras y alquitranadas; cambios en la visión; dolor en el ojo; redondez en la cara; dolor de cabeza; latidos irregulares; problemas menstruales; calambres, dolor o debilidad en los músculos; náuseas; dolor en la espalda, caderas, costillas, brazos, hombros o piernas; líneas de color violeta rojizo en la piel; enrojecimiento de los ojos; sensibilidad de los ojos a la luz; hinchazón de los pies o la parte baja de las piernas; piel fina y brillante; dificultad para dormir; moretones inusuales; cansancio o debilidad inusuales; vómitos; ojos llorosos; aumento de peso súbito; heridas que no sanan; mayor transpiración; nerviosismo; inquietud.

El informe de los investigadores tras la muerte de Michael revela que se encontró el fármaco prednisona en su casa. Sin embargo, el Lupus no apareció en la autopsia. Aún así, los análisis realizados a las personas con Lupus no siempre dan positivo. El informe de la autopsia señala caída del cabello, anemia, y hemorragias en los pulmones las cuales son consistentes con la pleuresía que lo afectó en 1977.

La lista de enfermedades autoinmunes es amplia y hasta hoy se han identificado más de 100. Entre ellas figuran enfermedades conocidas, como la fibromialgia, la esclerosis múltiple, la enfermedad celíaca o la enfermedad de Crohn, y también otras, quizás menos conocidas, como la anemia perniciosa, la artritis reumatoide, la enfermedad de Behçet, el síndrome antifosfolípido, el síndrome de Sjögren, la esclerodermia, **el vitíligo**, distintos tipos de vasculitis, las miopatías inflamatorias o la miastenia grave y el **lupus eritematoso sistémico** (LES).

Michael tuvo que convivir prácticamente durante toda su vida con los efectos secundarios de los medicamentos para el tratamiento del Lupus, entre los cuales se encuentran la dificultad para conciliar el sueño. Michael padecía de insomnio crónico. Se considera insomnio crónico cuando los síntomas ocurren por lo menos tres noches por semana durante más de un mes. En sus últimos meses de vida, Michael suplicaba por un sedante poderoso para poder descansar. El insomnio crónico es el más serio y puede ser causado por una variedad de problemas físicos o emocionales que incluyen la depresión, el abuso de drogas, enfermedades del corazón o del riñón, artritis, dolor crónico, por un efecto colateral de ciertas medicaciones y muchos otros.

El doctor Chopra sostiene que *"un estudio en medicina psicosomática demuestra que los niños que han sido maltratados física o verbalmente desarrollan enfermedades autoinmunes"*, es decir, nuestras defensas bajan cuando nos desequilibramos emocionalmente, y en consecuencia aparecen las enfermedades. La depresión psíquica, la depresión del estado de ánimo, produce enfermedad física porque afecta al sistema inmune, desarrollándose lo que se denomina inmunodepresión.

Michael desarrolló estas dos enfermedades autoinmunes debido al estrés acumulado desde el inicio de su carrera como artista a los cinco años, cuando se convirtió en líder del grupo familiar *Jackson 5* dirigido por su padre. El estrés que le generaban las largas horas de ensayo; el estrés que le generaba no poder jugar con niños de su edad y tener amigos; el estrés que le generaba no poder salir a la calle y disfrutar de los paseos o actividades que realiza cualquier persona común por el asedio del público y el de la prensa; el estrés y dolor que le generaba el método rígido y desamorado que tenía su padre para educarlo y manejarlo artísticamente; el estrés que le generaban las giras agotadoras; el estrés y sufrimiento que le generaba el dolor de los niños enfermos, el descuido del planeta y el maltrato a los animales; el dolor que le causó la traición de los padres y madres a quienes se brindó con el corazón totalmente abierto para ayudar a sanar a sus hijos enfermos; el dolor que le produjo la persecución de los medios amarillistas, sus mentiras, sus burlas y sus degradaciones. Michael era un ser sumamente sensible, mucho más vulnerable y frágil que sus hermanos en todos los aspectos posibles e imaginables, rasgos de su carácter y personalidad que lo llevaron a desarrollar estas enfermedades que sus hermanos jamás padecieron.

A todo este dolor emocional, se suman los dolores físicos causados por las dos enfermedades que padecía y los ocasionados por su actividad en sí, ya sea por una sobre exigencia en sus ensayos y entrenamiento o por algún accidente. En el año 1984, Michael tuvo un accidente mientras grababa un comercial para Pepsi. Así lo relata en su libro autobiográfico *"Moonwalk"*:

"*Yo tenía pensado dedicar la mayor parte de 1984 a trabajar en unas ideas para una película, pero mis proyectos se frustraron. En enero, me quemé en el plató de un anuncio de Pepsi que rodaba con mis hermanos.*

La causa del fuego fue, pura y simplemente, la estupidez. Rodábamos de noche y yo tenía que bajar por una escalera mientras a mi espalda, a cada lado, estallaban cartuchos de magnesio. Parecía muy fácil. Yo bajaba la escalera y, detrás de mí, estallaban los cartuchos. Hicimos varias tomas que estuvieron perfectamente sincronizadas.

El efecto de relámpago de los fogonazos era soberbio. Hasta después no descubrí que los cartuchos estaban a medio metro de mi cabeza, lo cual era una infracción de las reglas de seguridad. Yo estaba a medio metro de una explosión de magnesio.

Luego, Bob Giraldi, el director, me dijo: «Michael, bajas demasiado pronto.

Queremos verte ahí arriba. Cuando se enciendan las luces, queremos que se vea que estás ahí. Por lo tanto, espera.» Y yo esperé, las bombas estallaron a cada lado de mi cabeza y las chispas me encendieron el cabello. Yo bajé por la rampa bailando y dando vueltas, sin saber que estaba ardiendo. De pronto, mis manos, en un movimiento reflejo, fueron hacia mi cabeza, en un intento de sofocar las llamas. Caí al suelo, tratando de sacudirme las llamas. Después de la explosión, Jermaine dio media vuelta y me vio en el suelo y pensó que alguien del público había disparado, porque trabajábamos de cara al público. Esto le pareció. Miko Brando, que trabaja para mí, fue el primero que llegó a mi lado. Luego, el caos. La locura. No hay película que pueda captar el dramatismo de lo que pasó aquella noche. La gente chillaba. Alguien gritó: «¡Que traigan hielo!» Había ruido de corridas alocadas, y la gente exclamaba: « ¡Oh, no!» Llegó la ambulancia y, antes de que me llevaran, pude ver a los directivos de Pepsi reunidos en un rincón, aterrorizados. Recuerdo que, cuando los enfermeros me pusieron en la camilla, los de Pepsi, del susto, no se atrevían ni a preguntar cómo estaba.

Mientras, a pesar del terrible dolor, yo me sentía ausente. Contemplaba cómo se desarrollaba el drama. Después me dijeron que eso se debía al shock, pero recuerdo que disfruté del trayecto hasta el hospital, porque nunca pensé que iría en ambulancia tocando la sirena. Era una de las cosas que siempre deseé de chico. Cuando llegábamos me dijeron que en la puerta del hospital había fotógrafos y cámaras del telediario, de modo que pedí mi guante. Hay una foto mía famosa saludando desde la camilla con el guante.

Después, uno de los médicos me dijo que era un milagro que estuviera vivo. Un bombero había comentado que, en la mayoría de casos, se te incendia la ropa y puedes morir o quedar desfigurado. Ni más ni menos. Yo tenía quemaduras de tercer grado en el cuero cabelludo que casi me llegaban hasta el cráneo, por lo que tuve muchos problemas, pero, a pesar de todo, hubo suerte.

Ahora sabemos que el incidente generó mucha publicidad para el anuncio. Se vendió más Pepsi que nunca. Y después los de Pepsi me ofrecieron el contrato publicitario más fabuloso del mundo. Era tan fantástico que pasó al Libro Guinness de Récords Mundiales. Pepsi y yo trabajamos juntos en otro anuncio llamado «The Kid» y yo les di problemas al limitar mis planos, porque me parecía que todos los planos que pedían no iban a resultar. Después, el anuncio fue un éxito y me dijeron que yo tenía razón.

Todavía recuerdo lo asustados que estaban los de Pepsi la noche del fuego. Pensaban que el hecho de que yo me hubiera quemado daría mal sabor de boca a todos los chicos americanos que bebieran Pepsi. Sabían que yo podía demandarles, y nada me lo impedía, pero me mostré amable. Muy amable. Me dieron un millón y medio de dólares que yo doné acto seguido al Centro de Quemados Michael Jackson. Quería hacer algo porque me sentía muy conmovido por los otros quemados que conocí en el hospital".

Las quemaduras en la cabeza del Rey del Pop dañaron gravemente su cuero cabelludo y le provocaron dolores terribles, los cuales tuvo que aliviar tomando numerosos calmantes. De manera que Michael comenzó a tomar analgésicos muy potentes tras las cirugías en su cuero cabelludo y, supuestamente, continuó tomándolos para aliviar los diversos dolores que le producía el Lupus.

Todos tomamos analgésicos y muchas veces los tomamos sin una razón que lo amerite seriamente. Yo me considero adicta o dependiente a la aspirina. Para poder comenzar el día necesito tomar una aspirina disuelta en agua con azúcar, y al caer la tarde, cuando comienzo a sentir que la energía se me agota, tomo otra más. Confieso que nunca consulté con mi médico si tomar dos aspirinas diarias puede perjudicar mi salud de alguna manera, pero la realidad es que me siento más despierta y activa luego de tomarlas, además de aliviar algún que otro dolor corporal.

Existen dos grupos principales de analgésicos: los no narcóticos y los narcóticos. Los analgésicos no narcóticos comprenden el grupo de uso más frecuente. El ácido acetilsalicílico (aspirina), el paracetamol, el ibuprofeno y la dipirona son los más consumidos. Entre los analgésicos narcóticos el más difundido es la codeína y el de acción más potente y universal es la morfina. Los analgésicos narcóticos se indican para tratar dolores de intensidad fuerte ante los cuales los no narcóticos resultan ineficaces. La codeína es un alcaloide del opio, hipnoanalgésico y antitusivo con una serie de acciones similares a la morfina. Los analgésicos no opiáceos tienen techo terapéutico. Si con ellos no se consigue un adecuado control del dolor, debe añadirse un opioide. El condicionante principal del uso de analgésicos narcóticos es el riesgo de adicción.

En Estados Unidos, la adicción a analgésicos prescritos aumenta día a día. Los médicos a menudo recetan medicamentos como hidrocodona, OxyContin y Vicodin para aliviar dolores moderados a severos. Los pacientes que toman estos medicamentos suelen experimentar dependencia física debido a la presencia de opiáceos en ellos. Esto significa que incluso si los pacientes desean dejar los medicamentos prescritos, simplemente no pueden hacerlo, ya que esto los lleva a los síntomas de abstinencia.

La opinión y declaraciones públicas realizadas por el doctor Deepak Chopra han sido cuestionadas por muchos fans de Michael. Existe mucha controversia y muchos de ellos sienten que el doctor Chopra traicionó a Michael con sus declaraciones. En lo personal, estoy convencida desde lo más profundo de mi corazón de que si Michael hubiera escuchado al doctor Chopra y seguido sus indicaciones y consejos, no se habría cruzado en su camino un médico facilitador como Conrad Murray. A continuación podrán leer una recopilación de las declaraciones del doctor Chopra ante dos canales de televisión poco después del fallecimiento de su "amigo y hermano", Michael Jackson.

"En 2005, Michael vino a pasar una semana conmigo en San Diego después de que finalizara su juicio y me pidió una receta médica de sedantes, Oxicontin, en realidad. Para mí fue una gran sorpresa y entonces empecé a interrogarlo un poco y se hizo evidente que estaba tomando estas sustancias y que se las prescribían diversos médicos. Cuando empecé a preguntarle fue realmente muy defensivo y empezó a negar que hubiera un problema y dijo que tenía mucho dolor.

Sé que Michael estuvo bajo mucho dolor emocional y psicológico a través de los años, por lo que le dije: –Hay maneras de hacer frente a ese dolor –y empezó a evitarme por un tiempo. Esto ocurría intermitentemente a través de los años. Cada vez que le planteaba este problema dejaba de llamarme y luego, dos o tres semanas más tarde, me llamaba y me decía que lo sentía. Pero ese no era el problema. Cuando tenía dolores conseguía que alguien le recetara algo, ya sea demerol u oxicontin. Así que, yo estaba muy consciente de que había un problema. Yo estaba en constante conversación con la niñera de sus hijos. Yo se la había presentado a Michael cuando ella tenía 18 años, casi 18 años atrás. Ella me llamaba cuando notaba que estaba alterado o que su comportamiento era errático y que pensaba que era, tal vez, a causa de estas drogas. Pero nunca pudimos llegar al punto de realizar una verdadera intervención.

Las personas que toman estas drogas, obviamente, no están en un estado normal de conciencia y después de un tiempo realmente creen que si no consiguen la droga o los analgésicos, podrían morir por lo cual entran en pánico. Hay también una condición llamada hiperalgesia, lo que significa que la persona se vuelve más tolerante a la droga y en realidad tienen más dolor del que tenían antes. No pueden creer que el dolor no ceda. Cuando usted les dice que dejar esta droga ayuda a que el dolor desaparezca, no lo creen. Cuando se necesita la prescripción de narcóticos hay que tener médicos muy competentes.

Michael era hermoso, lleno de compasión y amoroso, pero un alma vulnerable. Tenía mucho que ofrecer. Era un genio. Pero también estaba atormentado, y se rodeó de personas que fueron facilitadoras y con frecuencia evitaba a las personas que trataban de ayudarlo.

Michael solía quedarse con nosotros. Solía hacer su propia cama al despertar. Amo a Michael. Era como un hermano para mí. Tengo mucha rabia hacia los médicos que perpetuaron esto. Es una tradición, hay una cultura de esto en Hollywood. Hay ocasiones en que sentí que necesitábamos realmente intervenir y allí era cuando no podía encontrarlo. Michael era muy bueno para encontrar los médicos adecuados para darle estas drogas y evitar a los médicos que no querían participar en eso. También era muy bueno para aislarse cuando él quería y ser inaccesible. Cambiaba de número de teléfono a menudo.

Se quejaba de las tensiones de su infancia, el maltrato verbal y a veces físico de su padre. Hay un documento en febrero de este año (2009) en medicina psicosomática que vincula el estrés acumulado en la infancia a trastornos autoinmunes incluyendo Lupus, el cual padecía, y Vitiligo que también padecía. Por lo que tenía enormes manchas decoloradas. Tenía una muy mala imagen de su cuerpo y mucha vergüenza acerca de ello y esta obsesión compulsiva con la cirugía estética era parte de su auto mutilación que se produce como resultado de su imagen corporal. Así comenzó a aislarse, se escondía de la gente y cuanto más se escondía, más cruel era el frenesí de los medios de comunicación acerca de su aislamiento y su cubrimiento.

No hubo forma de que la gente pudiese comprender el contexto de su comportamiento, si lo hubiesen hecho, habrían comprendido de manera más compasiva los motivos por los cuales hacía las cosas que hacía. Él era mi hermano. Era un alma delicada en un mundo cruel". La voz del doctor Chopra se quiebra cuando habla de Michael...

Veamos la diferencia entre adicción y dependencia. En un artículo publicado en la edición del 2 de febrero de 2006, del Baltimore Sun, el doctor Anthony Tommasello destacó la diferencia entre los consumidores de drogas que son adictos a las drogas recreativas y los que son físicamente dependientes a analgésicos. El doctor Tommasello es farmacéutico, profesor asociado a la Facultad de Farmacia de la Universidad de Maryland y Director de la Oficina de Estudios de Abuso de Sustancias, que él fundó. Trabaja en el campo de las adicciones desde 1973 y ha obtenido títulos en farmacología, epidemiología y ciencias políticas con especialización en adicciones.

En el artículo señala que para el año 2002, casi 30 millones de personas habían utilizado analgésicos recetados para propósitos no médicos en algún momento de su vida, y que 1,5 millones eran dependientes de ellos, de acuerdo con las estadísticas publicadas por la *Administración* de *Salud Mental* y *Abuso de Sustancias* de E.E.U.U.

El doctor Tommasello señala la diferencia entre la dependencia y la adicción, afirmando que *"La dependencia física y adicción a las drogas no son lo mismo. Confundirlas –en esta era de uso de analgésicos cada vez mayor– es contraproducente. El viaje de la dependencia física a los calmantes, para muchas personas comienza en el consultorio de su médico, cuando se prescriben medicamentos para aliviar el dolor de algo tan básico como un dolor de muelas o para el dolor debilitante de un cáncer de hueso. Pero ese viaje está muy lejos del viaje del estereotipo del "drogadicto" que experimenta con drogas para "colocarse" y luego se ve atrapado en un estilo de vida de adicción a las drogas.*

Si alguien toma una dosis suficiente durante el tiempo suficiente, esa persona será físicamente dependiente, no hay nada que la ciencia pueda hacer para evitar eso. Es simplemente un efecto secundario del uso a largo plazo de narcóticos. Es contraproducente etiquetar como un "adicto a las drogas" a alguien que desarrolla una dependencia física al OxyContin, mientras lucha contra un cáncer. El problema de esa persona es el dolor, no la adicción. Etiquetarlo como un adicto a las drogas puede encender sentimientos de vergüenza y culpa, un estigma injustificado en estos pacientes. Tenemos que hacer espacio en nuestra comprensión de la diferencia entre el abuso de drogas, la adicción y la dependencia física.

La adicción debe ser parte del currículo en todas las profesiones de la salud para que los médicos, enfermeras, dentistas, trabajadores sociales y farmacéuticos entiendan los fundamentos de abuso de sustancias y la dependencia de drogas. Los proveedores de salud deben ser capaces de identificar el abuso y dependencia de sustancias, evaluar la naturaleza de un problema si es que existe, y derivar a los pacientes a los proveedores de tratamiento apropiado para el nivel de atención que necesitan.

Cuando los médicos empiezan a recetar medicamentos para aliviar el dolor, deben tener un protocolo para la gestión de medicamentos de principio a fin en lugar de simplemente ajustar la medicación sin una estrategia exhaustiva. La estrategia del médico debe incluir un plan para apartar a los pacientes de los analgésicos –cuando es razonable hacerlo– pero también continuar un tratamiento eficaz en la medida que sea necesario".

Por lo tanto, una persona puede tener una dependencia física de una sustancia sin tener una adicción. Las personas más propensas a abusar o volverse dependientes a los narcóticos son aquellas que sufren de depresión, trastorno bipolar, trastornos de ansiedad y esquizofrenia, las personas con acceso fácil a las drogas, aquellas con baja autoestima o problemas con las relaciones interpersonales, las que llevan un estilo de vida estresante en lo económico o emocional, y las que viven en una cultura con una aceptación social alta del consumo de drogas. Los opiáceos y narcóticos son las sustancias que comúnmente más se abusan, las cuales son calmantes muy potentes que causan somnolencia y algunas veces sensaciones de euforia. Entre ellos se encuentran: heroína, opio, codeína, meperidina (Demerol), hidromorfona (Dilaudid) y oxicodona (Oxycontin).

En el año 1993, Michael admitió que tenía un problema de dependencia a los analgésicos y aceptó la ayuda y el consejo de su gran amiga, la actriz Elizabeth Taylor, y comenzó un tratamiento. La estrella de cine dijo en una conferencia de prensa: *"Yo he sufrido y lidiado con el mismo tipo de problema médico que afecta ahora a mi amigo, Michael Jackson. Debido a ello, y debido a nuestra amistad, cuando el médico de Michael me llamó para preguntarme si podía ayudar, me alegré de intervenir. He viajado a la Ciudad de México, donde vi por mí misma que Michael estaba en la necesidad desesperada de atención médica especial. Debido a mi propia experiencia con la adicción a los medicamentos de prescripción, tuve la oportunidad de hacer un número de llamadas en busca del tratamiento mejor y más adecuado para Michael y él está realizando este tratamiento en Europa. Sólo voy a repetir que soy amiga de Michael Jackson, que lo amo como a un hijo, y lo apoyo con todo mi corazón".*

El informe de la autopsia de Michael reveló que no se encontró **ningún tipo de droga recreativa en su sistema,** como tampoco los narcóticos meperidina (Demerol) y oxicodona (Oxycontin). **La causa de su muerte fue Intoxicación Aguda de Propofol, un anestésico que se debe administrar exclusivamente en un hospital.**

Las acusaciones - El juicio - Los medios

> *"Fue una pesadilla. Una horrible pesadilla. Pero si tengo que pasar por esto para probar mi inocencia, mi completa inocencia, que así sea".*
>
> ACUSACIÓN DE 1993 – MICHAEL EN VIVO DESDE NEVERLAND

En 1993, Evan Chandler acusó a Michael Jackson de abusar sexualmente de su hijo, Jordan de trece años de edad. Esta es la historia de un caso inventado, un plan despiadado y atroz para sacarle dinero a la mega estrella del pop.

En mayo de 1992, Michael conducía su camioneta por Wilshire Boulevard en Los Angeles, cuando de pronto esta deja de funcionar. Una mujer lo ve en medio del tráfico y avisa a su esposo, quien trabaja en una agencia de alquiler de coches situada a un kilómetro y medio de distancia. El dueño de la agencia, Dave Schwartz, se entera de que Green, su empleado, está yendo a buscar al Rey del Pop y enseguida llama a su mujer, June Wong, y le dice que lleve a su hija de 6 años y a su hijo de su matrimonio anterior con Evan Chandler. El muchacho, que entonces tenía 12 años, era un gran fan de Michael Jackson. Cuando se encuentran en la agencia, June, ex esposa de Chandler y esposa en aquel momento de Schwartz, conversó unas palabras con Michael y le recordó la oportunidad en que su hijo, Jordan, le había enviado un dibujo luego de que se quemara el cabello en la filmación del comercial de Pepsi. June le dio el teléfono de su casa y al poco tiempo se inició una amistad muy estrecha entre ellos.

En febrero de 1993, June, Jordan y su media hermana, Lily, visitaron Neverland por primera vez. Los tres se hospedaron en una de las cabañas para huéspedes por un par de días y disfrutaron de todas las atracciones de Neverland. Durante ese año, la amistad de Michael con June y sus hijos se fortaleció. Se visitaban mutuamente e incluso Michael los invitó a un viaje a Las Vegas y a Disney World en Orlando y Disneyland en Paris. En Mayo de 1993, Michael fue a la fiesta de cumpleaños del hermano de Jordan, Nikki Chandler. Evan Chandler estaba contento de recibirlo y alardeaba de la amistad que sus hijos tenían con Michael.

Evan Chandler, padre de Jordie y ex marido de June, era odontólogo por tradición familiar, no le gustaba su profesión. Su vocación era ser guionista y su desempeño como dentista dejaba mucho que desear. En diciembre de 1978, trabajando en una clínica en L.A., Chandler hizo una restauración de 16 dientes a un paciente en una sola visita. El Colegio de

Examinadores Dentales analizó su trabajo y determinó que Chandler demostraba una "gran ignorancia y/o ineficacia" en su profesión. Este organismo invalidó su licencia, lo suspendió durante 90 días y lo puso a prueba durante dos años y medio. Devastado, Chandler se fue a Nueva York donde escribió un guión para una película pero no pudo venderlo.

En 1985, June y Evan se divorciaron, y según relatara un allegado de June, una de las razones de divorcio fue el mal temperamento de Chandler. El juzgado dio la tenencia de Jordie a June y ordenó a Chandler una cuota alimentaria de 500 dólares. En 1993, cuando Chandler acusa a Michael de haber abusado de su hijo, debía a su ex mujer 68 mil dólares por alimentos. Chandler era un padre ausente y no se interesaba por su hijo.

Un año antes de que los Chandler conocieran a Michael, Evan había tenido otro problema grave en su profesión como dentista. Una paciente lo había demandado por negligencia luego de una restauración dental. El caso se cerró fuera del juzgado por una suma de dinero no declarada.

En un principio, Chandler aceptó con agrado la amistad de su hijo con Michael, hasta le había sugerido que construyera una ampliación en su casa para que Michael pudiera estar más cómodo cuando los visitara. Pero el departamento de urbanismo no autorizó la reforma, y Chandler tuvo una nueva idea; le sugirió a MJ que les construyera o comprara una casa nueva. Luego, a raíz de los viajes que su ex esposa y su hijo realizaban con Michael, Chandler empezó a sentir celos y a sentirse excluido.

En junio de 1993, Jordan terminaba séptimo grado y había planeado ir a un baile de fin de año con sus compañeros. Sin embargo, a último momento decidió quedarse con Michael. Evan Chandler comenzó a enojarse con Michael y con su ex esposa, June. Decía que Michael era una mala influencia para su familia. Entonces, Chandler comenzó a idear su plan. Ese mes, Chandler confrontó a su ex-esposa con sus sospechas pero ella pensó que todo el asunto era una locura. June le dijo a Chandler que quería sacar a su hijo de la escuela en otoño para que ambos pudieran acompañar a Michael durante la gira "Dangerous" y terminar el año estudiando con un tutor particular. Chandler montó en cólera y amenazó con hacer pública la evidencia que, según él, tenía de Michael. Dave Schwartz, que para ese entonces ya se había separado de June, grabó en secreto una larga conversación telefónica que tuvo con Chandler, en la cual éste le manifiesta su preocupación por su hijo y deja en evidencia la ira que sentía contra Michael y su ex mujer, June.

La grabación se hizo pública el 2 de septiembre de 1993. Chandler dice a Schwartz: *"Yo tenía una buena comunicación con Michael. Éramos amigos. Me gustaba y lo respetaba por todo lo que es. No había razón para que dejara de llamarme. Me senté en la habitación un día y hablé con Michael, le dije exactamente qué quería, que toda esta relación acabara. Lo que yo quería"*. Schwartz le pregunta qué era lo que había hecho Jackson que lo había enfadado tanto, Chandler solo dice que *"Él ha destrozado a la familia. El chico fue seducido por el poder y el dinero de este tipo"*. En otra parte de la grabación, Chandler revela que está preparando algo en contra de Michael: *"Ya está todo listo. Hay otra gente involucrada en esto que está esperando una llamada de teléfono mía. Ellos están ya en posición. Les he pagado para que lo hagan. Todo está yendo según un plan certero que no es solamente mío. Una vez que haga esa llamada de teléfono, este tipo* (su abogado, Barry K. Rothman) *va a destruirlo ante la vista de todo el mundo, de la manera más desviada, sucia y cruel que pueda hacerlo. Y yo le he dado total autoridad para que lo haga. Y si llevo esto a cabo, ganaré. No hay forma de que yo pueda perder. Lo he chequeado todo de arriba a abajo. Tendré todo lo que quiero, y será destruido para siempre. June perderá a Jordy y la carrera de Michael estará acabada"*.

"¿Esto le ayudará al niño?" Preguntó Schwartz. *"Eso no tiene importancia para mi"* –respondió Chandler–. *"Va a ser más grande que todos nosotros juntos. Este hombre será humillado más allá de toda creencia. No podrá creer lo que le sucederá. Será su peor pesadilla. No venderá nunca más un disco. Todo esto va a estrellarse*

contra todos y a destruirlo a la vista de todo el mundo. Va a ser una masacre si no obtengo lo que quiero". Parte de esta conversación aún hoy puede escucharse en YouTube.

Michael dejó el asunto a cargo de su abogado Bert Field y a su investigador, Anthony Pellicano. Pellicano entrevistó a Jordie Chandler el 10 de julio de 1993 y le preguntó si Michael Jackson había abusado de él. Pellicano expuso que Jordie negó en repetidas ocasiones que hubieran ocurrido actos de abuso sexual, de hecho, Jordie declaró que jamás había visto a Michael desnudo.

A esta historia comienza a sumarse la codicia de ex empleados de Michael que en el afán de obtener su tajada de dinero se contactan con los tabloides para vender "su versión" sobre "la extraña relación de Michael Jackson con los niños". Varios de estos ex empleados fueron llamados como testigos y, al declarar bajo juramento, dijeron que realmente nunca habían visto a Michael Jackson hacer algo impropio con el hijo de Chandler o cualquier otro niño. Estos ex empleados ávidos de dinero vendían a los tabloides una historia que luego desmentían ante el juez. El problema es que los tabloides seguían presentando estas declaraciones como absolutamente ciertas y comprobadas por sus "fuentes". ¿Qué fuentes? Eso no lo pueden develar porque "sus fuentes" tienen la identidad reservada.

Esta historia es mucho más larga y enredada con varios protagonistas; desde un padre celoso, codicioso y lleno de odio; un abogado con deudas majestuosas perseguido por acreedores y con más enemigos que amigos; ex empleados interesados, mentirosos e ingratos; una policía con técnicas investigativas agresivas que presionaba a los niños con mentiras humillantes hasta los medios amarillistas que montaron todo un circo y salieron de cacería de brujas.

Pero, aún faltaba una última traición para Michael, June Chandler Schwartz se había unido a Evan Chandler contra Michael Jackson. La madre de Jordan tuvo miedo de que Chandler y su abogado pudieran quitarle la custodia de su hijo.

Cuando las acusaciones de haber abusado sexualmente de un adolescente se hicieron públicas, Michael se encontraba realizando su gira mundial presentando su álbum "Dangerous". En noviembre de 1993, el vocero de Michael anunció durante una conferencia de prensa que el Rey del Pop debía cancelar el resto de su gira mundial para entrar en un programa de rehabilitación para tratar su dependencia a los analgésicos. A su regreso de Londres, el 22 de diciembre de 1993, Michael envió un mensaje en vivo a todo el mundo desde Neverland televisado vía satélite.

"Lo estoy llevando bien y soy fuerte. Como ustedes ya saben, después de mi gira, estuve fuera del país en tratamiento por una dependencia a los analgésicos. Este medicamento inicialmente se me recetó para aliviar el dolor insoportable que sufrí después de la cirugía de reconstrucción en el cuero cabelludo. Se han hecho muchas declaraciones repugnantes sobre las recientes denuncias de una supuesta conducta impropia de mi parte. Estas declaraciones sobre mí son totalmente falsas. Como he sostenido desde el principio, espero un rápido fin a esta experiencia horrible, horrible de la que he sido objeto. No voy a hablar en esta declaración acerca de las falsas acusaciones que se han hecho contra mí, ya que mis abogados me han aconsejado que este no es el momento adecuado para hacerlo. Solo diré que estoy particularmente triste por el manejo y ataque masivo de la prensa. En cada oportunidad, los medios han diseccionado y manipulado estas denuncias para llegar a sus propias conclusiones. Pido a todos ustedes que esperen a oír la verdad antes de etiquetarme o condenarme. No me traten como a un criminal, porque soy inocente.

Me he visto obligado a someterme a exámenes inhumanos y humillantes por el Departamento del Sheriff del Condado de Santa Bárbara y la policía de Los Ángeles a principios de esta semana. Tenían una orden de allanamiento que les permitió ver y fotografiar mi cuerpo, incluyendo mi pene, mis nalgas, mi parte inferior del torso, los muslos, y todas las partes que quisieron. Supuestamente, estaban buscando cualquier decoloración, manchas o cualquier otra evidencia de un trastorno de la piel llamado vitíligo sobre el que ya había hablado.

La orden de allanamiento también me obligó a colaborar con su médico para examinar mi cuerpo para determinar la condición de mi piel, si tengo vitíligo u otro trastorno de la piel. La orden también indicaba que no tenía derecho a negarme a este examen o fotografías, y si yo no cooperaba con ellos, iban a introducir mi negativa en un juicio como indicio de mi culpabilidad.

Fue la odisea más humillante de mi vida, algo que ninguna persona debería sufrir. Incluso después de sufrir la indignidad de esta búsqueda, las partes involucradas aún no estaban satisfechas y querían tomar más fotografías. Fue una pesadilla. Una horrible pesadilla. Pero si tengo que pasar por esto para probar mi inocencia, mi completa inocencia, que así sea.

A lo largo de mi vida sólo he tratado de ayudar a miles y miles de niños a vivir una vida feliz. Se me llenan los ojos de lágrimas cuando veo sufrir a un niño. Yo no soy culpable de estas acusaciones, pero si soy culpable de algo, es de dar todo lo que tengo que dar para ayudar a los niños de todo el mundo, es de amar a los niños de todas las edades y razas, es de sentir alegría de ver a los niños con su inocencia y sonrisas, es de disfrutar a través de ellos la infancia que yo no tuve. Si soy culpable de algo, es de creer lo que Dios dice acerca de los niños: "Dejad a los niños vengan a mí, y no se lo impidáis porque de ellos es el reino de los cielos" De ninguna manera creo que soy Dios, pero trato de ser como Dios en mi corazón.

Soy totalmente inocente de cualquier delito y sé que se probará que todas estas acusaciones terribles son falsas. Una vez más, a mis amigos y fans, muchas gracias por todo su apoyo. Juntos veremos el final de todo esto.

Los amo mucho y que Dios los bendiga a todos. Los amo. Adiós".

Extracto de la declaración del juez en un artículo en el periódico Newsday (1993) *"Después de que los fiscales y departamentos de la policía gastaran millones de dólares en dos jurisdicciones y de que dos jurados interrogaran a casi 200 testigos, entre ellos treinta niños que conocieron a Michael, no pudo encontrarse un solo testimonio que corroborara la acusación".*

"La policía de Los Ángeles allanó su casa de Neverland en el Valle Santa Ynez, y confiscaron videos y fotografías que Jackson se había sacado con los niños. La Policía de Los Ángeles informa que todos ellos han resultado ser totalmente inocentes. Muchos de los niños con quienes Jackson tiene amistad, entre ellos la estrella de "Mi Pobre Angelito" Macaulay Culkin, han declarado que su relación con Jackson era totalmente inocente. Cientos, quizás miles de niños han visitado el hogar de la estrella. Las acusaciones se centran en los dichos de un solo niño". The Daily Telegraph (1993)

"No se obtuvieron evidencias de los cientos de papeles, fotografías y videos incautados durante los allanamientos en Neverland y en su apartamento de Century City". The Times (1993)

"Después de haber pasado gran parte de la semana pasada viendo la colección de videos de Jackson, los oficiales admitieron que no pudieron encontrar ninguna prueba de maltrato o abuso sexual". The Times (1993)

Finalmente, Evan Chandler retiró la demanda tras lograr un acuerdo extrajudicial de 20 millones de dólares que fueron depositados para Jordan Chandler en concepto de indemnización. El documento del tribunal alega que *"el acuerdo civil de 1993 fue realizado por la compañía de seguros del Sr. Jackson y no bajo el control del Sr. Jackson. [...] El acuerdo fue por demandas globales de negligencia las cuales fueron defendidas por la entidad aseguradora del Sr. Jackson. La compañía de seguros negoció y pagó el acuerdo, pese a las protestas del Sr. Jackson y de su abogado personal".* Tanto el padre, la madre como el padrastro de Jordan Chandler recibieron un millón y medio de dólares cada uno. Como parte del acuerdo, ninguno de ellos podía volver a hablar públicamente o escribir acerca del caso. Después de todo, esto era lo que Evan Chandler había buscado desde un primer momento, desprestigiar a Michael y sacarle dinero. Sin perder tiempo y con el dinero en el bolsillo, Evan Chandler se retiró de la práctica odontológica.

Cinco meses después de que Michael falleciera, el 5 de noviembre de 2009, Evan Chandler se suicidó de un disparo en la cabeza en su apartamento de Nueva Jersey. No dejó una nota de suicidio, pero los detectives encontraron medicamentos que indicaban que Chandler sufría una grave enfermedad. La policía no dio más detalles sobre este hecho.

La acusación de 1993 fue el comienzo de una pesadilla sin fin para Michael. No podía confiar en nadie y se sentía cada vez más solo. Lo único que él hacía era dar amor y como todo ser humano, necesitaba ser amado.

La odisea se desata nuevamente una década después. El 18 de diciembre de 2003, Gavin Arvizo de 13 años acusa a MJ de abuso sexual. Michael fue acusado de siete cargos de abuso sexual, de conspiración de secuestro y de suministro de alcohol a menores, todos relativos al mismo muchacho.

Michael conoce a Gavin en el año 2000, cuando el propietario de un club de comedia cumplió el sueño de Gavin de conocer a su ídolo. El muchacho había sido diagnosticado con cáncer y le habían extirpado el bazo y un riñón. Michael organizó una campaña de donación de sangre y pagó su tratamiento de quimioterapia. Gavin visitó Neverland ocho veces, pero sólo en dos ocasiones él y su familia se reunieron con Michael. Las otras seis veces, Michael no estaba en casa o no estaba disponible. En el año 2001, no hubo visitas, pero Gavin y Michael hablaban regularmente por teléfono con respecto a su recuperación, ya que el cáncer había remitido completamente. Durante 2002, se filma el documental *"Viviendo con Michael Jackson"* realizado por el periodista británico Martin Bashir. En una de las escenas, Gavin aparece con Michael. El documental se transmite el 6 de febrero 2003.

En una escena del documental, el muchacho se muestra de la mano de Michael y apoyando la cabeza sobre su hombro. Bashir le pregunta a Michael si cree que está bien que un adulto comparta su cama con un niño. Michael le contesta que *"¡Por supuesto! Si quiere dormir en mi cama, que duerma. Yo dormiré en el piso. Tenemos cabañas para huéspedes, pero cuando los niños vienen siempre quieren quedarse conmigo. Nunca los invité a mi habitación. Ellos me preguntan, '¿Puedo quedarme contigo esta noche?' Y yo les digo: 'Si tus padres están de acuerdo, sí, puedes.'* Gavin dice que su madre está muy contenta de que él visite a Michael y que a menudo lo acompaña. Dos semanas más tarde, la madre de Gavin realiza las acusaciones contra el Rey del Pop.

El relato inocente de Michael admitiendo que había compartido su cama con niños fue mal interpretado por agentes sociales, ya que lo que Michael quiso significar fue que compartió su cama en el sentido de "cederla" a los niños que se quedaban en su hogar. Esta malinterpretación de sus dichos impulsó una investigación por el departamento de Servicios para la familia y el niño del condado de Los Ángeles. Los funcionarios de este organismo entrevistaron al muchacho y a su madre para determinar si había sido abusado sexualmente por Michael. Según los informes, el muchacho negó toda forma de abuso sexual y la investigación concluyó en que las acusaciones por abuso sexual no tenían fundamento. Durante los meses siguientes, la relación entre la familia del muchacho y Michael se deterioró. "De pronto", la madre del muchacho comenzó a tener sospechas de que Michael le daba alcohol a su hijo. Eventualmente, llevó sus sospechas al fiscal del distrito lo cual desencadenó en una investigación a gran escala por su oficina y la del Sheriff del Condado de Santa Bárbara.

Cuando las autoridades de Santa Bárbara ejecutaron la orden de allanamiento en el rancho de Michael, él estaba en Las Vegas grabando un video musical. Michael regresó voluntariamente y dos días más tarde se emitió su orden de arresto. Llegó al aeropuerto de Santa Bárbara y de allí fue conducido a la cárcel del condado.

Michael concedió una entrevista al programa *"60 Minutes"* de la cadena de televisión CBS donde relató que había sido maltratado y humillado por la policía cuando fue arrestado. Esta es la conversación que mantuvo con el periodista Ed Bradley.

Ed Bradley: *¿Cuál es tu respuesta a las acusaciones que fueron presentadas por el fiscal de distrito de Santa Bárbara que abusaste de este chico?*

MJ: *Totalmente falsas. Antes de hacer daño a un niño, me cortaría las venas. Yo nunca le haría daño a un niño, es totalmente falso. Me han agraviado. Yo nunca haría algo así.*

Ed Bradley: *¿Conoces al chico?*

MJ: *Sí.*

Ed Bradley: *¿Cómo describirías tu relación con este muchacho?*

MJ: *He ayudado a muchos, muchos niños, miles de niños, niños con cáncer, niños con leucemia. Este es uno de muchos.*

Ed Bradley: *¿Por qué construiste Neverland?*

MJ: *Porque quería tener un lugar donde poder crear todo lo que nunca tuve de niño. Por lo tanto, hay juegos, animales, una sala de cine. Siempre estaba de gira, viajando. ¿Sabes? Y, nunca tuve la oportunidad de hacer esas cosas. Así que, compensé esas pérdidas, quiero decir, yo no puedo ir a un parque de diversiones. No puedo ir a Disneylandia, como yo mismo. No puedo salir a caminar por la calle. Hay multitudes, y un auto tras otro. Y así, creo mi mundo detrás de mi puerta. Todo lo que amo está detrás de esas puertas. Tenemos elefantes y jirafas, cocodrilos, y todo tipo de tigres y leones. Y tenemos montones de autobuses llenos de niños que no llegan a ver esas cosas. Los niños enfermos vienen, y disfrutan de todo eso. Lo disfrutan de manera pura, cariñosa y divertida. Es la gente con la mente sucia la que piensa así. Yo no pienso de esa manera. Ese no soy yo.*

Ed Bradley: *¿Y crees que la gente te mira y piensa de esa manera hoy en día?*

MJ: *Si tienen una mente enferma, sí. Y si creen en la basura que leen en los periódicos, sí. Recuerda esto, simplemente porque está impreso no quiere decir que es el Evangelio. La gente escribe cosas negativas, porque ellos sienten que es lo que vende. Una buena noticia para ellos, no vende.*

Ed Bradley: *Entonces, cuando él te visitaba, ¿qué hacía? ¿Qué hacías tú?*

MJ: *Te diré exactamente. La primera vez que lo vi, estaba totalmente calvo, blanco como la nieve por la quimioterapia, muy delgado, parecía anoréxico, sin cejas, sin pestañas. Y estaba tan débil que tenía que cargarlo desde la casa a la sala de juegos, o llevarlo en una silla de ruedas, para tratar de darle una infancia, una vida. Porque me sentía mal. Porque nunca he tenido esa oportunidad de niño, ¿sabes? Sentía de esa manera. No por estar enfermo, pero por no haber tenido una infancia. Por lo tanto, mi corazón está con esos niños, siento su dolor. Él nunca había subido a un árbol. Yo tengo este árbol en Neverland. Lo llamo, "Mi árbol de las concesiones". Porque me gusta escribir canciones allí. He escrito muchas canciones allí arriba. Entonces le dije: "Tienes que subirte a un árbol. Eso es parte de tu infancia. Tienes que hacerlo". Y lo ayude a trepar. Y una vez que subió al árbol, miramos las ramas hacia abajo. Y era tan hermoso. Fue mágico. Y le encantó. Para darle la oportunidad de tener una vida, ¿sabes? Porque le habían dicho que iba a morir. Se lo dijeron a él y a sus padres les dijeron que se prepararan para su funeral, así de mal estaba. Y lo puse en un programa. He ayudado a muchos niños haciendo esto. Lo puse en un programa mental.*

Ed Bradley: *¿Qué pasó por tu mente cuando te llevaron a la estación de policía, esposado, para que te tomen una fotografía policial, que sabías que iba a dar la vuelta al mundo?*

MJ: *Lo hicieron para menospreciarme, para tratar de quitarme mi orgullo. Pero cumplí con todo. Y al final, yo quería que el público sepa que yo estaba bien, a pesar de que estaba sufriendo.*

Ed Bradley: *¿Qué pasó cuando te arrestaron? ¿Qué te hicieron?*

MJ: *Se suponía que iban a tomarme las huellas digitales, y hacer todo lo que hacen cuando arrestan a alguien. Pero me maltrataron. Me trataron con tanta rudeza que me dislocaron un hombro y el dolor me impide dormir por las noches. Me duele todo el tiempo. Este brazo. Sólo puedo moverlo hasta aquí.*

Ed Bradley: *A causa de lo ocurrido en la estación de policía.*

MJ: *Sí. En la estación de policía. Lo que me hicieron. Si usted viera lo que hicieron con mis brazos...* (Michael respira hondo para recuperarse) *Fue muy malo lo que hicieron. Está muy hinchado. No quiero hablar. Ya lo verás. Ya lo verás.*

Ed Bradley: *¿Cómo lo hicieron? Quiero decir, físicamente, ¿qué hicieron?*

MJ: *Con las esposas, me las pusieron muy apretadas en la espalda.*

Ed Bradley: *¿Detrás de la espalda?*

MJ: *Sí. Las pusieron en una posición determinada, sabiendo que iba a doler, y que afectaría a mi espalda. Ahora no me puedo mover. No me deja dormir por la noche. No puedo dormir. En una ocasión pedí usar el baño. Me dijeron: "Claro, es a la vuelta de la esquina". Una vez que entré al baño, me encerraron allí durante unos 45 minutos. Había heces por todas las paredes, el piso, el techo. Y olía tan mal. Entonces uno de los policías se asomó por la ventana e hizo un comentario sarcástico. Dijo: "¿Huele bien allí? ¿Te gusta el olor? ¿Está bueno?" Yo simplemente dije: "Está bien. Está bien". Me quedé allí sentado, esperando.*

Ed Bradley: *¿Durante 45 minutos?*

MJ: *Sí, durante 45 minutos. Luego un policía vino y dijo: "Saldrás en un segundo". Entonces agregaron otros diez minutos, y luego otros 15 minutos. Lo hicieron a propósito.*

Ed Bradley: *¿Cómo te sentiste cuando entraron en Neverland con una orden de allanamiento? ¿Qué estaban buscando? ¿Qué se llevaron?*

MJ: *Mi habitación es un completo desastre. Mis empleados me dijeron: "Michael, no vayas a tu cuarto". Me hablaban llorando. Me dijeron: "Si vieras tu habitación, te pondrías a llorar". Hay unas escaleras que suben a mi cama. Y me dijeron: "Ni siquiera se puede subir las escaleras. La habitación está totalmente destrozado". Hubo 80 policías en mi habitación, 80 policías en un dormitorio. Eso es realmente una exageración. Abrieron mi colchón con cuchillos. Cortaron todo.*

Ed Bradley: *¿Se llevaron algo de Neverland?*

MJ: *No estoy seguro de lo que se llevaron. Nunca me dieron una lista.*

Ed Bradley: *Pero dices que destruyeron tu propiedad.*

MJ: *Sí, lo hicieron. Y a la gente que trabajaba en la propiedad, los encerraron a todos fuera de la casa. Tuvieron toda la casa para ellos, para hacer lo que quisieran. Y se aprovecharon totalmente. Entraron en áreas a las que no debían, como mi oficina. Ellos no tenían órdenes de registro para esos lugares. Se aprovecharon totalmente. Y mi cuarto es un desastre total, me dijeron. Yo no creo que quiera verlo. No estoy listo para verlo todavía.*

Ed Bradley: *Entonces, ¿no has regresado allí?*

MJ: *Fui pero no a mi dormitorio. No voy a vivir allí de nuevo. Voy a visitar Neverland. Es una casa ahora. No es un hogar. Sólo voy a visitarla. ¿Qué hora es? Porque estoy muy dolorido. No me siento bien. [...] La codicia, el dinero... De alguna manera, los invadió la codicia, y alguien –no puedo decir, pero tiene que ver con el dinero. Es Michael Jackson. Mira lo que tenemos aquí. Podemos sacar dinero de esto. Eso es exactamente lo que pasó.*

Ed Bradley: *Lo que no entiendo es por qué hoy, y sé que dices que es por dinero, pero ¿por qué alguien cambiaría y diría: "Michael Jackson abusó sexualmente de mí", si no fuera cierto?*

MJ: *Debido a que los padres tienen poder sobre los niños. Ellos sienten que tienen que hacer lo que sus padres dicen. Pero el dinero es la raíz de todo mal, el amor por el dinero. Y este es un niño dulce. Y ver que cambie de esta manera, este no es él, no es él.*

Ed Bradley: *¿Así que no crees que esto viene de él?*

MJ: *No.*

Ed Bradley: *¿Procede de sus padres?*

MJ: *No, esto no viene de él. No. Conozco su corazón.*

Ed Bradley: *Por lo tanto, si eras inocente, ¿por qué pagaste, (en 1993) es decir, para mantenerlo tranquilo? Quiero decir, ¿por qué no ir a la corte, y luchar por tu buen nombre?*

MJ: *No estoy autorizado a hablar sobre eso.*

Mark Geragos: *Debes dejar por un segundo.*

Ed Bradley: *Por supuesto.*

Mark Geragos el abogado de Michael en el inicio de la causa, le dice al periodista que si quiere una respuesta tendrá que preguntarle a él.

Mark Geragos: *Recordemos lo que le ocurrió hace diez años. Fue humillado. Lo examinaron, lo fotografiaron. Lo humillaron de la peor manera en cuanto a ver sus partes íntimas y fotografiar sus partes íntimas. Y fue sometido a las situaciones más invasivas que podamos imaginar. Sólo puedo intentar ponerme en esa situación y decir, mira, si el dinero puede hacer que esto termine, tal vez era el cálculo. No sé y no quiero adivinar.*

Ed Bradley: *Pero la percepción pública es que esto ha ocurrido dos veces. Que los niños pequeños lo han acusado de abuso sexual en los últimos diez años. Y él ha hecho comentarios públicos acerca de que le gusta compartir su cama con niños. Se puede entender que el público pueda pensar que, bueno, tal vez hay algo aquí. Hay una gran cantidad de humo.*

Mark Geragos: *Bueno, mira. Hay una gran cantidad de humo. Pero muchas de las personas que soplan el humo están torciendo lo que ha ocurrido. Entiendo cuando la gente dice, ahora hay otra persona que lo acusa. Pero creo, para ser justos, que la mayoría de las personas lo comprenden. La mayoría de la gente entiende que este caso no se trata de otra cosa más que dinero.*

Ed Bradley: *Le preguntamos a la madre del acusador que hizo estas últimas acusaciones que nos diga su versión de los hechos, pero se negó y no autoriza a nadie a hablar en su nombre.*

Ed Bradley: *Acerca de ese documental británico en febrero que no te gustó...*

MJ: *Sí, no me gustó.*

Ed Bradley: *Dijiste en ese documental que muchos niños han dormido en tu habitación.*

MJ: *Sí.*

Ed Bradley: *Te citaré: "¿Por qué no puedes compartir tu cama? La cosa más amorosa es compartir tu cama con alguien".*

MJ: *Sí.*

Ed Bradley: *Hoy, ¿todavía crees que es aceptable compartir tu cama con niños?*

MJ: *Por supuesto. Por supuesto. ¿Por qué no? Si vas a ser un pedófilo, si vas a ser Jack el Destripador, si vas a ser un asesino, no es una buena idea. Yo no soy eso. Así es como nos hemos criado. Y* no he dormido en la cama con el niño. Incluso si lo hiciera, estaría bien. Yo dormí en el piso. Le di la cama al niño.

Ed Bradley: *Pero teniendo en cuenta por todo lo que has pasado...*

MJ: *¿Sí?*

Ed Bradley: *Teniendo en cuenta las denuncias, las insinuaciones, ¿por qué te pones en una posición en la que algo así pudiera ocurrir de nuevo?*

MJ: *Bueno, siempre soy más cauto. Pero nunca dejaré de ayudar y amar a la gente como Jesús dijo. Él dijo: "Continúen amando. Amen siempre. Recuerden a los niños. Imiten a los niños". No de manera infantil, sino como un niño.*

Ed Bradley: *Tú eres padre. Tienes tres hijos.*

MJ: *Sí.*

Ed Bradley: *¿Le permitirías a tus hijos dormir en la cama con un hombre adulto que no es un pariente, o dormir en el dormitorio?*

MJ: *Claro, si conozco a esa persona, si confío en ella y la quiero. Eso ha ocurrido muchas veces conmigo cuando era pequeño.*

Ed Bradley: *¿Como padre, permitirías que tus niños duerman en la misma habitación con alguien, que tiene las sospechas y las acusaciones que se han hecho en contra de ti hoy? ¿Lo permitirías?*

MJ: *Si conozco a la persona personalmente. Porque sé cómo la prensa es, y cómo la gente puede torcer la verdad, si yo conozco a la persona personalmente, absolutamente sí. Por supuesto. Yo no tendría ningún problema.*

Ed Bradley: *¿Sabes cómo ve esto mucha gente? ¿Lo entiendes?*

MJ: *¿Cómo lo ve?*

Ed Bradley: *Cómo el hecho de que tú...*

MJ: *¿Sabes qué? La gente piensa en el sexo. Están pensando en el sexo. Mi mente no funciona de esa manera. Cuando veo niños, veo el rostro de Dios. Es por eso que los amo tanto. Eso es lo que veo.*

Ed Bradley: *¿Conoces a otro hombre de tu edad, un hombre de 45 años, que comparta su habitación con niños?*

MJ: *¡Por supuesto! ¡No para tener sexo! ¡No! ¡Eso está mal!*

Ed Bradley: *Bueno, déjame decir, desde mi punto de vista, mi experiencia, yo no conozco a ningún hombre de 45 años de edad, que no son parientes de los niños, que comparten su habitación con otros niños.*

MJ: *Bueno, ¿qué hay de malo en compartir tu cama? Yo no he dicho que dormí en la cama. Incluso si dormí en la cama, está bien. No voy a hacer nada sexual con un niño. No es dónde está mi corazón. Primero me cortaría las venas. Yo nunca haría algo así. Ese no es Michael Jackson. Lo siento. Es otra persona.*

Ed Bradley: *¿Cómo afectó esto a tu carrera?*

MJ: *¿En qué afectó a mi carrera?*

Ed Bradley: *¿Qué ocurrió con tu carrera?*

MJ: *¿De qué manera?*

Ed Bradley: *¿Cómo ha impactado?*

MJ: *Mi álbum...*

Ed Bradley: *...giras, ventas de discos...*

MJ: *...es número uno en todo el mundo. En todo el mundo. Estados Unidos es el único, porque...No quiero decir demasiado.*

Ed Bradley: *¿Pero no es el número uno en los Estados Unidos?*

MJ: *Es una conspiración. Sí. No puedo hablar mucho. No puedo seguir hablando más, estoy dolorido.*

Ed Bradley: *Michael, ¿qué le dirías a tus fans, que te han apoyado a través de todo esto, y que hoy, algunos de ellos podrían tener preguntas? ¿Qué les dirías a ellos?*

MJ: *Bueno, yo les digo que los quiero mucho. Y que me conocen desde la distancia. Pero si realmente quieren saber de mí, hay una canción que escribí, que es la canción más honesta que he escrito. Es la canción más autobiográfica que he escrito. Se llama, "Infancia" (Childhood). Deberían escucharla. Esa es la que realmente deberían escuchar. Y gracias por su apoyo, los fans de todo el mundo. Los amo con todo mi corazón. Yo no tomo nada de eso por sentado. Nada de eso. Los quiero mucho, a todo el mundo.*

En las primeras etapas del caso, Michael fue representado por el abogado Mark Geragos, quien expresó a Los Angeles Times: *"Este caballero ha pasado la mayor parte de su vida donando millones de dólares y dedicando muchas horas ayudando a niños con capacidades reducidas. Eso es lo más doloroso de todo esto. Michael Jackson no tiene ninguna necesidad o deseo de hacer daño a ningún niño. Para él eso es algo repulsivo".* En abril de 2004, Geragos tuvo que abandonar la representación de Michael por temas personales y Thomas Mesereau tomó el caso.

Irene Peters, una trabajadora social que trabajaba para el departamento del bienestar del niño de Los Angeles, dijo que Gavin Arvizo había negado haber dormido en la misma cama con Michael y que nunca había abusado de él sexualmente. El muchacho le dijo: *"Todo el mundo piensa que Michael Jackson abusó sexualmente de mí. Él nunca me ha tocado".* En el juicio, el muchacho testificó que Michael era su "mejor amigo", que había dormido en la misma habitación, pero no en la misma cama.

Esta no era la primera vez que la madre de Gavin, Janet Arvizo, realizaba acusaciones de este tipo. La familia tenía antecedentes de pedir compensaciones económicas en base a acusaciones falsas y también de robo en un centro comercial.

Finalmente, el 13 de junio de 2005, luego de cuatro meses de juicio, de escuchar el testimonio de 130 testigos y de que el jurado deliberara durante 32 horas, se leyó la lectura del fallo la cual fue televisada en directo. Alrededor de dos mil periodistas y una multitud de fans esperaban el veredicto, que finalmente fue unánime por parte de los doce miembros del jurado: INOCENTE DE TODOS LOS CARGOS. El Jurado no encontró pruebas que demostraran que Michael había abusado sexualmente del menor.

Es muy importante destacar la actuación ejemplar del equipo que defendió a Michael, los abogados Thomas A. Mesereau y Susan C. Yu.

El 14 de junio de 2005, Tomas Meserau conversó con Larry King en su programa *Larry King Live* sobre el juicio y sobre Michael expresando que *"Es un cliente maravilloso. Él es uno de los clientes más fáciles con los que he tenido que tratar en mi experiencia. Es muy amable. Muy gentil y muy cooperativo. Es una persona muy honorable y decente. Disfruté muchísimo representarlo y lo considero un amigo".*

Larry King le pregunta si compartía la opinión de quienes decían que la fiscalía estaba obsesionada con Michael Jackson. Mesereau responde que *"Sí, lo comparto por completo. Creo que no fueron objetivos en este caso. No fueron objetivos sobre sus testigos. No fueron objetivos acerca de las teorías que intentaban demostrar, las cuales eran improbables, ya que eran falsas. Y creo que su obsesión realmente los perjudicó. [...] Nunca investigaron a fondo al acusador y a su familia, en mi opinión. Y si nos fijamos en las primeras entrevistas con los acusadores, la policía, básicamente, acepta la historia de los acusadores incluso antes de investigar quiénes son. Fuimos realmente nosotros quienes encontramos todos los problemas con los testigos, su historia y sus antecedentes. La fiscalía hizo la vista gorda a lo que realmente estaba pasando. Y creo que incluso en medio del juicio, intentaban negar la realidad, la cual se encontró con ellos".* Mesereau agrega que *"Fue una historia inventada por los acusadores principales, y, desde luego, la fiscalía trató de crear la impresión de que otras personas habían sido abusadas. Todas ellas vinieron y declararon lo contrario".*

Sobre la versión de que Michael compartía su cama con los niños, Thomas Mesereau explica que *"Esta noción de que él duerme con niños fue un invento de la fiscalía. Michael dijo muy abiertamente que permite que las familias entren en su habitación. Ahora, su habitación es del tamaño de un dúplex. Se trata de dos niveles. Varias madres durmieron allí, padres durmieron allí, hermanas y hermanos durmieron allí. La fiscalía inventó esta historia acerca de que dormía con niños, porque pensó que conmocionaría al jurado, y fracasaron. Pero sí, hemos tenido que explicar al jurado quién es Michael Jackson, que es un espíritu muy creativo, un alma muy gentil, un músico brillante, un coreógrafo brillante, y una persona muy sensible, que está muy preocupado por el mundo y los problemas en el mundo. Y que tiene un espíritu muy infantil y la esencia de él atrae a los niños de todo el mundo".*

Larry King le pregunta qué le dijo Michael cuando se leyeron los diez cargos. Thomas Messereau responde que dijo una sola palabra, *"Gracias, gracias, gracias. Su primera reacción fue de gratitud. Gratitud a Dios, el agradecimiento a su equipo de defensa. Gratitud a su familia y amigos. Eso es realmente todo lo que dijo"*.

Thomas Mesereau también habló sobre el comportamiento de los medios de comunicación durante el juicio. *"Creo que hemos desarrollado una industria de aspirantes a expertos que no son profesionales, que no tienen experiencia, que son muy aficionados sobre sus comentarios acerca de lo que sucede en los tribunales y que están dispuestos a dar su opinión cuando ni siquiera están allí. Y creo que se ha convertido en un teatro del absurdo, y que llegaron a su nivel más bajo en este caso. [...] Cuando tomaba un descanso en mi apartamento, encendía el televisor. Y mucho de lo que se decía era terrible: los errores de hecho, la parcialidad evidente entre las personas de Court TV, que en realidad parecían ser un brazo de la fiscalía en este caso. Fueron muy aficionados, muy poco profesionales y muy alarmantes"*.

Sobre su evaluación de la actuación de la fiscalía en el tribunal, Thomas Mesereau expresa *"Eran muy agresivos y estaban muy preparados y muy decididos. Creo que su mayor problema fue que no fueron objetivos sobre su caso. Creyeron en las cosas que querían creer. Trataron de probar teorías que eran absurdas. Y trataron de satanizar a Michael Jackson en una forma que parecía absolutamente ridícula cuando se da un vistazo a la evidencia. Se excedieron muy por encima del límite, y esto los perjudicó"*.

Seth Riggs, entrenador vocal de Michael durante 32 años: [...] *"La gente constantemente intentaba sacarle dinero. Un muchacho lo acusó de abuso sexual. Cuando el juicio terminó, Michael fue absuelto. Más tarde, el muchacho admitió que su padre lo había convencido de decir esas cosas, y que nada era cierto. Luego, el padre se suicidó. Hay muchas cosas que la gente no comprende sobre Michael. Él jamás, de ninguna manera habría molestado a un niño. Sólo les dio demasiadas palomitas de maíz y helados"*. [...]

Dos semanas después de haber sido absuelto de los 10 cargos que pendían en su contra, Michael publicó una carta en su sitio web en la cual agradece a sus fieles admiradores y familia diciéndoles que no habría podido sobrevivir el juicio sin su apoyo: *"Sin Dios, mis hijos, mi familia y ustedes, mis fans, yo no habría podido seguir. Su amor, apoyo y lealtad lo hicieron posible. Ustedes estuvieron ahí cuando realmente lo necesitaba. Nunca los olvidaré. Su amor me acogió, secó mis lágrimas y me guió. Atesoraré su devoción y su apoyo por siempre. Ustedes son mi inspiración".*

Los medios

*"Ya lo dije antes, deberíamos juntarnos con los fans
y hacer una montaña con los tabloides y prenderles fuego".*
Michael Jackson

¿Qué sucedió con el periodismo? ¿Por qué algunos periodistas se ensañaron tanto con Michael? ¿Por dinero? ¿Por fama? ¿Por rating? ¿Por obtener algún tipo de reconocimiento en el medio para el cual trabajaban? En mi necesidad de comprender la extraordinaria influencia del "cuarto poder" en la opinión pública y cuál es el verdadero papel que deben ejercer los medios de comunicación, comencé a investigar sobre las diferentes clases de periodismo, sobre su código deontológico, su ética y deontología profesional. Descubrí un mundo tan interesante como pavoroso.

Veamos las diferentes definiciones de la real Academia Española:

Periodista: 1. com. Persona legalmente autorizada para ejercer el periodismo. 2. com. Persona profesionalmente dedicada en un periódico o en un medio audiovisual a tareas literarias o gráficas de información o de creación de opinión.

Medio de Comunicación: 1. m. Órgano destinado a la información pública.

Existen tres clases de periodismo, el periodismo informativo, el periodismo interpretativo o investigativo y el periodismo de opinión. El objetivo del género informativo es brindar información de actualidad y su función principal es exponer los hechos. Este género incluye a las noticias y entrevistas. La noticia es el relato de un acontecimiento de actualidad que suscita el interés del público. El periodista tiene la responsabilidad de narrar con la mayor objetividad y veracidad posibles cómo se han producido esos acontecimientos o hechos. La entrevista reproduce una conversación entre entrevistador y entrevistado.

El género interpretativo o investigativo profundiza sobre la información y su finalidad principal es relacionar la actualidad con su contexto. Su función principal es la explicación. El reportaje, la crónica, la crítica y el ensayo periodístico serían textos interpretativos.

En el género de opinión, el periodista toma partido por una postura u otra a partir de la información que tiene. Tratará de convencer al lector de que su posición sobre el tema es la correcta. Su función es persuadir al receptor. El editorial, la columna o el artículo son expresiones de este género de opinión.

Reportaje: Es una narración ampliada, exhaustiva y documentada de un suceso. Se complementa con la fotografía para hacer más comprensible el mensaje. Expone detalladamente descripciones de lugares, sucesos, personas y hechos. Crónica: Enmarca lo que ha pasado y lo interpreta, pero directamente sobre los hechos, no hay opinión. Editorial: En este caso, la interpretación no parte de un periodista en particular sino de la empresa periodística. (Fuente: Profesionales en Línea, *Géneros Periodísticos*.)

Ryszard Kapuscinski, periodista y maestro de la *Fundación Nuevo Periodismo Iberoamericano*, creada y presidida por Gabriel García Márquez expresó: "*Un periodista debe ser un hombre abierto a otros hombres, a otras razones y a otras culturas, tolerante y humanitario. No debería haber sitio en los medios para las personas que los utilizan para sembrar el odio y la hostilidad y para hacer propaganda. El problema de nuestra profesión es más bien ético*".

La declaración de principios básicos de la Federación Internacional de Periodistas destaca el *respeto a la verdad y a la libertad de prensa, la condena de la información oculta y la fal-*

sificación de documentos, el uso de métodos justos para conseguir noticias, la obligación de rectificar y desmentir la información que resultase falsa y el secreto profesional.

El documental *"Viviendo con Michael Jackson"* fue emitido por la cadena británica ITV1 el 3 de febrero de 2003. Michael accedió a la propuesta del periodista Martin Bashir de hacer el documental bajo la premisa de mostrar "la verdad" sobre su vida y su intimidad. Michael le dio acceso a su vida privada confiando en la palabra honesta del periodista. Sin embargo, este profesional del periodismo traicionó a Michael editando y eliminando escenas del video y manipulándolas de tal manera que tergiversó por completo la imagen de Michael. Poco tiempo después, se transmitió *"Living with Michael Jackson, Take two"* ("Toma Dos"), con las escenas completas grabadas con cámaras del propio Michael.

"Yo confié en Martin Bashir y le permití entrar en mi vida y la de mi familia porque quería que se dijera la verdad. Martin Bashir me convenció para que yo confiara en él, dijo que el suyo sería un retrato honesto y justo de mi vida y me dijo que él había sido el hombre que transformó la vida de Diana. Me sorprende que un periodista profesional ponga en peligro su integridad engañándome de esta manera. Hoy en día me siento más traicionado que nunca antes; que alguien que llegó a conocer a mis hijos, a mis colaboradores y a mí, a quien le abrí mi corazón y dije la verdad, pudo sacrificar la confianza que había depositado en él y producir este terrible programa injusto. Todo el mundo que me conoce sabe la verdad, que mis hijos son lo primero en mi vida y que yo jamás haría daño a ningún niño. También quiero dar las gracias a mis fans en todo el mundo por la inmensa cantidad de mensajes de apoyo que he recibido, sobre todo de Gran Bretaña, donde la gente me ha enviado e-mails y me han contado lo horrorizados que estaban por la película de Bashir. Su amor y apoyo me ha tocado mucho".

Doctor Patrick Treacy: *"Hay dos tipos de medios de comunicación funcionando en la actualidad en nuestra sociedad, uno, como la BBC que adopta la objetividad y considera que su función es proporcionar documentales y comentarios de prensa escrita creí-*

bles para sus oyentes y lectores. Este tipo de periodismo profesional generalmente no necesita complacer a los anunciantes con un alto volumen de ventas, una alta gestión de audiencias o números de ABC. El otro tipo de periodismo escribe historias sólo para complacer a los anunciantes. Estas suelen ser subjetivas, carecen de credibilidad y se acercan a los límites de la legalidad. Sus fuentes de información a menudo carecen de las credenciales adecuadas y pueden ser poco confiables. Desafortunadamente, la mayoría de la gente en nuestra sociedad occidental está mal informada o mal educada y, a veces puede no ser capaz de diferenciar los componentes subjetivos de la credibilidad de una fuente o un mensaje. Los medios de comunicación juegan con estas personas para generar ventas de sus publicaciones. Para vender un alto volumen deben escribir sobre alguien conocido por mucha gente. La ausencia de leyes en este mercado conduce a la difamación de carácter grave y esto es jurídicamente más fácil cuando la persona en cuestión ha fallecido".

La gran mayoría de los medios de prensa sensacionalistas de los Estados Unidos se ensañaron con Michael, y a estos los siguieron los tabloides alrededor del mundo. Veamos el significado de la palabra *"sensacionalismo"* según la RAE; *m. Tendencia a producir sensación o emoción en el ánimo con noticias, sucesos, etc.*

El sensacionalismo es una modalidad más del periodismo. Es una técnica, un estilo, una forma de presentar la realidad y de interpretarla. Los periodistas pueden seguir las pautas del sensacionalismo y, sin embargo, brindar una información veraz y valiosa. El buen sensacionalismo no tiene por qué *sembrar el odio y la hostilidad*, e "informar" creando mentiras y faltando el respeto.

Me impresiona el sarcasmo y la ironía que se puede percibir en el tono de voz y la expresión en el rostro de la periodista Diane Dimond, que cubriera el juicio a Michael para Court TV, cuando habla sobre MJ para E News: *"Él es Michael Jackson y vive para ser extraño. Él está en caída libre, y debemos estar atentos para ver cómo se estrella".* Se burla abiertamente de Michael con su lenguaje corporal, y de su mirada desprende tanto odio como de sus palabras. Espanta, realmente, que como espectadores recibamos este tipo de comentarios de periodistas que se supone deben persuadirnos sin odio y sin hostilidad de que su posición es correcta. Espanta mucho más que creamos y tomemos como palabra calificada y final lo que escuchamos sin analizar esos dichos o investigar sobre los hechos. Sin embargo, estoy convencida de que ningún periodista con un escrito o documental falaz logrará superar jamás a escritores y periodistas con una conciencia ética, profesional y humana orientados a hacer su trabajo con honradez e imparcialidad. Nosotros, como sociedad, tenemos la obligación de no perder la libertad de pensar por nosotros mismos, y de no absorber como esponjas lo que los medios nos informan sin analizarlo. ¿Recuerdan las palabras de Michael en aquella entrevista con el periodista Ed Bradley? *"Simplemente porque está impreso no quiere decir que es el Evangelio. La gente escribe cosas negativas, porque sienten que es lo que vende. Una buena noticia para ellos, no vende".*

¿Por qué "compramos" las noticias o contenidos más desagradables o bizarros? ¿Por qué se prefiere lo morboso a lo constructivo? ¿Por qué la gente se inclina por el morbo? Debemos reconocer que si existe una oferta de contenidos amarillos, se debe a que hay un público que lo demanda. El periodismo amarillista sobrevive debido a la cantidad de público que lo sigue. Pero, ¿hasta dónde puede llegar el periodismo para captar audiencias y ganar dinero? ¿Cuáles son los límites del periodismo? ¿Existe límite alguno? En el caso de Michael, los medios sensacionalistas traspasaron los límites del mal gusto. Es escalofriante la perversidad con que pueden tergiversar la información, y aún más escalofriante es que "la sigamos comprando".

Michael escribió varias canciones acerca del acoso y maltrato que recibió de los tabloides. En su canción *"Tabloid Junkie"* –*"Prensa Basura"*–, Michael dice: *"Es una calumnia. Dicen que no es una espada, pero con el lápiz torturan a los hombres y crucifican al Señor. Y ustedes no tienen que leerlo. No tienen que tragarlo. Comprarlo es alimentarlo. Entonces, ¿por qué seguimos engañándonos? Sólo porque lo lean en una revista o lo vean en la pantalla del televisor, no lo hace real. Sin embargo, todo el mundo quiere leer sobre ello".*

Otra canción es *"Privacy"* – *"Privacidad"* en la que Michael hace referencia a lo sucedido a Lady Di a raíz de la persecución de los paparazzi.

¿No es suficiente con las fotos? ¿Por qué llegan tan lejos para conseguir la historia que necesitan para poder enterrarme? [...] ¿No me van a dejar en paz? [...]

Necesito mi privacidad, necesito mi intimidad. Así que, Paparazzi, aléjense de mí. Algunos de ustedes aún se preguntan por qué una de mis amigas tuvo que morir.

[...] Mi amiga fue perseguida y confundida, como muchos otros que yo conocía, pero en aquella fría noche de invierno, arrebataron mi orgullo. Ahora ella no tiene una segunda oportunidad, fue ridiculizada y acosada. Por favor, díganme por qué. [...]

[...] Las historias se tergiversan. Dejen de atacar mi integridad.

El 16 de junio de 1995, Michael lanzó el álbum *"HIStory: Past, Present and Future, Book I"*. La mayoría de las canciones se refieren a las acusaciones de 1993 y los malos tratos que recibió de los tabloides. En una de las canciones, *"Money"* –*"Dinero"*–, Michael habla sobre la codicia y la injusticia. Parte de la letra dice: *"Dinero, dinero... Miente por él, espía por él, mata por él, muere por él... Así que lo llamas confianza, pero yo digo que sólo es el juego del diablo, de la gula y la avaricia. No les importa, irían por mí por el dinero. Les da igual, me utilizan por el dinero. Así que vas a la iglesia, lees la Biblia. En la trama de la vida todo es absurdo. No les importa, matarían por dinero.* La canción finaliza con una frase hablada de Michael: *"Si lo quieres, gánatelo con dignidad".*

En su libro autobiográfico *"Moonwalk"* Michael escribe: *"Los medios de comunicación escriben cosas raras sobre mí todo el tiempo. La distorsión de la verdad me molesta. Por lo general no leo mucho de lo que se imprime, aunque a menudo oigo hablar de eso.*

No entiendo por qué sienten la necesidad de inventar cosas sobre mí. Supongo que si no hay nada escandaloso para informar, es necesario hacer que las cosas sean interesantes".

A pesar de todo el maltrato recibido por parte de los medios, la esencia de Michael era tan noble y grande que supo perdonar y olvidar, pero su corazón ya había sido dañado y no había retorno. En la entrevista que le hiciera Oprah Winfrey en su rancho Neverland en 1993, Michael responde sobre el rumor de que estaba durmiendo en una cámara hiperbárica porque no quería envejecer: *"Eso es estúpido. Es un completo invento. Me da vergüenza. Estoy dispuesto a perdonar a la prensa o a cualquiera, porque me enseñaron a amar y a perdonar, es lo que tengo en mi corazón, pero por favor, no crean estas cosas locas y horribles".*

Está claro que los tabloides son capaces de deformar la verdad para atraer la atención del público y aumentar las ventas. Michael y muchas otras personas famosas, como Diana Spencer –perseguida por los *paparazzi* hasta el día de su muerte– son el triste ejemplo de la acción poderosa y manipuladora que ejercen los medios de comunicación y con cuánta indolencia acechan, acosan, calumnian, humillan y despedazan a las personas destruyendo sus vidas. En definitiva, mi intención es crear una conciencia de "la verdad", demostrar lo fácil que podemos ser engañados con titulares y noticias falaces y la manera en que algunos medios de comunicación pueden controlar nuestra visión acerca de la realidad. Está en nosotros aprender a adoptar una postura crítica ante la información recibida, sólo así seremos dueños de nuestros propios pensamientos.

Capítulo IV

Las visitas de Michael

> *"La música ha sido mi desahogo, mi regalo paratodos los amantes de este mundo. A través de ella, mi música, sé que viviré para siempre".*
> Michael Jackson - 2007

Ley de la Atracción, Sincrodestino, Matriz Divina, Comunión Energética, Sueños Premonitorios; todos estos temas me llevan a Michael y a recordar sucesos que vienen ocurriéndome desde mi infancia.

Desde el 25 de junio de 2009 tuve la gran bendición de soñar varias veces con Michael. En todos los sueños, la sensación fue celestial, casi divina, una sensación maravillosa e indescriptible de profunda paz y quietud. A estos sueños, yo les llamo *"las visitas"* de Michael. Pero antes de relatarles *"la visita"* más impactante que me hizo Michael, permítanme contarles varios sueños que tuve durante mi vida y que me sorprendieron profundamente por el mensaje que cada uno de ellos encerraba.

Mi primer "sueño" extraño –y escribo entre comillas porque es el día de hoy que sigo estando completamente segura de que no estaba dormida– lo tuve a la edad de seis o siete años. De pronto, me despierto tranquila a mitad de la noche y miro hacia la puerta de mi habitación, la cual estaba a la derecha de mi cama, en diagonal. En la oscuridad, veo la imagen de una señora parada en la puerta. Siempre que cuento esto, mis ojos se llenan de lágrimas como una reacción involuntaria, no por alguna emoción en particular, simplemente se me llenan de lágrimas. Esta señora parecía tener el cabello muy largo el cual le llegaba hasta el ruedo del camisón o vestido que llevaba puesto. Me quedé mirándola pensando que era mi mamá que me traía la taza de café con leche que me gustaba beber todas las noches antes de dormir. Pero... eso ya había sucedido... ¿Otra vez me traía la leche? La señora comenzó a acercarse a mi cama, pero no caminaba, era como si flotara o como si se deslizara sobre ruedas. Cuando más se acercaba, más comenzaba a darme cuenta de que no era mi mamá. Empecé a sentir un poco de miedo y cuando la señora estuvo muy cerquita de mi cama a mi derecha, extendió su mano como para acariciarme. En ese momento, pensé: "Mejor me doy vuelta para el otro lado y cierro los ojos". Así lo hice y me quedé dormida otra vez. Todo esto debió durar unos pocos segundos. Ya de adolescente y de adulta cada vez que recordaba este sueño, me di cuenta de que tal vez el cabello largo no era cabello, sino un velo o un manto y me gusta pensar que esa señora suave que vino a visitarme esa noche era la Virgen María...

Mi segundo sueño extraño fue con una dirección en el barrio de San Cristóbal, barrio vecino de San Telmo en Buenos Aires. Era principios de los años 80 y ya estaba de novia con quien hoy es mi marido y amor de toda la vida, Oscar, que en aquella época vivía en San Telmo. Una noche soñé que tenía que avisarle a Oscar que tenía que ir a entregar una mercadería a la dirección Humberto 1º 1352. Le cuento mi sueño a Oscar y le pregunto si sabe qué hay en esa dirección, pero él no tenía idea. Un fin de semana decidimos ir a investigar. Para nuestra sorpresa, nos encontramos con un convento de monjas de clausura, el Convento San José. Decidimos entrar y averiguar si podíamos contarle a alguna monja el sueño que yo había tenido. Nos atendieron muy rápido y por detrás de una ventana de chapa, ya que tienen prohibido tener contacto con el exterior. Nunca pude encontrar el mensaje en este sueño, pero recuerdo que tanto Oscar como yo salimos de aquel lugar con mucha paz y sintiendo que nuestro amor había sido bendecido.

Mi tercer sueño extraño fue durante la última tarde de nuestra luna de miel. Ese día, por la mañana, habíamos salido a comprar unos regalos para llevar a nuestras familias. Yo me había estado sintiendo algo compungida porque al salir para nuestra luna de miel, con el apuro y toda la familia alrededor, había pasado por alto saludar a mi abuelo, quien tampoco había podido asistir a nuestra boda por tener un problema en un pie y no poder calzarse. Salí de viaje con ese pesar y sentimiento de culpa. Esa última tarde, antes de viajar de regreso a Buenos Aires, mi marido y yo dormimos una siesta. Durante la siesta, soñé con mi abuelo. Soñé que había fallecido y veía que mi papá y mis hermanos cargaban su féretro. Me desperté más angustiada aún y le pedí a mi marido que antes de tomar el micro de regreso fuésemos a comprarle un regalito especial para él. Cuando finalmente llegamos a la casa de mis padres, noté que todos tenían una actitud muy extraña. Después de los saludos de bienvenida y demás, nos contaron que mi abuelo estaba internado, en coma, porque unos matones habían entrado de noche a robar los autos del garaje donde él trabajaba y lo habían golpeado y pateado en la cabeza y el rostro hasta dejarlo inconsciente. Enseguida recordé mi sueño. Desde ese momento comencé a prestarles mucha atención. Gracias a Dios, mi abuelo sobrevivió a ese ataque y pude darle el beso y abrazo que no le había dado antes de mi viaje de luna de miel. Unos años más tarde, mi abuelo falleció por otros motivos de salud.

Mi cuarto sueño extraño y premonitorio fue durante el transcurso de mi segundo embarazo. Simplemente soñé que el bebé que esperaba nacería el 26 de febrero. Y así fue. Mi segundo hijo, Damián, nació el 26 de febrero de 1992.

Mi quinto sueño extraño fue al regreso de unas vacaciones en nuestra bella Patagonia. Como era un viaje muy largo para hacerlo en un mismo día, nos detuvimos en Sierra de la Ventana para pasar la noche. A la mañana siguiente, ya en la ruta, recuerdo lo que había soñado y se lo cuento a mi marido. Había soñado con un primo hermano de mi mamá y su madre, o sea mi tía abuela. Yo hablaba con ellos sobre la prima hermana de mi mamá y les decía: "Pobre prima. ¿Cómo está ahora?" Eso fue todo. Hacía mucho que no los veía y tampoco los había recordado durante el viaje como para soñar con ellos. Cuando llegamos a Buenos Aires, mi mamá me cuenta que su prima hermana estaba internada bastante grave.

Esos son los sueños más extraños que había tenido en mi vida hasta que empecé a soñar con Michael. Fueron cinco o seis veces que Michael me "visitó" en sueños, pero su visita más importante me la hizo el 23 de octubre de 2010 durante una pequeña cirugía que tuvieron que practicarme bajo anestesia general. Cuando desperté en la habitación de la clínica, mi marido me dijo que lo primero que le dije apenas volví del quirófano y aún entre dormida fue: "Soñé con Michael".

Apenas me dijo esto, ¡lo recordé! ¡Qué hermosa sensación! ¡Michael había estado allí a mi lado! Recordé a Michael de pie al lado de la camilla, a mi izquierda. Su aspecto era como se veía en This Is It, como en la escena donde ensayan "The Drill", sólo que vestía una chaqueta roja. Estaba allí, de pie, a mi lado, pero no me miraba a mí directamente, miraba hacia los médicos, muy serio, sereno, calmo. Llevaba puestos sus anteojos negros. La sensación es que no fue un sueño que salió de mí, sino que estaba fuera de mí... Es muy difícil de explicar... Sentí que Michael había estado allí cuidándome, y vigilando que los médicos hicieran bien su trabajo. Sentí mucha sensación de paz por su compañía y cuidados, como una bendición...

Khalil Gibran decía *"Creéis en sueños y vivís vuestra vida más rica mientras dormís. Por ello todos vuestros días debierais pasarlos dando gracias por lo que habéis recibido en el silencio de la noche. A menudo pensáis en la noche y habláis de ella como si fuera la estación del reposo pero, en verdad, la noche es la estación de la búsqueda y del encuentro. El día os da el poder del conocimiento y enseña a vuestros dedos a ser diestros en el arte de recibir; pero es la noche la que os conduce a la casa de tesoros de la Vida".*

Esta "conexión de amor" que me une a Michael, no es en sentido figurado. La ciencia ha demostrado que, en realidad, "Todos Somos Uno" de manera literal. Es un "lazo cósmico", una conexión extraordinaria con la frecuencia más elevada de Michael... Como un imán... Un imán sanador.

Me gustaría compartir con ustedes un evento mágico que me sucedió en el año 2009, unos meses después del 25 de junio. Más visitas –o señales– amorosas de Michael. Como ya les conté, me encanta leer libros espirituales, libros que nutran mi alma y me enseñen a transitar este camino hacia la espiritualidad. Mis dos autores favoritos son el doctor Wayne Dyer y el doctor Deepak Chopra. Hace cuatro o cinco años, había empezado a leer el libro del doctor Wayne Dyer *"Tus zonas mágicas"*. Me parecía fascinante, pero por alguna razón dejé de leerlo en la página treinta y algo y lo guardé.

En 2007, con mi esposo e hijos nos mudamos de casa. Yo había guardado todos los libros en dos cajas para poder encontrarlos fácilmente. Una vez mudados en nuestra nueva casa, pusimos todo en su lugar menos lo que estaba embalado en tres cajas que contenían fotos y algunos adornos, ya que necesitábamos comprar un mueble donde guardar esas cosas.

En octubre o noviembre de 2009, finalmente decidí abrir una de las cajas que contenían las fotografías de mi familia. Para mi sorpresa, entre las fotografías me encontré con el libro del doctor Wayne Dyer *"Tus zonas mágicas"* y comencé a leerlo de nuevo. Lo abrí en la página donde había dejado de leer y decidí seguir desde allí. Pero luego pensé que sería una buena idea volver a leerlo desde el principio. Así que empecé desde el capítulo 1. Nunca había leído las primeras páginas o la letra pequeña. Una vez más, el libro me pareció fascinante, pero esta vez me sentía más atraída por su "magia".

Un día, después de almorzar con mi esposo, le dije –¡Mira! *Encontré este libro entre las fotos. No tengo idea de por qué estaba allí, en esa caja. Empecé a leerlo de nuevo y es maravilloso.* Preparé café y continué. *–Me gustaría leerte algo.* –Y le leí algo del primer capítulo. Luego, tuve el impulso de leer las primeras páginas del libro y la dedicatoria del doctor Dyer. Empecé a leerla para mí y noté que el doctor Dyer le había dedicado el libro a su hija, y a dos amigos muy especiales, el doctor Deepak Chopra... Allí detengo mi lectura para decirle a mi marido –*Mira, le dedicó este libro a Chopra.* –Y empecé a leer la dedicatoria completa otra vez en voz alta para mi marido.

"A nuestro milagro espiritual, que apareció en la forma de nuestra hija Saje Eykis Irene Dyer contra todo pronóstico y es dicha pura en acción.

Y a mis dos especialísimos amigos: El doctor Deepak Chopra, mi hermano espiritual, que me da la mano en el amor al tiempo que hacemos pública nuestra visión sin límites.

Michael Jackson,"...

¡Casi dejo de respirar! ¡No lo podía creer! ¡Nunca había leído esta página! Tenía este libro desde hacía cinco años y nunca había leído que el doctor Dyer se lo había dedicado ¡a Michael! Mi corazón latía rápido... Seguí leyendo en voz alta... –*"Michael Jackson cuyas letras, música y amor nos recuerdan..."* –Era imposible para mí continuar... Rompí en llanto. Mi marido me miraba asombrado... Como pude, me calmé y continué... –*"Michael Jackson cuyas letras, música y amor nos recuerdan que sólo dando sobrevivimos".* –Y lloré mucho más... desconsoladamente... Esta es otra de las razones por las que siempre digo que Michael me eligió a mí... Me tomó de la mano y me está enseñando a descubrir el camino hacia un Amor Universal.

El doctor Wayne Dyer escribe en su blog una hermosa nota sobre *"Tus zonas Mágicas"* y Michael. *"En 1992, cuando llegó el momento de escribir la dedicatoria para mi libro Tus zonas mágicas, decidí reconocer a tres personas especiales — a mi querida hija Saje, a mi hermano espiritual Deepak Chopra, y a mi amigo súper estrella pop Michael Jackson. Quise dedicar a Michael "cuyas letras, música y amor nos recuerdan que sólo dando sobrevivimos". Michael Jackson tenía una relación especial con los principios de Tus zonas mágicas, la idea de "crear milagros en la vida de todos los días". Con su enorme talento musical, creó un producto que llevó alegría a millones. Mis hijos y yo pasamos cinco días muy felices con él en Neverland en 1991. Él quería hablar conmigo sobre "las zonas mágicas" pero la verdad es que él ya tenía esa magia – el poder necesario para soñar, crear y dar. Michael estaba avocado a terminar con el hambre mundial y en 1985 ayudó a crear "We Are the World", que congregó a unos de los nombres populares más importantes de la música popular para reunir fondos para aliviar el hambre en África. No era necesario que le explicara a Michael "las zonas mágicas" porque él ya era un ser espiritual, ya era amable y amoroso, listo para utilizar su talento musical para crear milagros. Junto a millones de personas alrededor del mundo, te digo, Gracias Michael, por compartir tu asombroso don para elevar nuestros espíritus. Te recordaré como un hermoso ser humano con un corazón tan grande como el cielo". Namaste, Wayne*

En otra oportunidad, leyendo y buscando material del doctor Dyer en Internet, me encuentro con un audio en el cual el doctor Dyer contesta preguntas a la audiencia sobre cómo sobrellevar la pérdida de un ser querido. Comienzo a escucharlo y nuevamente mi corazón salta en mi pecho cuando el doctor Dyer le dice a su entrevistadora que le gustaría hablar unos minutos sobre Michael Jackson.

"Quiero hablar acerca de Michael, sólo unos minutos. Escuchaba a Deepak, con quien he estado hablando todos los días durante la última semana debido a algunos problemas de salud que tengo, y él decía en CNN que Michael fue probablemente el hombre más espiritual que él había conocido, y me adhiero a ese pensamiento. Michael me llamó un día, en 1991, luego de que yo escribiera 'Tus Zonas Mágicas', y me preguntó si me gustaría visitarlo con mi familia, la cual es bastante numerosa. Mis ocho hijos y mi esposa vinieron conmigo y pasamos cinco días en Neverland con él. Charlamos en la cima de una montaña a solas. Me preguntó: '¿Existe tal cosa? ¿Las zonas mágicas? ¿Qué es? ¿Cómo doy esto? Quiero saber. Estaba muy entusiasmado.

Me preocupa cuando recibo mails o mensajes sobre gente que acusa a este hombre. Me preocupa mucho porque era el ser humano más amable, dulce y hermoso. Y le confié a mis hijos, obviamente.

Cuando Michael estaba en el condado de Santa María, la policía estaba en Neverland. El fiscal realmente quería hacer algo para ir tras él. Según los informes, había 76 autos policiales en el condado y enviaron 74 a su rancho en busca de evidencias que apoyaran las acusaciones de una mujer que había hecho una carrera en perseguir famosos para hacer dinero. En el mismo condado había varios sacerdotes que, no sólo habían sido acusados, sino que habían admitido haber abusado sexualmente de niños, pero no enviaron ningún auto a buscarlos. Presentaron al jurado las pruebas que encontraron, que no eran personas amigables con él. Y los doce lo absolvieron de todos los cargos. Así que, sé con absoluta certeza que es un hombre que jamás habría hecho algo que pudiera dañar a nadie. Él mismo era como un niño. Era el ser humano más amable, decente y espiritual con quien tuve el placer de pasar un tiempo. Le dediqué uno de mis libros y al observar su enorme talento y el compromiso que tenía para terminar con el hambre en el mundo... Él personalmente se encargó de reducir el número de personas que mueren de hambre en este planeta ¡a la mitad! En los años 80 y 90 con 'We are the World' y no se llevó un solo centavo. Cuando estuve en el rancho, todo estaba preparado para niños discapacitados, el cine, el parque de diversiones, todo estaba preparado para que los niños que estaban hospitalizados, enfermos o con muletas pudieran experimentar la alegría de ser niño. Era un ser humano hermoso y quedará en la historia como uno de los mejores artistas, pero más que un gran artista, fue un gran hombre que tuvo una vida tortuosa en los últimos años. Creo que ser acusado de esas cosas, cuando su corazón era tan puro, creo que causó grandes estragos. Les decía a mis hijos anoche que cualquiera puede acusar. Pudieron hacer acusaciones cuando mi esposa y yo nos separamos. Conozco gente. Un amigo médico tuvo un romance, su esposa se enojó con él y salió a acusarlo de haber abusado de sus hijos. Nada era cierto. Finalmente, él terminó suicidándose. Esta clase de acusaciones, las cosas que se dicen, hay que ser muy cauteloso. Y si en tu corazón confías en mí, esos cinco días que pasé con él en 1991, me confirmaron que era un ser trascendental, que no sólo tenía un gran talento, sino un corazón tan grande como el cielo".

Dear Michael

Michael continúa "visitándome" de las maneras más inesperadas. La mayoría de las culturas y religiones creen que el hombre posee un alma inmortal, un espíritu consciente que subsiste después de la muerte del cuerpo. En física cuántica, todo lo que existe, absolutamente todo en la creación, se manifiesta a través de la vibración armónica de la luz y del sonido. Todo lo que existe es luz y sonido en su forma más básica, simplemente energía pura. Estoy convencida de que hay una unión energética y espiritual entre todo lo que existe en el universo, y que, en los seres humanos, esta unión continúa después de la muerte física.

La vida siempre nos indica el camino a seguir, y lo hace por medio de una serie de coincidencias que nos suceden a diario. "Casualidades" imposibles de creer se producen una tras otra, a cada momento, todos los días y a toda hora. Carl Jung a esto lo llamaba "Sincronicidad". Por medio de sutiles coincidencias, la Fuerza Vital Universal, Dios, nos hace saber si vamos por el camino correcto. En esta serie de sincronías, Michael continuó apareciendo en mi vida. Inmediatamente me convencí de que en estas "coincidencias" o "visitas" de Michael había un mensaje de Dios para mí.

En junio de 2010, una de las coordinadoras de la empresa para la cual realizaba trabajos como Traductora Audiovisual para subtitulado y doblaje, me envió un email diciéndome que me enviaba el video de un documental para traducir con urgencia. El Título era "Gone too soon". Obviamente, el título enseguida llamó mi atención ya que era el nombre de la canción que Michael le había escrito al joven Ryan White luego de que falleciera de SIDA. Mi corazón saltó en mi pecho con emoción y sorpresa. Todavía no se había cumplido el primer aniversario de la partida de Michael y había muchas cosas que aún me quedaban por descubrir y aprender sobre él. Además de ser el nombre de una canción de MJ, sabía que se planeaba estrenar para el 25 de junio, un documental muy controversial del periodista y escritor Ian Halperin y que ese documental se titulaba "Gone Too Soon". No podía creerlo. Michael se hacía presente nuevamente en mi vida.

Efectivamente, ese trabajo era la película de Ian Halperin sobre los últimos días en la vida de Michael. Esa misma noche, terminé de descargar el video y lo vi sola, apretando una foto de Michael fuertemente contra mi pecho. Lo vi con mucho dolor porque el duelo aún estaba en pleno proceso, y también con mucho miedo porque no sabía con qué me iba a encontrar.

Al día siguiente, mi coordinadora me envió otro email diciendo que la empresa no tomaría ese trabajo, que lo olvidara y siguiera con los otros trabajos asignados. Me sorprendió mucho ese cambio de instrucciones ya que esto no sucedía muy a menudo. No obstante esta contraorden, yo ya tenía en mis manos el video del documental.

El 23 de junio de 2010, Discovery Channel estrenó *"Gone Too Soon"* con el título en español *"Michael Jackson: la muerte de un ídolo"*, y para mi sorpresa –aunque en el fondo lo sospechaba– la traducción y el subtitulado lo habían hecho la empresa argentina para la que yo trabajaba. Nunca supe la verdadera razón por la cual mi coordinadora me envió ese trabajo, para después anularlo y asignárselo a otra traductora. Lo único que sé, es que de todos los fans del mundo, yo tuve el privilegio de ser la primera en ver esas imágenes, y de evaluar si el periodista que había producido y dirigido el documental había contado la verdad o si había continuado denigrando al Rey del Pop como lo había hecho anteriormente en su libro.

A pesar de la preocupación circunstancial de mi marido por esta "obsesión enfermiza" que supuestamente me había invadido por MJ, seguí adelante con mi convicción de que Michael había llegado a mi vida por una razón y que debía seguir transitando de su mano ese camino. De alguna manera, el alma de Michael seguía haciendo contacto con la mía, y nuestra unión energética comenzaba a manifestarse en el plano físico.

Muchas personas alrededor del mundo han relatado asombradas sus sueños extraordinarios con Michael. Comparto aquí el "sueño" de una querida amiga de Estados Unidos, Micheline James...

Con este anillo

"Estaba apoyada contra una pared fría de ladrillo pintado de blanco, en silencio mirando junto a unos cuantos fans afortunados los ensayos de Michael para el cortometraje "One More Chance". El estudio era una habitación enorme con tres o cuatro mesas redondas cubiertas atornilladas al piso para permanecer firme bajo el peso de Michael. Algunas sillas se colocaron para bloquear los pasos de baile de Michael mientras se movía de la silla a la mesa, y así sucesivamente. Él había realizado sólo un segmento del número de baile, cuando nos llevaron a tomar nuestros lugares antes del siguiente ensayo. Mientras el equipo se dispersabs para tomar un breve descanso, vi a Michael sentado en una esquina de la habitación, secando su rostro con una toalla y tomando una bebida. Tenía el pelo largo y lacio, como lo vemos en el video, pero recogido ligeramente durante el descanso para mantenerse fresco. Llevaba una camiseta blanca y unos pantalones negros muy ajustados que dejaban ver sus hermosas y largas piernas. Llevaba muy poco maquillaje y se veía... divino.

Mi corazón latía con fuerza, me sobrepuse a los nervios y me acerqué con la esperanza de que Michael me hablara durante unos segundos. Su hermano Randy estaba sentado cerca y vio que me acercaba, entonces levantó la mano e hizo un gesto de no molestar a Michael. Randy siempre fue protector de Michael, pero no era en absoluto desagradable. De hecho, él me sonrió amablemente y dijo: "Todavía no." De pronto, tuve esa "desnuda" sensación que tienes cuando no sabes qué hacer en una situación incómoda. Me quedé allí, incapaz de alejarme, por temor a que perder la única oportunidad de llegar tan cerca de Michael de nuevo. Fue entonces cuando Michael me vio y le dijo a Randy, "No, está bien... deja que se acerque." Caminé hacia él, pero no podía sentir mis pasos, era como si alguna fuerza mágica que me llevara allí. Mi corazón estaba flotando.

A medida que me acercaba a Michael, él se levantó de inmediato y dijo: "¿Cómo estás? Podemos hablar durante unos minutos" con esa suave voz suya. Inclinó la cabeza ligeramente hacia adelante en ese gesto familiar de la humildad –esa manera maravillosa que tenía de mostrar respeto por todos los que conocía. Él sonrió, tomó mi mano, y sentí un calor increíble correr a través de mí. Unos segundos de silencio me atreví a inclinarme y preguntarle a Michael si podía abrazarlo. No es muy original, lo sé–. ¡Cuántas veces oyó eso durante su carrera! Pero, ¡oh, qué abrazo! Michael no daba "abrazos de oso" que hacían que te sientas atrapado o confinado, sino que te hacían sentir la sinceridad de su contacto y querías quedarse en su abrazo para siempre. La actriz Angelica Huston dijo una vez que Michael era tan delicado que cuando ella lo abrazaba en el set de "Captain EO" ¡tenía miedo de que se rompa! Sabemos que Michael tenía una fuerza increíble para ser el gran bailarín que era, pero creo que la Sra. Huston se refería a la ligereza sutil de su contacto. Era celestial.

Michael vio que yo estaba nerviosa y ayudó a romper el hielo diciendo: "Noté cuando llegaste que eras bonita y asumí que eras una de las personas contratadas para la escena de multitud en el vídeo." (Sí, claro, hermana – sólo en tus sueños) Le di las gracias por el cumplido y le dije que no era nadie especial. Michael dijo, "Ni se te ocurra decir eso de ti misma. Dios da a cada uno algo que los hace especiales." Luego buscó algo para escribir y me preguntó si me gustaría su autógrafo. Fue entonces cuando supe lo que quería decir. Lo miré y dije: "No, Michael... Yo no quiero tu autógrafo. No estoy interesada en mostrar un trozo de papel delante de mis amigos para demostrar que te conocí, o tener un autógrafo para venderlo un día cuando el precio era justo. ¡Eso no es lo que eres para mí!"

Michael me miró con agradecimiento y dijo: "¿En serio? Oh, cielos, ¡muchas gracias!" Pero yo no había terminado. Le dije: "Michael, todo el mundo quiere un pedazo de Michael Jackson, la estrella, pero ¿cuántas personas alguna vez te preguntaron qué quieres tú? ¿Qué te haría feliz? No tengo nada que ofrecerte, sólo lo que está en mi corazón: Amor. No para Michael la Estrella, sino para el Michael de antes, el Michael que siempre será, el Michael escondido en lo profundo de la estrella".

Michael dijo, "Tus palabras son tan conmovedoras", y levantaba la cabeza cada pocos segundos, pero la bajaba como si quisiera ocultar sus emociones. Con eso, metí la mano en mi bolsa y saqué una de mis tarjetas de llamadas personales y la doblé hasta darle forma de un acordeón pequeño. Me quité el anillo que llevaba puesto –oro blanco de 18K con una esmeralda rodeada de diamantes pequeños– lo deslicé sobre la tarjeta doblada como un anillo de servilleta, se desplegaron los extremos para mantener el anillo sin que se salga y se lo di a Michael. Se apresuró a decir: "Oh, no... no puedo tomar esto, por favor." Lo puse en su mano cerrando sus dedos sobre él y le dije: "La verdadera prueba de interés genuino es cuando se puede dar lo que tienes a alguien y sentir la alegría en tu corazón de no querer nada a cambio. Ese anillo significa más para mí ahora que está en tu mano de lo que significaba en mi dedo. Ese tipo de dar es lo que tú has hecho toda tu vida, Michael. Diste tu tiempo, sudor, dinero, el corazón, el alma y amor al mundo. Tus abogados, contadores, directivos, guardaespaldas, agentes, promotores, todos representan una parte muy fría de tu vida. La parte de tu vida que se llevaron de ti... La parte que no veían en ti como un ser humano, sino como una mercancía. Deja que este anillo sea un recordatorio de lo que es verdadero, lo que es real. Consérvalo cerca de tu corazón".

Michael me dio un cálido abrazo y dijo: "Voy a cuidar de tu anillo para siempre y no puedo decir lo mucho que tus palabras significan para mí." Me levanté, le di un beso en la mejilla y dije, "Es probablemente el momento para que volvas a trabajar, así que ¡me iré tranquila antes de que Randy me eche!" Nos despedimos.

Pocos minutos después, me encontré vagando en otra parte de la sala de ensayo –una zona de descanso pequeña, y vi a Michael de nuevo. Estaba solo en esta ocasión, recostado en un sofá de cuero, apoyado sobre su espalda. Tenía una pequeña toalla fina de lino blanco envuelta firmemente alrededor de su cabeza como usan en los salones de belleza después de lavar el cabello. Me acerqué a él y vi que sus ojos estaban cerrados. No se dio cuenta hasta que me senté a su lado y sintió mi mano tocando suavemente su cabeza. Michael se sintió avergonzado cuando abrió los ojos y dijo: "Nadie debe verme así. Dios mío, me veo horrible, no estoy maquillado ni nada". Me sonreí y acaricié ligeramente la parte superior de su cabeza sobre la toalla y le dije: "Michael, soy Micheline, ¿recuerdas lo que te dije antes? Dime, ¿todavía sientes dolor por la quemadura después de todos estos años?" Michael dijo, "Sí, casi siempre pica y se siente apretado debido a toda la cirugía y tejido de la cicatriz. He aprendido a vivir con ella, pero por alguna razón no duele al tocarlo". Puse mi mano abierta en su cuello, acuné la parte posterior de su cabeza levantándola ligeramente, mientras la giraba suavemente de lado a lado, y le pregunté a Michael cómo se sentía. Él dijo, "¡Vaya! Eso se siente tan bien, como si me acunaran para dormir, y la parte superior de mi cabeza no siente ningún dolor en absoluto." Cerró los ojos y yo continué el movimiento de ida y vuelta durante unos treinta segundos y me detuve. Retiré mi mano y me levanté. Michael preguntó: "¿Adónde vas?" Le respondí: "Sé que es hora de irme, Michael, y si nunca nos volvemos a encontrar, toma el anillo y sabrás que te amo con todo mi corazón" Michael se sentó, me abrazó y dijo: "Oh, pero nos volveremos a encontrar... Te lo prometo desde el fondo de mi corazón. ¡Y te amo más!"

Los sueños pueden ser hermosos. El anillo en mi sueño no era imaginario, sino un anillo real de oro de dieciocho quilates con diamantes. Cuando me desperté, me saqué el anillo y sabía lo que tenía que hacer. Lo envolví muy bien y se lo di a Latoya en la firma de sus libros en junio de 2011, con una carta especial para Katherine. Sabiendo que no podía darle el anillo a Michael, éste debía ir a la mujer que le dio la vida, a la madre que él adoraba. Desde el momento en que tuve ese sueño, el anillo ya no estaba bajo mi guarda, y ahora está en manos amorosas." Micheline James

El misterioso, asombroso y fascinante mundo de los sueños donde Michael se nos hace presente. Los antiguos consideraban el sueño como una manifestación de la divinidad. Recordemos la historia del Faraón que soñó con siete vacas gordas y siete vacas flacas, y que José interpretó como siete años de bonanza económica y siete años de escasez. Aunque Freud intentó acabar con estos mitos y la ciencia sustituyó la antigua convicción de que los sueños eran mensajes de Dios, muchas personas alrededor del mundo manifiestan haber visto en "sueños" a sus seres queridos fallecidos o de haber despertado de pronto escuchando claramente sus voces.

¿Manifestación del subconsciente o manifestación real de nuestros seres queridos? ¿Quién puede tener la última palabra? Hay que vivirlo en carne propia para saber lo que se experimenta realmente, y para poder juzgarlo.

El misterioso mundo de los sueños me resulta tan atrapante como las habilidades místicas de bilocación del padre Pío, ese peculiar don que le capacitaba para estar en dos lugares a la vez, o sus fenómenos místicos, como los estigmas o su capacidad de videncia, los cuales fueron estudiados a conciencia. ¿Quién puede entonces aseverar que nuestros seres queridos que partieron de este plano terrenal no puedan ser capaces de manifestarse en nuestros sueños? Yo creo que sí pueden hacerlo y estoy convencida de que nuestros sueños "hablan".

Capítulo V

Un oasis para el alma

> *"Oasis: Lugar soñado, apacible y codiciado remanso de paz y calma, en medio de ambientes difíciles y borrascosos".*
> Real Academia Española

La Real Academia Española en su primera acepción define la palabra oasis como: Sitio con vegetación y a veces con manantiales, que se encuentra aislado en los desiertos arenosos de África y Asia. En su segunda acepción dice: Tregua, descanso, refugio en las penalidades o contratiempos de la vida.

Existen muchos oasis en el mundo, paraísos en medio de desiertos, ocultos detrás de sus dunas. Los cinco más bellos se encuentran en Libia, Túnez, Israel, Perú y Nigeria. Es muy interesante y bello estudiar e investigar sobre estos parajes naturales pero, no es mi intención hablar de geografía en este capítulo. Por lo tanto, haré hincapié en la segunda acepción de la RAE.

"Tregua, descanso, refugio en las penalidades o contratiempos de la vida". Así como existen oasis naturales, edenes en nuestro planeta, también existen verdaderos oasis humanos en los cuales encontramos el lugar ideal para la pausa, el respiro, el descanso. Estos seres humanos pueden actuar como un oasis en los momentos difíciles de nuestras vidas. En ellos encontramos paz y sosiego. Son almas cálidas con las cuales nos sentimos identificados, seres que por alguna característica de su personalidad nos transmiten serenidad y cobijo. Son personas en las cuales encontramos esa tan ansiada quietud

después de una larga travesía por los desiertos que se nos cruzan en la vida.

En lo personal, pocas personas me transmitieron esa sensación de refugio y remanso. Es una sensación que se asemeja mucho al ambiente apacible de una iglesia cuando está vacía, o a la sensación de abrigo y descanso que puede sentir un bebé en los brazos de su madre. Puedo decir con todo amor y orgullo que me he sentido así junto a mi marido en estos 30 años que llevamos juntos, mi oasis más amado y preciado.

Conocer a Michael Jackson fue encontrar un oasis nuevo para mi alma. Descubrí a un ser humano soñado, apacible, anhelado. En sus letras y sus mensajes de amor encontré ese lugar de paz y calma tan ansiado en momentos espinosos y turbulentos. Como un oasis, Michael se ofrece humilde y generoso para recibir y acoger al necesitado. Ofrece su arte, su magia y su sensualidad para llevar alegría y solaz a los corazones de sus seguidores. Michael es un verdadero oasis para el alma.

Si este libro logra que tan sólo uno de mis lectores se transporte al mundo de la revelación e inspiración y encuentra un oasis en Michael, entonces, parte de mi propósito al escribir este libro habrá sido cumplido.

Capítulo VI

This Is It - Esto es todo - ¿Lo es?

"Cuando subo al escenario, no sé qué pasa. Se siente muy bien, es como el lugar más seguro del planeta para mí."

Michael Jackson

El 5 de marzo de 2009, Michael anuncia en Londres su presentación en el O2 Arena: *"Estos serán mis últimos conciertos en Londres. Esto es todo. Luego se terminó. Cuando digo que esto es todo, lo digo en serio, es eso... Haré las canciones que mis fans quieren escuchar. Es todo, realmente. Será el último llamado a escena. ¿OK? Los veré en julio... y los amo. De verdad. Deben saberlo. Los amo tanto. De verdad, desde el fondo de mi corazón. Esto es todo. ¡Y, nos vemos en julio!"*

Tan solo en cuatro horas se vendieron aproximadamente un millón de entradas para los 50 conciertos de Michael. Fue la venta de tickets más rápida de la historia.

Iba a ser el regreso a los escenarios más esperado y espectacular de su vida y de todos los tiempos en la industria de la música. Michael tenía la ilusión de que sus hijos lo vieran actuar en vivo y quería llevar a sus fans a *"Una gran aventura... a lugares donde nunca hayan estado antes..."* Quería recordarle al mundo que *"el amor es importante"* y que debemos *"cuidar al planeta porque de lo contrario el daño será irreversible"*. Michael tenía *"un mensaje muy importante para dar..."* Todos estos sueños quedaron truncos. Michael aún tenía mucho para regalar al mundo; talento, generosidad, amor; y tenía aún mucho por disfrutar de la vida, en especial ver crecer a sus hijos.

Los 50 conciertos *"This Is It"* terminaron transformándose en una película documental donde se muestra el detrás de escena de los ensayos que Michael y su equipo estaban realizando en el *Forum* y en el *Staples Center* de Los Ángeles durante el mes de junio. En la Argentina se estrenó el jueves 29 de octubre de 2009.

Es muy difícil ver *"This Is It"* sin sentir una mezcla de profunda tristeza, rabia e impotencia. A sus 50 años, Michael conservaba su voz intacta, y sus movimientos seguían cautivando con la misma magia de siempre.

Michael Bearden, supervisor musical para los conciertos This is it, dijo a MTV News. *"Todos los artistas tienen egos, pero MJ fue probablemente el artista más amable y dulce con el que he trabajado. Michael no subía al escenario para él, subía al escenario para sus fans. Amaba a sus fans. Amaba, amaba a sus fans, así que todo lo que hacía era para ellos. Él me decía, 'Necesitamos una producción de calidad. No se puede engañar al público. No se puede engañar a los fans.' Él no tenía ego en ese sentido, siempre daba todo a los fans. Jackson tenía la intención de que estos conciertos no fueran sólo en agradecimiento a los fans, sino también para seguir difundiendo su mensaje de amor. Quería que el mundo supiera que tal vez había llegado la última oportunidad de ver sus shows, y también que si no comenzamos a prestar atención al mundo alrededor de nosotros, entonces también habría llegado la última oportunidad para la Tierra. Su pasión era salvar al mundo, salvar al planeta, sanar al mundo. Él me decía, 'Si no dejamos de hacer lo que estamos haciendo con el calentamiento global y la Tierra, y cómo tratamos a los demás, podría ser irreversible en cuatro o cinco años o algo así.' Por lo tanto, "This Is It" para él significaba que había llegado el momento: "No tenemos mucho tiempo para salvar al planeta, para sanar el mundo"*

Al continuar con este capítulo, me doy cuenta de que no tengo un registro detallado sobre el servicio memorial público que la familia decidió realizar para Michael. Y también me doy cuenta de que jamás vi la ceremonia completa, sólo los discursos más importantes, o los que me interesaban en particular, como la despedida de su hija Paris. Tal vez sea que inconscientemente quise evitar la despedida desde un comienzo. Sin embargo, comprendo que para poder relatar este evento desde mi corazón, como todo lo que he escrito hasta ahora, no tengo más opción que retroceder en el tiempo a aquel momento triste y vivir la ceremonia en carne propia, en su totalidad.

Luego de realizar una ceremonia privada para la familia y amigos cercanos en el Cementerio Forest Lawn de Hollywood Hills, el martes 7 de julio de 2009 a las 10 am, se celebró un memorial público para Michael en el Staples Center en Los Ángeles. Más de un millón y medio de personas se inscribieron online para tener la oportunidad de ganar un par de las 17.500 entradas asignadas para que los fans pudiesen asistir y despedirse de su ídolo. Miles de fans se congregaron afuera del recinto, y una gran cantidad se acomodó con sillas plegables en lo que se convirtió en una gran área peatonal en el Times Square de Nueva York para poder ver el servicio en pantallas gigantes. La ceremonia se transmitió en directo y de manera gratuita por Internet y por los canales de televisión que quisieran transmitirla. El memorial fue visto por 31 millones de personas solo en los Estados Unidos y se estima que más de un billón de personas vio el funeral alrededor del mundo. La policía de Los Ángeles dijo que fue el evento más grande que debieron cubrir desde los Juegos Olímpicos en 1984.

En el recinto donde se celebran los Grammy Awards, todo el aire se tiñe de un intenso color azul real que se refleja desde la alfombra que cubre el escenario... Un azul que invita al silencio, al recuerdo, al homenaje...

Detrás del escenario sobre el cual Michael había estado ensayando hacía tan sólo un par de semanas, se puede ver una enorme pantalla con su imagen y la leyenda: *"In Loving Memory of Michael Jackson"*.

En el centro del escenario; los instrumentos, y en cada extremo; dos atriles donde algunos de los invitados rendirán su homenaje. Abajo, en la parte delantera del escenario, hay unos bellísimos adornos florales entre los cuales se ubicará el féretro de Michael...

Smokey Robinson inicia la ceremonia leyendo dos cartas para la familia Jackson, una de Diana Ross y otra de Nelson Mandela.

Carta de Diana Ross: *"Estoy tratando de encontrar un cierre. Quiero que sepan que a pesar de que no estoy allí en el Staples Center, estoy allí con mi corazón. He decidido hacer una pausa y permanecer en silencio. Creo que es lo correcto para mí. Michael era un amor personal, una parte valiosa de mi mundo, parte de la estructura de mi vida de tal manera que no puedo encontrar las palabras para expresarlo. Michael quería que yo estuviera allí para sus hijos, y estaré allí si alguna vez me necesitan. Espero que este día lleve un cierre a todos aquellos que lo amaban. Gracias Katherine y Joe por compartir a su hijo con el mundo y conmigo. Envío mi amor y condolencias a la familia Jackson".*

Mensaje de Nelson Mandela: *"Querida familia Jackson, es con gran tristeza que nos enteramos de la muerte prematura de Michael Jackson. Michael se convirtió en alguien cercano a nosotros después de que comenzó a visitar y a actuar en Sudáfrica con regularidad. Nos encariñamos con él, y él se transformó en miembro de nuestra familia. Teníamos una gran admiración por su talento y por ser capaz de triunfar sobre la tragedia en tantas ocasiones en su vida. Michael era un gigante y una leyenda en la industria de la música. Lloramos con los millones de fans en todo el mundo. También lloramos con su familia y sus amigos por la pérdida de nuestro querido amigo. Le echaremos de menos, y atesoraremos su recuerdo por un largo tiempo. Mi esposa y yo, nuestra familia, nuestros amigos, enviamos nuestras condolencias durante este tiempo de luto. Sean fuertes, Nelson Mandela".*

El fondo del escenario se ilumina para reflejar un vitral de iglesia mientras el coro de Andrae Crouch canta *"We are going to see the King"* –"Vamos a ver al Rey"–. Los hermanos de Michael cargan el féretro dorado, cubierto de flores rojas... La gente muy respetuosamente comienza a gritar y aplaudir... Luego, se hace un silencio absoluto... Es una sensación tan rara... Resulta tan extraño ver a los fans de Michael así, tan silenciosos... La misma multitud que en su presencia enloquecía de alegría, de emoción y de amor expresándose con llantos y gritos, esta vez estaba quieta y muda... Muda en su dolor, muda en su respeto, muda en su desconcierto... De pronto, se escucha una tímida voz que grita "¡Te amamos, Michael!" y a esa alma dolida comienzan a sumarse otras voces que repiten una tras otra "Todos te amamos, Michael"...

El Pastor Lucious Smith rinde tributo a Michael: *"Buenos días y bienvenidos. Mi nombre es Lucious Smith y me enorgullece ser amigo de la familia Jackson.*

Para millones de personas alrededor del mundo, Michael Jackson era un ídolo, un héroe, incluso un rey. Pero, ante todo, este hombre era nuestro hermano, nuestro hijo, nuestro padre, y nuestro amigo. Michael Jackson fue y será siempre un miembro muy querido de la familia Jackson y de la humanidad.

Y por eso, hoy nos reunimos los que conocemos y amamos Michael bien y los que llegaron a conocerlo y amarlo a través de sus buenas obras. Nos reunimos en este espacio, donde sólo unos días atrás, Michael cantaba y bailaba y llevaba alegría como sólo él podía hacerlo. Nos reunimos y recordamos el momento. Recordamos a este hombre celebrando su vida y todo el amor que trajo a nuestras vidas durante medio siglo.

Hoy nuestros corazones sufren, porque ese hombre, el hermano, el hijo, el padre, y el amigo se ha ido demasiado pronto. Pero mientras recordemos nuestros momentos con él, la verdad es que realmente nunca se irá. Mientras lo recordemos, él estará allí para siempre para consolarnos.

En su corazón hermoso y humano, Michael Jackson no quería otra cosa que dar amor al mundo, compartir su singular talento y su alma, y tal vez ser amado a cambio. A través de sus palabras, su música y sus innumerables buenas obras, Michael hizo mucho para tratar de sanar nuestro mundo. Entonces, para la familia Jackson y para todos los que lloran su pérdida alrededor del mundo, que este momento de recuerdo, de sanación, de música y amor lleve consuelo a los que amaban a su amigo. Que Dios los bendiga".

Mariah Carey y Trey Lorenz realizan una actuación muy emotiva cantando *"I'll be there"*. Luego, sube al escenario

Queen Latifah: *"Estoy aquí en representación de millones de fans alrededor del mundo que crecieron escuchando a Michael, que se inspiraron, y amaron a Michael en la distancia: todos ustedes. De algún modo, cuando Michael Jackson cantaba y bailaba, nunca nos sentíamos distantes, sentíamos que él estaba allí, para nosotros. Ustedes creían en Michael y él creía en ustedes. Él hizo que creyeran en ustedes mismos. Lo he amado toda mi vida. Uno de los primeros discos que compramos con mi hermano fue "Dancing Machine" Nunca voy a olvidar cuando tratábamos de hacer el robot, tratando de ser como los Jackson 5... Gracias... Gracias... Michael era la estrella más grande la tierra... Él me hizo saber que como afroamericana, se viajar por el mundo. Había un mundo fuera de Estados Unidos, otras personas, todos ustedes que vinieron aquí para rendir homenaje a alguien que sintieron como uno de ustedes, un ser humano... en primer lugar. Esta mañana hablé con, tal vez, una de nuestras más grandes poetas, Maya Angelou, y estoy muy honrada de que ella me pidiera que compartiera algunas palabras que escribió para Michael. "Lo tuvimos", por la Dra. Maya Angelou:*

>*Amados, ahora que sabemos que no sabemos nada*
>*Ahora que nuestra estrella radiante y brillante*
>*se ha esfumado de nuestras manos*
>*como una brisa de viento de verano.*
>
>*Sin notarlo, nuestro querido amor*
>*puede escaparse de nuestro abrazo*
>*Cantando nuestras canciones entre las estrellas*
>*y danzando nuestros bailes en la cara de la luna.*
>
>*En el momento en que supimos que Michael había partido,*
>*no supimos nada. Ningún reloj nos puede decir la hora*
>*y ningún océano puede formar olas*
>*ante la abrupta ausencia de nuestro tesoro.*
>
>*Aunque somos muchos,*
>*cada uno de nosotros sufre a solas, herido a solas*

Dear Michael

*Sólo al manifestar nuestra confusión podremos recordar
que él fue un regalo para todos nosotros
y que nosotros lo tuvimos.
 Llegó a nosotros por el Creador,
derrochando su creatividad en abundancia.*

*A pesar de la angustia,
su vida estuvo envuelta en amor, el amor a la familia
y sobrevivió e hizo mucho más que eso.
Él se desenvolvió con pasión y compasión,
humor y estilo.*

*Nosotros lo tuvimos,
supiéramos o no quién era,
él fue nuestro y nosotros fuimos suyos.*

*Nosotros lo tuvimos, hermoso, deleitando nuestros ojos.
Con su sombrero, inclinado sobre su ceja,
y se paró sobre los dedos de sus pies para todos nosotros
y reímos y agitamos nuestros pies por él.
 Nos hechizó con su pasión porque él no se guardó nada.
Él nos dio todo lo que poseía.*

*Hoy en Tokio,
a los pies de la torre Eiffel,
en la plaza de la estrella negra en Ghana,
en Johannesburgo,
en Pittsburg,
en Birmingham, Alabama
y en Birmingham Inglaterra,
extrañamos a Michael Jackson.*

*Pero sabemos que nosotros lo tuvimos
Y nosotros somos el mundo".*

Lionel Richie sube al escenario mientras se proyecta en la pantalla gigante su foto con Michael. Richie canta una bellísima canción cristiana llamada "Jesus is Love" acompañado por el maravilloso coro góspel. Se muestran imágenes de Michael durante toda la canción.

Luego, Berry Gordy, fundador de Motown Records, dice su discurso: *"Lo impulsaba su hambre por aprender, por superarse constantemente a sí mismo, por ser el mejor. Era un estudiante consumado. Estudió a los grandes y se hizo más grande. Elevó la barra y luego rompió la marca. Su talento y creatividad lo lanzaron a él y al entretenimiento a la estratosfera.*

La familia de Motown llora la muerte de nuestro amigo y hermano Michael Jackson, que era como un hijo para mí. Nuestras más profundas condolencias están con toda su familia, sus padres, Joe y Katherine, sus hermosos hijos, sus hermanas y hermanos y sus sobrinos y sobrinas.

Michael Jackson tenía 10 años cuando él y sus hermanos Jackie, Jermaine, Tito y Marlon hicieron una audición para mí en Motown en Detroit en julio de 1968, y nos dejó a todos atónitos. Los Jackson 5 eran simplemente increíbles, y la actuación del pequeño Michael superaba su edad. Este niño tenía una sabiduría increíble. Cantaba con tanto sentimiento e inspiración... Michael tenía una cualidad que yo no podía entender por completo, pero todos sabíamos que era especial. Aparte de cantar y bailar como James Brown y Jackie Wilson, cantaba una canción de Smokey Robinson, llamada Who's loving you? La cantaba con la tristeza y la pasión de un hombre que había estado viviendo esa tristeza y angustia toda su vida. Y si bien Smokey la cantaba muy bien, para mí, Michael era mejor. Le dije a Smokey —Oye, creo que te superó en esa—. Smokey me contestó, —Yo también. Eso era Motown. Motown se construyó en el amor y la competencia y, a veces la competencia se interponía en el camino del amor pero el amor siempre se impuso. Competíamos en todo. En California, jugábamos un partido de béisbol todas las semanas, los Jackson vs los Gordy. Por desgracia para nosotros, Tito y Jackie eran grandes bateadores. Lanzaban la pelota fuera del parque. Pero también lo era mi hijo, Barry, y no voy a decir quién ganaba la mayoría de los juegos, pero diré que los Gordy lloraban mucho. Y a pesar de que el pequeño Michael era quien atrapaba las bolas para los Jackson y las perdía, aún así llorábamos mucho. Nadábamos, bromeábamos, jugábamos, y cuando Michael cantaba se podía sentir la felicidad en su alma, porque eso es lo que más deseaba hacer.

Michael me inspiraba tanto que durante días me quedaba tarareando una melodía brillante y feliz con él en mente... Entonces, reuní a un grupo y surgieron cuatro canciones exitosas, I Want You Back, ABC, The Love You Save y I'll be there. Los Jackson 5 fue el único grupo en la historia en lograr que sus primeras cuatro canciones ocuparan el primer puesto.

En 1983 los hermanos se reunieron y volvieron a hacer un show para el 25 aniversario de Motown. Después de interpretar sus canciones con una potencia deslumbrante, Michael volvió solo al escenario e inició la historia del pop. Desde el primer compás de Billie Jean, y el lanzamiento de ese sombrero, quedé alucinado. Y cuando hizo su icónico moonwalk, me sorprendió. Fue mágico. Michael Jackson entró en órbita y nunca descendió.

A pesar de que se fue demasiado pronto, la vida de Michael fue hermosa. Claro, hubo algunos momentos tristes y quizás algunas decisiones cuestionables de su parte, pero Michael Jackson logró todo lo que había soñado. A los 10 años, tenía pasión. Tenía pasión por ser el artista más grande del mundo y estaba dispuesto a trabajar tan duro como fuese necesario para convertirse en lo que de hecho se convirtió, en el indiscutible Rey del Pop en todo el mundo. ¿Qué niño no daría todo por cumplir con sus más salvajes sueños de la infancia? Michael amaba todo, cada momento en el escenario, cada momento en los ensayos. Michael amaba crear lo que nunca se había hecho antes. Amaba a todo y a todos, especialmente a sus fans.

Debo decir sin embargo, que él tenía dos personalidades. Fuera del escenario era tímido, de voz suave e infantil, pero cuando subía al escenario y estaba frente a sus fans gritando, se convertía en otra persona. Un maestro, un artista decidido. Salía a matar o morir. Me refiero a que Michael era increíble, totalmente en control. De hecho, cuanto más lo pienso y hablo sobre Michael Jackson, siento que llamarlo rey del pop no es lo suficientemente grande para él.

Creo que es simplemente el mejor artista que haya vivido jamás. Michael, gracias por la alegría. Gracias por el amor. Vivirás en mi corazón para siempre. Te amo".

Luego de las emotivas palabras de Berry Gordy, se proyectan imágenes sobre la historia de la carrera y la vida de Michael, y se reproduce una grabación con su voz diciendo: *"Se siente bien ser considerado como una persona y no sólo una personalidad"*...

El estado de ánimo en el edificio continúa siendo respetuoso y sombrío, pero se puede sentir el reconocimiento y el amor que todo el mundo tenía hacía Michael. Cuando se hace una pausa en el programa, de vez en cuando se vuelve a escuchar "¡Te amamos Michael!" A medida que el memorial avanza, la gente se va soltando, y se expresa por medio de aplausos más fuertes y extensos... El público apoya a los artistas que van subiendo al escenario para rendir su homenaje al amigo que ha partido...

Stevie Wonder dice unas bellísimas y sentidas palabras antes de comenzar a cantar *"Never Dreamed You'd Leave In Summer"*. Su voz se quiebra, y se puede percibir su profundo dolor... "Este es un momento que me hubiera gustado no llegar a vivir... Sé que Dios es bueno, y sé que aunque todos sintamos que necesitamos a Michael aquí con nosotros, Dios debió necesitarlo más... Michael, te amo y te lo dije muchas veces... Así que, estoy en paz... Estoy en paz con eso... No podemos dejar de amarte por siempre, Michael..."

Luego suben al escenario dos leyendas de la NBA, Kobe Bryant y Magic Johnson. El basquetbol era el deporte favorito de Michael.

Kobe Bryant: *"Todos ustedes saben que nadie se brindó en el escenario como Michael Jackson, pero Michael también fue un verdadero humanitario que dio fuera del escenario como sobre él. Michael y su familia son de raíces humildes y Michael siempre se preocupaba profundamente por los necesitados. Y más allá de todos los récords que rompió como cantante, Michael incluso apareció en el Libro Guinness de los Récords Mundiales por ser la estrella pop que* más colaboró con organizaciones benéficas. Debido a que dio tanto por tantos, y por muchos de nosotros, por tanto tiempo, Michael Jackson estará con nosotros para siempre".

Magic Johnson: "Conocí a Jackie Jackson hace unos 30 años. Él tenía un abono de temporada para ver a los Lakers, así como su hermano Marlon. Jackie y yo nos hicimos amigos y empezó a invitarme a su casa. Luego conocí a los hermanos y las hermanas, y sus padres increíbles. Nos encantaba jugar con petardos y divertirnos. Y Barry, así como usted perdía versus los Jackson en el softbol, yo también perdía. Pasamos momentos increíbles juntos. Entonces, Jackie me invitó a ir de gira con los hermanos y entonces vi al genio de Michael Jackson. Era tan increíble, siempre tenía el mando, no sólo de la banda y sus hermanos, sino también del público. Sinceramente, creo que Michael me hizo un mejor jugador de baloncesto, mientras lo veía crecer y convertirse en el artista más grande.

Un día, Michael me llamó y me dijo que quería hablar conmigo acerca de participar en un video; 'Remember the Time'. Pero yo tenía que verificar con Jackie para asegurarme de que era realmente Michael. Yo estaba muerto de miedo por tener que ir a su casa porque era mi ídolo, él era todo para mí. Así que, fui a su casa a cenar. El chef me preguntó qué me gustaría comer, le dije pollo a la parrilla. Así que, empezamos a hablar sobre el video y lo que Michael quería que yo hiciera. El chef me trajo el pollo a la parrilla, pero a Michael le llevó un cubo de Kentucky Fried Chicken —Pollo frito Kentucky—. Y me volví loco, espera un minuto, ¿Michael come Kentucky Fried Chicken? Fue lo mejor de mi día. Fue el momento más grande de mi vida. Nos pasamos un buen rato sentados en el suelo comiendo ese cubo de Kentucky Fried Chicken. Quiero decir esto, esta es una celebración de su vida, de su legado. Quiero dar las gracias a Michael por abrir tantas puertas para los afroamericanos, en espectáculos diurnos y nocturnos. Él hizo que Kobe y yo tengamos nuestras camisetas en los hogares de todo el mundo, porque él ya estaba allí. Y abrió todas las puertas para nosotros. Sus tres hijos tendrán a la abuela más increíble que Dios ha puesto en esta tierra para cuidar de ellos. Los tres hijos de Michael tendrán tíos y tías increíbles para cuidar de ellos y también tendrán un montón de primos para jugar.

Así que, Dios siga bendiciendo a esta familia increíble. Oramos por ustedes, sigan siendo fuertes. Queremos agradecer a la ciudad de Los Ángeles por este evento, también a AEG, y que Dios te siga bendiciendo a Michael".

A continuación Jennifer Hudson canta una de las canciones más potentes de Michael, *"Will you be there"*, pero la voz de Michael se mantiene en el final, como en la versión original.

Uno de los momentos más sobresalientes del memorial fue el sobrecogedor y vehemente discurso pronunciado por el reverendo Al Sharpton:

"En todo el mundo, la gente hoy se reúne en amor para celebrar la vida de un hombre que enseñó al mundo a amar.

La gente puede preguntarse por qué tal arrebato emocional, pero debe comprender el camino de Michael para entender lo que significó para todos nosotros, para la familia Jackson –una madre y un padre con nueve hijos, una familia de clase trabajadora de Gary, Indiana– que no tenían nada más que un sueño.

Nadie creía en esos días que esta clase de sueño podría hacerse realidad, pero ellos siguieron creyendo y Michael nunca permitió que nadie diera vuelta sus sueños. Conocí a Michael en 1970, en la Black Expo, en Chicago, Illinois, junto al reverendo Jesse Jackson, que estaba junto a esta familia y hasta el día de hoy, y desde ese día como un chico lindo, nunca dejó de soñar. Fue ese sueño que cambió la cultura en todo el mundo.

Cuando Michael comenzó, era un mundo diferente. Pero debido a que Michael siguió su camino, porque no quería aceptar limitaciones, porque se negó a dejar que la gente decida sus límites, se abrió a todo el mundo. En el mundo de la música se puso un guante, se subió los pantalones y rompió la barrera del color, donde ahora los videos nos muestran y las revistas nos ponen en las portadas. Fue Michael Jackson quien hizo que los negros, los blancos, los asiáticos y los latinos se unieran. Fue Michael Jackson quien nos hizo cantar "We are the World" y alimentó el hambre mucho antes que Live Aid.

Debido a que Michael Jackson siguió adelante y creó un nivel de comodidad, las personas que sentían que estaban separadas, se unieron a través de su música. Un nivel de comodidad en el cual los

Dear Michael

niños de Japón, Ghana, Francia, Iowa y Pennsylvania se sintieron tan a gusto que más tarde no fue extraño para nosotros ver a Oprah en la televisión. No fue extraño ver el golf de Tiger Woods. Todos esos niños crecieron a gusto como fans adolescentes de Michael y se transformaron en adultos de 40 años de edad para votar a gusto por una persona de color como Presidente de los Estados Unidos de América.

¡Michael hizo eso! ¡Michael nos hizo amarnos unos a otros! ¡Michael nos enseñó a unirnos! A muchos les gusta profundizar en el caos, pero millones de personas alrededor del mundo respetaremos su mensaje. No se trata del caos, se trata de su mensaje de amor. Cuando subimos montañas escarpadas, a veces nos lastimamos las rodillas, a veces raspamos nuestra piel. Sin embargo, no se centren en las cicatrices, sino en el viaje. ¡Michael los venció! ¡Michael llegó a la cima! Con su canto venció a los cínicos, con su baile venció a los desconfiados, con su actuación venció a los pesimistas. ¡Cada vez que era derribado, conseguía levantarse! ¡Cada vez que lo descalificaban, él regresaba! ¡Michael nunca se detuvo! ¡Michael nunca se detuvo! ¡Michael nunca se detuvo!

Quiero decir a la señora Jackson y Joe Jackson, a sus hermanos y hermanas: Les damos gracias por habernos dado a alguien que nos enseñó el amor, alguien que nos enseñó la esperanza. Queremos darles las gracias porque sabemos que también era su sueño.

Sabemos que su corazón está roto. Sé que recibieron un poco de consuelo en la carta del Presidente de los Estados Unidos y de Nelson Mandela. Pero se trata de su hijo, de su hermano, su primo. Nada llenará la pérdida de sus corazones. Pero espero que el amor que la gente está mostrando les haga saber que él no vivió en vano.

Quiero que sus tres hijos sepan que no había nada extraño sobre su papi. Fue extraño lo que su papá tuvo que combatir. Sin embargo, se ocupó de ello... Él se ocupó a toda costa. Se ocupó de ello por nosotros.

Por lo tanto, muchos llegaron hoy aquí, señora Jackson, para decir adiós a Michael. Yo vine a decirle gracias. Gracias porque nunca te detuviste, gracias porque nunca te diste por vencido, gracias porque nunca te rendiste, gracias porque derribaste nuestras divisiones. Gracias porque erradicaste las barreras. Gracias porque nos diste esperanza. ¡Gracias Michael! ¡Gracias Michael! ¡Gracias Michael!

Durante todo el discurso del reverendo Sharpton, en la pantalla gigante detrás del escenario se mostró una imagen típica de Michael con una frase muy significativa de su canción *"We've already had enough"* que dice: *"No hay nada que no se pueda hacer si elevamos nuestras voces como una sola".*

Luego, el músico, compositor y productor discográfico John Mayer interpreta una versión sobria en guitarra eléctrica de *"Human Nature"* mientras que en el coro participan los coristas que cantarían con Michael en This is it.

Brooke Shields había sido un amor platónico en la adolescencia de Michael. Él siempre contaba que tenía toda su habitación empapelada con fotos de Brooke. Se conocieron a principios de los años 80 y se hicieron muy amigos. Brooke es otra de las "coincidencias" que me unen a Michael. En 1981, Oscar y yo ya estábamos de novios hacia un año, pero estuvimos dos meses separados. Cuando volvimos a estar juntos, fuimos al cine a ver una película de amor, se llamaba "Endless Love" –"Amor eterno"–. La protagonizaban Brooke Shields y Martin Hewitt. El tema principal de la película que llevaba el mismo nombre, lo cantaban Diana Ross –otra coincidencia con Michael y muy cercana a él– y Lionel Richie –más coincidencias–. Ni Oscar ni yo conocíamos a Brooke. Desde el momento en que vimos la película, nos sentimos identificados con esa historia de amor adolescente y la canción se convirtió en nuestro tema de amor hasta hoy en día. Lamento confesar que por aquellos años, yo tampoco comprendía la amistad de Brooke con Michael... Cuánta ignorancia y cuánto prejuzgamos sin conocer... Michael y Brooke tenían una amistad fascinante y divertida. Así lo cuenta con voz temblorosa Brooke Shields en su discurso:

"Michael era único. Estaba pensando cuando nos conocimos y en la cantidad de veces que salimos juntos. Siempre que salíamos y nos tomaban una foto, luego le ponían el título, algo así como 'una

extraña pareja' o 'una pareja despareja'. Pero para nosotros era la más natural y más fácil de las amistades.

Yo tenía 13 años cuando nos conocimos y desde ese día nuestra amistad creció. Michael siempre supo que podía contar conmigo para apoyarlo o para ser su cita y que nos íbamos a divertir, sin importar dónde.

Teníamos un vínculo y tal vez era porque ambos entendíamos lo que era estar en el centro de atención siendo tan jóvenes. Yo solía burlarme de él, le decía —yo empecé a los 11 meses de edad, eres un vago. Tú cuantos años tenías, ¿cinco?

Ambos tuvimos que ser adultos muy pronto. Pero cuando estábamos juntos, éramos dos niños pequeños divirtiéndose. Nunca trabajamos juntos, nunca actuamos juntos, o bailamos en el mismo escenario, aunque él una noche intentó sin éxito enseñarme a hacer el 'moonwalk' y, básicamente, sólo se limitó a sacudir la cabeza y cruzó los brazos ante mi intento.

Nunca hicimos un video o grabamos una canción, pero lo que sí hicimos fue reír. Siempre competíamos para ver quién de los dos nos hacía reír más o ser más tonto. Michael amaba reír. Su corazón estallaba cuando reía. Le encantaba cuando yo hacía imitaciones tontas o le contaba historias acerca de mi vida. La risa de MJ era la risa más dulce y pura yo haya conocido. Su sentido del humor era una delicia y era muy travieso. Recuerdo la noche antes de la boda de Elizabeth Taylor y él me había llamado antes para preguntarme si quería ir con él, no quería ir solo. Fue la noche antes del gran día, y Michael y yo tratamos de entrar a hurtadillas para ser los primeros en ver el vestido. Reíamos como locos loco y casi nos desmayamos de la risa cuando nos dimos cuenta de que Elizabeth estaba en la cama, dormida. Pensamos que estaba en una habitación completamente diferente. Y se echó a reír y salimos a hurtadillas y luego en la boda cuando se produjo el primer baile, básicamente, bromeamos diciendo que éramos la madre y el padre de la novia. Sí, pudo parecer muy extraño afuera, pero lo hacíamos muy divertido y real.

Cuando él comenzó a usar el guante, yo le decía ¿qué pasa con el guante? Si vas a sostener mi mano, es mejor que no sea la del guante porque las lentejuelas me lastiman... Él sacudía la cabeza y sonreía. Le encantaba ser objeto de burlas. Verlo sonreír te hacía sentir como que todo iba a estar bien.

Para el mundo exterior, Michael era un genio con una capacidad indiscutible. Para las personas que tuvimos la suerte de conocerlo personalmente era cariñoso y divertido, honesto, puro, inagotable y un amante de la vida. Se preocupaba tan profundamente por su familia y sus amigos y sus fans.

Se lo llamaba el rey, pero el Michael que yo conocí me recordaba más a El Principito. Pensando en ello, me gustaría compartir un pasaje del libro: 'Lo que me mueve tan profundamente acerca de este principito dormido es su fidelidad a una flor –la imagen de una rosa brillando en su interior como una llama dentro de una lámpara, incluso cuando está dormido Y me di cuenta de que era mucho más frágil de lo que pensaba. Las lámparas deben ser protegidas. Una ráfaga de viento puede apagarlas.'

La sensibilidad de Michael era aún más extraordinaria que su talento. Y su verdadera sinceridad residía en su corazón. Como El Principito también dijo... 'Los ojos son ciegos. Hay que mirar con el corazón. Lo más importante es invisible.' Michael veía todo con su corazón. Para su familia, sus hermanos y hermanas, Katherine, Joe y sus hijos, Prince, Paris, Blanket, mis oraciones están con ustedes.

La canción favorita de Michael no era una de las innumerables obras maestras que nos regaló, sino una canción que Charlie Chaplin escribió para lla película "Tiempos Modernos". Se llama "Smile" – "Sonríe". Hay una línea en la canción que dice 'Sonríe, aunque te duela el corazón'. Hoy, aunque nuestros corazones duelen, tenemos que mirar hacia arriba, donde estará sin duda encaramado en una luna creciente y tenemos que sonreír".

Jermaine Jackson canta la canción preferida de Michael, "Smile". Percibí en la voz de Jermaine mucho nerviosismo y dolor, e incluso se confundió la letra en una parte. Es fácil imaginar lo que el hermano mayor de Michael debía estar sintiendo por dentro...

Martin Luther King III y su hermana Bernice King también rindieron su homenaje.

Martin Luther King III: *"En primer lugar quiero decir a la Sra. Katherine Jackson, al Sr. Joseph Jackson, a los hijos de Michael Jackson, a sus hermanas y hermanos y a toda la familia Jackson, que nuestras oraciones y condolencias están siempre con ustedes.*

Mi padre dijo una vez que en la vida uno tiene que descubrir su vocación y cuando lo hacemos, tenemos que hacer nuestro trabajo tan bien que nadie lo pueda igualar. Él constantemente nos estimulaba para convertirse en los mejores, afirmando que si no podíamos ser un pino en la cima de la colina, ¿por qué no ser un arbusto en el valle, pero ser el mejor arbusto. Ser de un arbusto si no puedes ser un árbol. Si no puedes ser una carretera, se un camino. Si no puedes ser el sol, se una estrella. Pues no es por el tamaño que se gana o fracasa, debes ser el mejor en lo que eres.

Michael Jackson fue realmente el mejor en lo que era. Finalmente Martin Luther King Jr. decía que en la vida, si tu tarea en la vida es ser un barrendero, debes barrer las calles muy bien. De hecho, debes barrer las calles, como Beethoven componía música. Barrer las calles como Shakespeare escribía poesía. Barrer las calles como pintaba Rafael. Barrer las calles tan bien que todos los ejércitos de los cielos y tierras tendrían que hacer una pausa y decir ¡aquí vivió el gran barrendero que hizo bien su trabajo!

El 25 de junio, porque él era el mejor, creo que el cielo y la tierra hicieron una pausa para decir acerca de Michael Joseph Jackson: ¡Aquí vivió un gran artista que hizo bien su trabajo!"

Bernice King: *"A la familia Jackson. Ser parte de una familia reconocida en el mundo que también ha experimentado una muerte súbita en más de una ocasión, mi oración es nadie, sea público o privado, realidad o ficción, verdad o rumor, los separará del amor Dios, que es en Cristo Jesús. Porque en última instancia, al final del día es sólo el amor de Dios el que los sostendrá y los moverá a una posición más elevada muy por encima del ruido de la vida, allí encontrarán la paz, el consuelo y la alegría de seguir adelante para avanzar con el legado de Michael.*

Y para todos nosotros es evidente que, al igual que con nuestro padre y madre, Martin y Coretta King, la vida de Michael y su trabajo fue inspirado por el amor de Dios. A lo largo de los siglos, pocos son los elegidos de entre nosotros para usar sus dones y talentos para demostrar el amor de Dios en un esfuerzo por unir al mundo en verdadera hermandad y fraternidad. Michael era un uno de ellos. Él resume las palabras de nuestro padre de que un individuo no ha empezado a vivir hasta que pueda elevarse por encima de los estrechos confines de sus preocupaciones individualistas, hacia los problemas más amplios de la humanidad.

Michael siempre se preocupó por los demás con humanidad. Y quiero que el mundo sepa que a pesar de estar implicado en acusaciones y persecuciones, como una persona humanitaria, él no dejó de preocuparse por otra grande humanista de este mundo, nuestra madre, durante su enfermedad sólo tres meses antes de su muerte.

En octubre de 2005, yo estaba con mi madre cuando Michael la llamó desde el Medio oriente y aunque ella no podía hablar a causa de un derrame cerebral, escuchaba mientras él le decía que había estado orando de rodillas todos los días por ella. Que para él, ella era la verdadera realeza de Estados Unidos y que quería saber si se estaba reproduciendo música en su habitación debido a su efecto curativo. Mi único deseo es que él pudiese haber visto la luz en su rostro. Si los rostros pueden sonreír como sabemos que lo hacen, ese día Michael Jackson hizo sonreír el rostro de nuestra a pesar de su condición. Fue un momento inolvidable.

Él era un hombre tan atento y generoso, lleno del amor incondicional de Dios y las buenas obras que tocan y cambian vidas. En verdad, era una luz brillante. Al igual que nuestro padre Martín y en memoria de Michael, que todos podamos ser inspirados dejar que nuestra luz brille. Descansa en paz, nuestro hermano Michael".

Sheila Jackson Lee, congresista de Texas sube al escenario: *"Soy la congresista Sheila Jackson Lee de Houston Texas, y me presento aquí en nombre de los miembros de La Cámara de Representantes de los Estados Unidos, y en nombre de Barbara Lee, presidente del Congressional Black Caucus, de California. Y me presento ante ustedes como cualquier hombre y mujer. No sé escribir música o bailar o cantar, pero sí sé una historia americana. Para el Sr. y la Sra. Jackson y su maravillosa familia de hermanos, hermanas y primos, para Michael Joseph, París, Prince, para todos estos símbolos maravillosos y hermosos de Estados Unidos. Y como miembro del Congreso de los Estados Unidos les digo que somos conscientes de la Constitución. Somos conscientes de las leyes y sabemos que las personas son inocentes hasta que se demuestre lo contrario. Eso es lo que la Constitución representa. Hoy estoy de duelo y me presento también a darles las gracias, porque muchas personas no entienden el corazón de los artistas. No conocen la grandeza de sus corazones. Ellos no saben cómo curar al mundo en nombre del país. Cuando estamos en guerra, nuestros iconos como Michael, cantan acerca de sanar al mundo y por eso nos convocó al servicio público. No importaba si éramos blancos o negros. Él incluso nos dijo que lucháramos contra la violencia. Él nos dijo que nos mirásemos en el espejo, porque si queríamos marcar la diferencia, debíamos mirarnos en el espejo. Me presento para darles las gracias.*

Muchos de ustedes vienen de todas las religiones y lo respetamos aquí en Estados Unidos. Pero hay una historia cuyo tema es tan simbólico de este joven y hermoso. Me encanta la historia del Buen Samaritano, porque habla de aquellos que acompañan a los disminuidos, los devastados y los pobres. Había un hombre golpeado y derrotado al costado de la carretera. Nadie se detuvo, excepto alguien llamado el samaritano. Podría ser de cualquier fe. Se trata de caridad y amor. Yo llamo a Michael Jackson el buen samaritano. Yo lo llamo Michael Jackson, quien se preocupó y amó al mundo. Me molestó, yo crecí con él, como todos nosotros. Y fue un honor y un privilegio verlo de cerca cuando vino al Congreso de Estados Unidos a mi despacho y habló ante 15 embajadores africanos y representantes de jefes de Estado. Todos ellos sentados en una oficina escuchando a Michael Jackson hablar sobre ocuparse y luchar contra el VIH SIDA. Ellos lo miraban, tenía un brillo especial, ellos lo escuchaban y él escuchaba. ¡Qué experiencia milagrosa poder escuchar y ver a Michael en acción! Se han dicho cosas, pero me pregunto si alguien estaba en su piel cuando entró en el hospital Walter Reed, y caminó por los pasillos y las salas del hospital. Esto fue en medio de la guerra de Irak, los médicos se detuvieron, las enfermeras se detuvieron y los soldados que habían perdido sus extremidades se detuvieron y su esencia se movilizó mientras Michael expresaba su deseo de ir a darles las gracias por sus sacrificios. Así que, no me digan de qué se trata una historia de Estados Unidos, es la sal de la tierra. Esta familia tomó el talento que Dios les había dado y lo convirtió en una historia milagrosa y maravillosa para Estados Unidos.

Michael luchó por la tolerancia de todas las personas, Michael dio una buena batalla. Él comprendía, y el Sr. y la Sra. Jackson y la familia lo saben, que el Señor es nuestro pastor. Michael Jackson, conocen su historia, la cual no se ha informado correctamente, era alguien que comprendía. Si alguien se había quemado, él construía una unidad para quemados. Si en un hospital se necesitaban camas, proveía esas camas. Si los países en desarrollo necesitaban dinero, Michael lo enviaba. Si estaba en Namibia, iba a los orfanatos. Michael nunca dejó de dar y tocaba a aquellos cuyas vidas se podían reconstruir, porque el rey, sí, el rey, se detuvo y dijo 'Ustedes me importan'. Es por eso que en la Cámara, el 25 de enero de 2009, Congressional Black Caucus y la Cámara de Representantes se detuvo y tuvo un momento de silencio para este maravilloso ícono y leyenda.

A la familia sólo me presento como Sheila Jackson Lee, pero quiero decirles que Estados Unidos aprecia y les agradece por la vida de Michael Jackson. Por eso, hemos introducido para debate en la Cámara de Representantes esta resolución 600, que instituye a Michael Jackson como leyenda estadounidense e icono musical humanitario global. Alguien que será honrado para siempre y por siempre y para siempre y para siempre y para siempre. Nosotros somos el mundo y estamos mejor, porque Michael Joseph Jackson vivió. En mi nombre y el de las personas que han hablado, Michael Jackson, yo te saludo".

Usher, cantante de R & B, sube al escenario para rendir su homenaje. Se lo ve muy triste y acongojado. Dice unas pocas palabras mientras suena la introducción de la canción "Gone too soon": *"Te amo, Michael. Significas tanto para nosotros, especialmente para mí".* Usher se acerca al féretro durante la parte más emotiva de la canción y hace una pausa para contener las lágrimas. Al finalizar la canción, los hermanos de Michael y su hermana Janet se acercan para abrazarlo.

Luego, Usher se arrodilla a los pies de la madre de Michael y rompe en llanto.

El siguiente artista en rendir su homenaje a Michael es Shaheen Jafargholi, un niño galés de 12 años que en 2009 había participado en *Britain's Got Talent*, cantando la canción de Someky Robinson *"Who's loving you"*. Michael había visto a Shaheen en un video en YouTube y lo había invitado a actuar con él en Londres. La familia de Michael invitó a Shaheen para que cantase la canción en el memorial. Después de cantar, Shaheen dice: *"Amo a Michael Jackson y quiero darle las gracias por bendecirme a mí y cada persona en este mundo con su música increíble. Muchas gracias. Te amo, Michael Jackson"*.

Luego de Shaheen, Smokey Robinson sube nuevamente al escenario, esta vez para rendir su propio homenaje a Michael: *"¡Yo escribí esa canción!* (Risas del público)

¡Y pensé que la cantaba bien! Escribí esa canción y dos años más tarde aparece este niño de 10 años. Berry había hecho una reunión en su casa y me dijo, –Ven, quiero que veas a alguien muy especial– Así que fui y también estaban estos cinco jóvenes. Cantaban y bailaban con tanta energía... Un par de semanas después, ellos grabaron mi canción. Y la escuché... (Risas del público) *Me dije a mí mismo... Nos han jugado una mala pasada, este chico no puede tener 10 años. Esta canción es sobre alguien que tenía un amor a quien trataba mal. Tan mal que lo perdió y ahora está pagando el precio de querer volver con ese amor. ¿Cómo podría él saber estas cosas? Rápidamente me acerqué a al niño porque quería ver su certificado de nacimiento. No podía creer que alguien tan joven pudiera tener tanto sentimiento, y alma y saber. ¡Saber! Tenía mucho conocimiento. Él tenía que saber mucho para cantar una canción como esa. Fue una idea maravillosa. Como compositor, es un sueño hecho realidad que alguien cante una de tus canciones de esa manera.*

Nunca pensé que estaría aquí el día de hoy. Es mi hermanito el que está allí. Simplemente, uno no piensa que vivirá para verlo partir. Pero en realidad nunca partirá. Él vivirá por siempre y siempre y por siempre jamás. Él creó un enorme impacto en nuestras vidas en todo el mundo. Hay jóvenes que se me acercan cuando hago conciertos y canto *Who's loving you*, y los pequeños se me acercan y dicen: ¿Así que cantas la canción de Michael Jackson, eh?

Pero él vivirá para siempre. Yo soy un firme creyente de las bendiciones y he recibido muchas bendiciones en mi vida. Una de mis mayores bendiciones fue tener la oportunidad de conocer a la familia Jackson y conocer a Michael. Y verlo. Me alegro de haber vivido en una época en la que llegué a ver lo que todo el mundo dice, al mayor artista de todos los tiempos. Me alegro de haber vivido en esta era.

Creo mucho en Dios. Creo mucho en que esto no es todo. Hay otra vida después de esta. Así que, mi hermano está en un lugar donde seguramente vivirá para siempre. Por lo tanto, vivirá para siempre dos veces, porque también vivirá para siempre aquí, porque el mundo nunca podrá olvidar a Michael Jackson. Te amo mi hermano. Celebro tu vida. Estoy orgulloso de haber tenido la oportunidad de conocerte. Que Dios te bendiga".

Todos los artistas invitados suben al escenario junto a los hijos y hermanos de Michael para rendir el último tributo cantando sus dos canciones humanitarias más emblemáticas, *We are the World* y *Heal the World*.

Luego, la familia se despide... Jermaine y Marlon agradecen a los presentes y comparten sus emociones y anécdotas. Jermaine dice: *"En nombre de mi familia y mío, a los fans, amigos, sobrinos, sobrinas, hermanas, hermanos, me gustaría agradecer a todos por venir. Como ustedes saben, no tengo palabras. Hoy fui su voz y su apoyo, al igual que toda la familia. Les damos las gracias, es todo lo que puedo decir, muchas gracias"*.

Marlon se esfuerza por contener las lágrimas al pronunciar sus últimas palabras para su hermano. *"Duele. Intento encontrar palabras de consuelo, tratando de entender por qué el Señor se ha llevado a nuestro hermano, para que regrese a casa luego de una breve visita aquí, en la tierra. Michael, cuando nos dejaste una parte de mí se fue contigo y una parte de ti vivirá para siempre dentro de mí, pero también una parte de ti vivirá para siempre dentro de todos nosotros. Michael, voy a atesorar los buenos tiempos, cuando nos divertíamos cantando, bailando y riendo. Recuerdo cuando llegábamos* de la escuela y comíamos un bocado rápido y para poder ver a 'Los tres chiflados' tanto como fuese posible antes de que mamá viniera a decirnos que era hora de ir al estudio de grabación. Michael, también recuerdo la vez en que entré en la tienda de discos, y había un hombre comprando un montón de CDs. Y luego se movió para tomar otro lote de CDs. Era un caballero de edad, tenía cabello afro corto, dientes de conejo torcidos, y su ropa estaba arrugada. Me acerqué por detrás y le dije: 'Michael, ¿qué estás haciendo en esta tienda?' Te volviste hacia mí y me dijiste: 'Marlon, ¿cómo supiste que era yo?' Te dije: 'Eres mi hermano. Puedo detectarte en cualquier lugar sin importar tu maquillaje. Conozco tu andar, tu lenguaje corporal y los zapatos no ayudaron.' (El público ríe) Michael usaba los mismos zapatos dondequiera que fuéramos. Pero supongo que era su manera de tratar de experimentar lo que damos por sentado. Nosotros nunca, nunca entendimos lo que él tuvo que soportar. No poder caminar por la calle sin que una multitud lo rodeara, ser juzgado, ridiculizado, cuánto dolor se puede soportar... Tal vez ahora, Michael, te dejarán en paz. Michael era la voz de nuestras trompetas angelicales, y seguirá siendo la voz, esa voz angelical en el cielo, cerca de nuestro Creador, esperándonos cuando llegue nuestro día.

Michael, te amo, voy a extrañar nuestras despecidas cuando te abrazaba y te decía: 'Te amo' y tu respuesta era 'Te amo más'. Ya saben, el Señor tiene un propósito para todo, y a veces no podemos verlo ni entenderlo. Pero, se hará claro cuando obtengamos esa recompensa final de estar en Su presencia.

Y Michael, estás allí, estás justo allí. Terminaste tu trabajo aquí en la Tierra, y el Señor te ha llamado para ir a casa con Él. Por lo tanto, te doy las gracias, Michael, por todas las sonrisas que has puesto en los corazones de tantas personas. Y te doy las gracias por todo lo que has hecho por los demás en todo el mundo, en el nombre del Señor. Y tengo un pedido, Michael, un pedido... Me gustaría que dés a nuestro hermano, mi hermano gemelo, Brandon, un abrazo por mí. Te amo, Michael y te echaré de menos".

El momento más emotivo y triste es cuando Paris se despide de su papá mientras es contenida por el amor de sus tías y tíos... *"Desde que nací, papá ha sido el mejor padre que puedan imaginar. Sólo quiero decir que lo amo mucho".*

Durante toda la ceremonia, Paris, de tan sólo 11 años, estuvo pendiente de su abuela y de su hermanito menor, Blanket, con una actitud muy maternal y protectora.

Finalizando la ceremonia, Marlon Jackson agradece nuevamente a los presentes por haber asisitido y los hermanos retiran el féretro mientras de fondo se escucha la versión instrumental de *"Man in the Mirror"*. Luego, el pastor Lucious Smith cierra de la ceremonia con una oración final...

"Antes de irnos... Nunca habrá otro Michael Jackson... Su presencia y su música han dejado su huella en su familia, sus amigos y los millones de fans que cantaban y bailaban, o al menos intentaron hacerlo, como el señor Michael Jackson. Fue imitado pero nunca igualado. Quería sanar al mundo a través de su música y de cierta forma, lo logró. Su música atravesó las barreras de razas, culturas e incluso de identidad nacional, unificando al planeta, aunque sólo fuera por unos momentos. Así que, ahora nos toca a nosotros. Debemos mirar al hombre o la mujer en el espejo y cambiar la forma en que tratamos a los demás. Vamos a celebrar nuestra singularidad, a respetar nuestras diferencias y hacer el cambio a partir de hoy.

Mi oración es que esto sea algo más que un momento conmemorativo de Michael Jackson, sino que nos recuerde lo que realmente significa para nosotros, porque todos los que nos rodean son personas con diferentes culturas, diferentes religiones, nacionalidades diferentes y, sin embargo, la música de Michael Jackson nos unió, no sólo aquí, sino en todo el mundo.

La familia me ha permitido cerrar esta ceremonia con una oración y voy a pedirles que tomen la mano de la persona junto a ustedes, ya sea que se encuentren está en este auditorio, o viendo la televisión, donde quiera que sea, en solidaridad y el recuerdo de lo que realmente la música de Michael Jackson ha hecho para nosotros y lo que significa el hombre en este lugar. Nos inclinamos para orar... Padre Nuestro Celestial, hoy te damos gracias por la memoria de Michael Jackson, quien significa mucho para nosotros, incluso en estos momentos. Gracias por el don de la música que nos ha dado, gracias por el hombre que fue y por lo que trató de hacer con su vida. Te pedimos, Padre, que nos recuerdes que podemos realmente hacer una diferencia si nos decidimos a hacerlo. Ayúdanos a llevar un mensaje de amor, de sanación y paz con nosotros a medida que avanzamos, a demostrar amor cuando vamos a la escuela, a demostrar amor cuando vamos a trabajar, a demostrar amor mientras caminamos por las calles de nuestra ciudad y ya no hacer la vista gorda a las necesidades de quienes cruzamos cada día. Que dejemos de juzgar a la gente por el color de su piel, por el acento de su voz. Vamos a mirar más en el corazón de cada hombre, mujer, niño y niña con el deseo verdadero de llegar a esa persona con el amor que Michael Jackson nos mostró en su música. Pero, incluso ahora, el Rey del Pop debe inclinarse ante el Rey de Reyes, y te pedimos que nos recuerdes Señor, que nuestras vidas no son más que polvo, que estamos aquí por un momento y luego, nos iremos. Gracias, Señor, por la manera en que Michael impactó en nosotros y que desde ahora nosotros impactemos en los demás. Oramos para que este momento no sólo lo recordemos como un evento que hemos disfrutado, sino que sea más bien un recordatorio de que nosotros también podemos hacer el cambio. Bendícenos y protégenos con el amor que protegiste a Michael. Te ofrecemos esta oración en el nombre glorioso de Jesús, nuestro Señor, Amén, Dios los bendiga".

Michael fue enterrado el 3 de septiembre de 2009 en el Forest Lawn Memorial Park en Glendale, California. Fue una ceremonia privada al aire libre para la familia y amigos más íntimos, entre ellos Elizabeth Taylor, Macaulay Culkin, Chris Tucker, Kenny Ortega, Corey Feldman, Quincy Jones y Lisa Marie Presley. Paris, Prince y Blanket colocaron una corona sobre el ataúd de su padre. Los oradores, entre ellos Joe Jackson, el padre de Michael, y el reverendo Al Sharpton, se dirigieron a los invitados desde el escenario, que estaba adornado con seis grandes ramos de lirios blancos y rosas blancas. Después de la ceremonia, los hermanos Jackson llevaron el féretro al mausoleo.

Quise incluir en este capítulo los discursos completos de las personas que asistieron al memorial de Michael en el Staples Center porque cada una de ellas expresa, no sólo cuánto significaba Michael en sus vidas, sino porque también destacan la huella imborrable que este gran mensajero de amor dejó con su entrega artística y humanitaria en el mundo entero. Todos ellos, algunos más cercanos a Michael que otros, transmiten en sus testimonios que Michael era realmente valioso como artista, pero mucho más valioso como ser humano, con sus virtudes y defectos, con sus equivocaciones y aciertos, pero un ser humano cuyo corazón latía inspirado y estimulado por ayudar a quien lo necesitara. La trascendencia de Michael en la historia, su impacto en la humanidad, la música y la cultura es de proporciones épicas.

This is it –Esto es todo– ¿En verdad lo es? Creo firmemente que esto no es todo. Como expresa Smokey Robinson, estoy convencida de que hay algo más. Cuando Michael murió y yo comencé a sentirme tan desolada por su muerte, algunas personas me decían "Michael Jackson ya fue, se murió, listo, punto". Asombrada por sus frías apreciaciones, yo les contestaba: "No. Se equivocan: ¡Michael Jackson recién empieza!" Estoy totalmente convencida de eso. Yo misma soy la prueba viviente, como muchísimas personas más alrededor del mundo de diferentes razas y culturas, de su inmortalidad, personas que sin conocerse entre sí expresaron sentir de la misma manera. Y esto es posible porque se trata de AMOR, sencillamente de AMOR, el sentimiento universal más portente y maravilloso que no tiene religión, ni color, ni inclinación política.

Una gran cantidad de fans que se autodenominan "Believers" –"Creyentes"–, están convencidos de que Michael está vivo en algún lugar paradisíaco y solitario del mundo, y que simuló su muerte para dar una gran lección a los medios y a la gente que lo injurió y maltrató. Creo que Michael era mucho más sabio de lo que algunos fans y la gente en general pueden advertir. Michael era inmensamente culto, muy instruido, muy leído y un gran autodidacta, extremadamente inteligente, pero por sobre todas las cosas era un hombre con mucha fe en Dios. Aunque yo desee con toda mi alma que los "hechos" que los

"Believers" presentan sean verdaderos, cuando pienso en la fe y la sensibilidad de Michael, siento que estos "hechos" son demasiado descabellados... Y termino concluyendo que Michael jamás haría pasar por este terrible dolor a sus hijos, a su familia y a un billón de personas alrededor del mundo.

Con sus mensajes de amor, y siempre inspirado en Jesús, Michael Jackson nos mostró el camino para el cambio dejándonos una gran tarea por realizar, empezando por nosotros mismos. Debemos dejar de lado la frialdad, debemos recordar que todo aquél que está a nuestro lado es nuestro hermano. Debemos reflexionar sobre nuestros actos y hacernos responsables de ellos. Debemos dejar de mirar con ojo crítico lo que hace nuestro vecino y empezar a mirarnos a nosotros mismos. Es necesario deshacernos de prejuicios y actitudes negativas. Debemos hacer el bien, dar amor a los demás y también aprender a amarnos a nosotros mismos. Debemos aprender a mantener un pensamiento positivo; porque somos lo que pensamos y atraemos lo que somos. Es necesario que aprendamos a vivir nuestra vida desde la espiritualidad, a sacralizar cada acto y cada instante de nuestra existencia y a sentir la presencia de nuestro Creador en el centro de todo. Es necesario que comencemos a enseñar todo esto a nuestros niños desde nuestro hogar y desde la educación escolar para fortalecerlos interiormente, y para que en el futuro puedan gozar de vivir en un mundo habitado por seres humanos más amorosos y sanos espiritualmente. La humanidad fue dejando de lado lo espiritual para enfocarse en lo material. Con sus dogmas, algunas religiones transformaron a sus fieles en fanáticos intolerantes de cualquier otro credo, raza o ideología política. En lugar de unirse en el amor –principio fundamental de todas las religiones– se destruyen unos a otros con violencia y odio. Por eso, no se trata de ser religiosos y cumplir al pie de la letra las doctrinas de nuestra fe, sino de aprender a vivir nuestro día a día de manera espiritual. Como todos los seres vivos nacemos, crecemos, nos reproducimos y morimos. En medio de todo esto –nada más y nada menos que "vivir"–

disfrutamos y sufrimos. Creo que conformarse con esto es una opción muy válida, sin embargo, yo elegí otra opción: la de apertura de conciencia. Esa es la sensación que tengo cuando reflexiono acerca de lo que Michael provocó en mí. Michael me despertó, favoreció a mi apertura de conciencia, y me inspiró a continuar el camino que había comenzado a transitar, el camino de la espiritualidad y la solidaridad. Entonces, ¡gracias a Dios que esto no es todo! Lamentablemente, Michael tuvo que partir para que muchas personas "despertaran", y esta es la parte más triste y dolorosa... Sin embargo, Carl Jung sostenía que *"No es posible enfrentarse a la consciencia sin dolor. La gente es capaz de hacer cualquier cosa, por absurda que sea, para evitar enfrentarse a su propia alma. Nadie se ilumina imaginando figuras de luz sino haciendo consciente la oscuridad".*

Dear Michael, mi mensajero amoroso, esto no es todo. Estarás siempre vivo en mí y en millones de personas con tu mensaje de amor y el sabio lenguaje de tu arte y tu esencia resonando en nuestro Ser...

Capítulo VII

El cielo no pudo esperar

"... Cuando quieran estar cerca de mí, escuchen mi música. El amor se almacena allí, y nunca morirá..."

Michael Jackson

Sigmund Freud decía que la negación es un mecanismo de defensa por medio del cual rechazamos aquellos aspectos de la realidad que percibimos como desagradables o dolorosos. Dichos aspectos se presentan como conflictos emocionales que superan al individuo, y entonces se produce la negación. A veces, este mecanismo de defensa es beneficioso, sin embargo en la mayoría de los casos, la negación puede ser sumamente perjudicial.

Michael era todo amor y entrega, pero no era un superhéroe, un ángel en la tierra o una deidad, Michael era un ser humano y como tal tenía los mismos altibajos, miedos, dudas y conflictos que tenemos todos. Michael tenía un problema serio y negarlo sería casi un acto de necedad. Él fue el primero en negar y minimizar que tuviera una dificultad. Luego, parte de su entorno familiar y amistades recurrieron a este mecanismo de defensa, lo cual no lo ayudó en absoluto. Y Michael necesitaba desesperada y urgentemente ayuda. Sólo, no podía.

De acuerdo a las apreciaciones de profesionales muy cercanos a Michael, como el doctor Chopra o la enfermera Cherilyn Lee, que trató a Michael para el trastorno del sueño a principios de 2009, amigos que intentaron intervenir para ayudarlo a recuperarse de esos dolores que lo llevaron a la dependencia de analgésicos y sedantes tan potentes, afirman con mucho pesar que Michael solía minimizar la situación. Así fue encontrando a médicos "facilitadores" que ponían su beneficio económico por delante de la salud de su paciente.

Michael padecía de dolores crónicos muy penetrantes en la espalda, en las piernas y en los pies, dolores que no se aliviaban con el tratamiento típico de reposo, analgésicos y calor. Las personas que padecen de dolor crónico, lo sienten día tras día, mes tras mes, y les parece imposible de curar. Además de estos dolores físicos, Michael arrastraba desde hacía muchos años, un dolor emocional muy profundo. Nadie está exento de sentirlo en algún momento de la vida y, a veces, no queremos enfrentarlo o tratamos de evadirlo. Michael, en su esencia era frágil y vulnerable, pero enfrentó con una fortaleza de hierro muchas etapas dolorosas que le tocó atravesar en su vida. Sin embargo, esto causó estragos en su interior. El daño emocional ya estaba hecho.

Durante un largo período de tiempo, y tal vez debido a los dolores físicos y emocionales que padecía, Michael no había logrado conciliar el sueño, y su insomnio crónico lo llevó a buscar alivio mediante el uso de un sedante muy potente, el Propofol. Esta droga se administra para la inducción y el mantenimiento de la anestesia general en pacientes que se someten a procedimientos quirúrgicos y de diagnóstico. Michael necesitaba desesperadamente "anestesiarse" ante su dolencia física y emocional, y desatinadamente confió su salud y su vida en manos del doctor Conrad Murray. No se conoce quién fue el primer médico en recetar y administrar Propofol al Rey del Pop.

Según la orden de registro del 27 de junio de 2009, Murray dijo a los detectives que había estado usando 50 mg de Propofol (diprivan) diluido con lidocaina (xylocaine) por vía intravenosa cada noche durante los últimos dos meses para tratar el insomnio de Michael. La noche del 25 de junio, Michael había tenido más dificultad para conciliar el sueño, por lo que le suministró otros sedantes:

- 01.30 am 10 mg de valium

- 02.00 am 2 mg lorazepam (ativan)
- 03.00 am 2 mg midazolam (versed)
- 05.00 am 2 mg lorazepam (ativan)
- 07.30 am 2 mg midazolam (versed)
- 10.40 am 25 mg Propofol (diprivan) diluído con lidocaina (xylocaine)

De acuerdo a los registros del teléfono móvil del doctor Murray, éste realizó llamadas durante 47 minutos antes de encontrar a Michael inconsciente. Mientras él hablaba por teléfono desde otra habitación con su amante, con su esposa y con algunos pacientes, Michael sufrió un paro respiratorio. Murray intentó revertir los efectos del Propofol inyectando un antídoto para estimular su sistema nervioso, a la vez que realizaba la reanimación cardiopulmonar "sobre la cama", como muestra la llamada al servicio de urgencias que realiza Alberto Álvarez, uno de los guardaespaldas de Michael, a las 12:21 pm del 25 de junio.

911: *Departamento de paramédicos y bomberos 33. ¿Cuál es su dirección y emergencia?*

Alberto Álvarez: *Sí, señor. Necesito una ambulancia cuanto antes, señor.*

911: *OK, señor, ¿cuál es su dirección?*

Alberto Álvarez: *Los Ángeles California, 90077*

911: *¿Carolwood?*

Alberto Álvarez: *Carolwood drive, sí.*

911: *OK señor, ¿cuál es el número de teléfono del que llama y que sucedió exactamente?*

Alberto Álvarez: *Señor, tenemos a un caballero aquí que necesita ayuda. Dejó de respirar. No respira. Estamos tratando de reanimarlo pero no responde.*

911: *OK. ¿Qué edad tiene?*

Alberto Álvarez: *50 años, señor.*

911: *¿50? OK. ¿Está inconsciente, no respira?*

Alberto Álvarez: *Así es, no respira, señor.*

911: *...y tampoco está consciente...*
Alberto Álvarez: *No, no está consciente, señor.*
911: *OK. ¿Está en el suelo? ¿Dónde está él ahora?*
Alberto Álvarez: *Está en la cama, señor, está en la cama.*
911: *OK, llévelo al piso...*
Alberto Álvarez: *OK.*
911: *...llévelo al piso, le ayudaré con la reanimación. ¿De acuerdo? Estamos en camino, le ayudaré mientras llega la ayuda. ¿Alguien vio lo que pasó?*
Alberto Álvarez: *Si, su médico personal está con él, señor.*
911: *¿Hay un médico allí?*
Alberto Álvarez: *Sí, pero no está respondiendo a nada, señor. No responde a la RCP ni a nada.*
911: *OK, bueno, estamos en camino. Si ustedes han empezado con la RCP y están supervisados por un doctor, entonces él tiene una autoridad mayor que yo. ¿Alguien vio lo que pasó?*
Alberto Álvarez: *No, sólo el doctor. El doctor era el único que estaba aquí.*
911: *OK, entonces ¿el doctor vio lo que pasó?*
Alberto Álvarez: *(Le pregunta a Murray) Doctor, ¿usted vio lo que ocurrió? (Respuesta inaudible – Álvarez vuelve al teléfono) Por favor, dense prisa.*
911: *Estamos en camino. Estamos en camino. Necesito hacer estas preguntas para informar a los paramédicos que están en camino, señor.*
Alberto Álvarez: *Gracias, señor. Él está masajeando su pecho pero no responde a nada, señor. Por favor.*
911: *OK. Estamos en camino, aproximadamente a 1,5 km. Estaremos allí pronto.*
Alberto Álvarez: *Gracias, señor, gracias.*
911: *Llámeme de nuevo si necesita algo más.*
Alberto Álvarez: *Gracias, gracias.*

Debido a la mala información de Murray, los paramédicos orientaron el tratamiento como si fuera un paro cardíaco, pero era un paro respiratorio. Los paramédicos llegaron nueve minutos después, y reportaron que encontraron a Michael sin pulso y sin respiración. Continuaron la reanimación cardiopulmonar y lo trasladaron al UCLA Medical Center, en Los Ángeles a la 1:14 pm.

A pesar de los esfuerzos de los médicos, Michael fue declarado muerto a las 2:26 pm. Pocas horas después, Jermaine Jackson anunció la muerte de su hermano en la sala de prensa del centro médico.

"El legendario Rey del Pop, Michael Jackson, falleció el día jueves 25 de junio de 2009 a las 14.26 h. Se cree que sufrió un paro cardíaco en su casa. Sin embargo, la causa de su muerte es desconocida hasta que los resultados de la autopsia se conozcan. Su médico personal, quien estaba con él en el momento, trató de reanimar a Jackson, al igual que los paramédicos que le transportaron al Ronald Reagan UCLA Medical Center. Al llegar al hospital aproximadamente a las 13.14 hs., un equipo de médicos, incluido los cardiólogos y médicos de emergencia, realizaron intentos de reanimación por un período de más de una hora, sin tener éxito. La familia de Jackson pide a los medios de comunicación respetar su privacidad mientras transcurre este trágico momento".

El 27 de septiembre de 2011 comenzó en Los Ángeles el juicio al médico cardiólogo Conrad Murray acusado de homicidio involuntario por la muerte de su paciente, Michael Jackson. *"Las pruebas demostrarán que Michael Jackson puso su vida en manos de Conrad Murray y esa confianza le costó la vida"*, dijo el fiscal David Walgren en su alegato de apertura. *"Las pruebas demostrarán cómo Conrad Murray actuó con negligencia y abandonó a su paciente, violando no solo todas las reglas médicas sino también la simple decencia entre seres humanos"*, aseveró el fiscal.

El doctor Steven Shafer, último testigo citado por la fiscalía, es especialista mundial en Anestesiología y, particularmente, en el potente sedante que Murray le administró a Michael como somnífero. El doctor Shafer manifestó que accedió a testificar porque le *"preocupa que la reputación de los médicos esté bajo cuestión debido a lo público del caso"* y espera *"ayudar a restaurar la confianza en los anestesistas". "Todos los días, en la sala de operaciones, cuando explico a los pacientes lo que voy a hacer, me preguntan: '¿Me van a dar la droga de Michael Jackson?'"*, dijo el doctor, y aclaró que la sedación que proveyó Murray a Jackson no refleja las prácticas de la profesión. *"Quiero mostrar cómo los anestesistas realizamos la sedación para que los pacientes no tengan miedo. No deberían tener miedo; el Propofol es un anestésico formidable".*

El doctor Shafer dominó el estrado, proporcionando horas y horas de testimonio médico convincente para el enjuiciamiento. El aporte y conocimientos del doctor Shafer fueron claves para que el jurado –y el resto del mundo que vio el juicio en directo por Internet–, pudiera comprender la negligencia grave cometida por el doctor Murray.

El doctor Shafer expuso que Murray administró a Michael cuatro veces más Propofol y diez veces más Lorazepam de lo que declaró a la policía. El experto anestesista mostró al jurado un video que demuestra la forma correcta de administrar el anestésico propofol a un paciente. El vídeo también mostró los procedimientos que se realizan cuando el corazón de un paciente deja de latir, muy diferentes de los procedimientos utilizados por el doctor Murray en la habitación de Michael. Uno a uno fue eliminando metódicamente los diferentes escenarios y afirmó que no hay manera de que una sola dosis de propofol (ni de 25 mg, de 50 mg o de 100 mg) pudiera matar a Michael. También eliminó la teoría de la defensa de que Michael se había auto-inyectado varias dosis de Propofol. El doctor Shafer demostró que hay sólo un escenario posible: Michael estaba conectado a un goteo intravenoso de Propofol. Para demostrarlo, instaló el sistema de goteo que creía que el doctor Murray había utilizado para suministrar a Michael el Propofol.

Durante los días que el doctor Shafer declaró como testigo para la defensa, fue enumerando ante el jurado 17 violaciones graves a los estándares de cuidado de pacientes cometidas por el doctor Murray y afirmó que el médico personal de MJ fue directamente responsable por la muerte del Rey del Pop. Describió a Conrad Murray como una persona "sin idea" sobre el uso del anestésico y dijo que no supo qué hacer cuando Michael dejó de respirar. *"El simple hecho de darle a Jackson el anestésico para ayudarle a dormir fue excesivo"*, dijo Shafer. *"Estamos en la tierra del nunca jamás de la farmacología. A Michael Jackson le hicieron algo que nunca se le ha hecho a otra persona, al menos que yo tenga conocimiento. Cuando Murray se dio cuenta de que Jackson no respiraba, no había otra cosa más importante que llamar a los números de emergencia"*, declaró el doctor Shafer dirigiéndose a los integrantes del jurado. También agregó que Murray actuó como "un empleado" al obedecer a Michael proporcionándole el sedante que éste le pedía, cometiendo violaciones atroces a su profesión. *"Michael Jackson quería Propofol todas las noches para poder dormir y Conrad Murray le decía 'sí'. Eso es lo que hace un empleado. No está ejerciendo su juicio médico; 'sí' es lo que dice un empleado"*, afirmó el anestesista Steven Shafer. *"La relación doctor-paciente consiste en que el doctor debe poner al paciente en primer lugar. Eso no significa que haga lo que el paciente le pide, sino lo que es adecuado para el paciente"*, dijo Shafer. *"Un doctor le hubiera dicho 'No te voy a dar nada; tienes un trastorno del sueño' y lo hubiera referido a un especialista"*, dijo Shafer. *"Michael Jackson murió porque dejó de respirar, algo que es completamente normal y rutinario durante un procedimiento, pero no es un problema porque el doctor debe estar allí para reabrir las vías del paciente"*. El doctor Shafer expuso que *"En el caso de la sedación, la cantidad tiene que ser la suficiente y no más, así que, el médico debe estar constantemente en la cabecera de la cama"*. Murray había dicho que fue al baño un par de minutos luego de sedar a Michael y que, al volver, notó que no respiraba. Shafer comparó muy inteligente y didácticamente la acción de Murray con la del conductor de un "motor home" que va al baño abandonando el volante con el vehículo en marcha. *"Murray salió de la habitación sabiendo que abandonaba al paciente. En 25 años de anestesista nunca he salido del quirófano. Si necesito hacerlo, llamo a un colega para que me reemplace. Tengo pacientes que dejan de respirar todos los días, es de rutina, no es gran cosa porque yo sé qué hacer. La muerte de Michael Jackson fue el resultado esperado de su negligencia. Usted no puede realizar varias tareas, hablar por celular, enviar mensajes de texto y mails, sin monitores y alarmas. Un paciente a punto de morir no se ve muy diferente de cualquier otro. Sin equipos no se puede saber lo que está sucediendo. No se realizó una observación continua desde que Murray salió de la habitación. Durante la anestesia es común que el paciente deje de respirar por momentos, pero el médico está ahí para respirar por ellos. A veces, las vías respiratorias se bloquean, pero los médicos están ahí, justo ahí, para dar tratamiento de inmediato. Haber elevado el mentón del Sr. Jackson en el momento que su respiración disminuía hubiera hecho que pudiera seguir respirando. Me resulta difícil de comprender que cuando alguien está en paro cardíaco, el médico se ocupa de dejar un correo de voz a alguien. Es inexcusable".* Asimismo, el experto dejó en claro que *"en el lugar no había prácticamente ninguna de las medidas preventivas que se toman cuando se administra Propofol".*

Desde el inicio del juicio la defensa demostró e insistió sobre la ausencia de monitores y equipo médico en la habitación de Michael. Conrad Murray sólo se apoyaba en un oxímetro de pulso SIN alarma. Según el doctor Shafer, otra de las violaciones atroces fue que *"a Jackson no se le indicó que ayunara ocho horas antes de la administración de la anestesia para evitar que haya materia en el estómago; y que no había una bomba de infusión en el lugar, sin la cual la tasa de goteo de Propofol no puede ser precisada, lo que fácilmente puede derivar en una sobredosis",* dijo el experto.

Todas estas violaciones sumadas a la falta de un monitor de ritmo cardíaco y a la ausencia de un registro médico, *"contribuyeron a la muerte de Michael Jackson",* dijo Shafer, y agregó que Murray *"cometió, además, una "violación ética" al negarle a la familia de Jackson la posibilidad de ver la historia médica del cantante. El registro médico no es opcional. Tenerlo es fundamental; constituye una responsabilidad con el paciente y con su familia".*

Cada estándar de cuidado que Murray no cumplió fue contribuyendo al triste final de Michael. Aunque Murray hubiera llamado a emergencias inmediatamente, Michael habría tenido problemas neurológicos a causa del tiempo transcurrido sin oxígeno en su cerebro. Michael habría sobrevivido, pero con graves consecuencias neurológicas. Si Murray hubiera tenía el equipo necesario y hubiera cumplido con su tarea cuidando a su paciente como corresponde, hoy Michael estaría vivo y sano.

El doctor Shafer afirmó en su testimonio que *"Hacer respiración boca a boca por un médico es una violación grave. El Sr. Jackson necesitaba oxígeno, no aire expirado de Murray. Hay medicamentos que pueden revertir o antagonizar los efectos de alguna de las drogas tipo valium, lorazepam, midazolam. Murray sabía que le había dado mucho más lorazepam del que informó, y le dio un antídoto. Murray no reveló haberle dado Propofol, esta es una desviación grave por retener la información durante una emergencia. Es imperdonable".* Para llevar tranquilidad a la gente, Shafer expresó que *"el público debería saber que el Propofol es un fármaco seguro cuando se usa adecuadamente."*

El fiscal David Walgren concluyó su interrogatorio del día preguntándole a Shafer: *"¿Usted opinaría que Conrad Murray es directamente responsable de la muerte de Michael Jackson por sus violaciones graves y abandono del cantante?"* *"Es completa y absolutamente imperdonable"*, respondió el experto profesor e investigador en la Universidad de Columbia.

Las 17 faltas graves que cometió Conrad Murray, cuatro de las cuales son "atroces, inmorales e inadmisibles", según el doctor Shafer.

1. Ausencia de equipos de vía aérea de emergencia básicos.

2. Ausencia de equipos de vía aérea de emergencia más avanzados.

3. Ausencia de aparatos de succión.

4. Ausencia de una bomba de infusión.

5. Ausencia de oximetría de pulso (con alarma).

6. Ausencia y la imposibilidad de utilizar un medidor de presión arterial.

7. Ausencia de electrocardiograma.

8. Ausencia de capnógrafo.

9. Incumplimiento en mantener una relación médico-paciente.

10. Incumplimiento en mantener un seguimiento constante del estado mental del paciente.

11. Incumplimiento en mantener un seguimiento constante de la respiración del paciente.

12. Incumplimiento en mantener un seguimiento de forma continua y disponer de un tensiómetro, oximetría de pulso y monitores de frecuencia cardíaca para mantener una vigilancia alerta constante.

13. Incumplimiento en llamar al 911 inmediatamente.

14. Incumplimiento en llevar un registro desde el inicio del procedimiento.

15. Incumplimiento en llevar un informe y consentimiento por escrito.

16. Incumplimiento en llevar un registro a lo largo de la sedación.

17. Incumplimiento en comunicar tanto a los paramédicos como al UCLA el uso de Propofol y los hechos acerca de lo que el doctor Murray afirmó ser un paro cardíaco.

El fiscal David Walgren no vaciló en su alegato final ante el jurado. *"Michael Jackson confió en Conrad Murray y pagó con su vida por ello"*, y calificó los actos del médico personal de Michael como *"un acto de negligencia criminal"*, responsable de haberle administrado a su paciente un cóctel mortal de sedantes con una dosis final del anestésico Propofol que desembocaron en un paro cardíaco. Walgren además acusó al cardiólogo de mentir, esconder evidencias y tratar de salvar su puesto de trabajo a toda costa. *"Se mire como se mire, él fue un factor sustancial en la muerte de Jackson"*. Asimismo, Walgren repasó los testimonios más importantes de las seis semanas de juicio, y reafirmó el hecho de que era la primera vez que un médico inyectaba Propofol en un domicilio particular, lejos de un hospital y sin el equipo médico necesario.

"Su comportamiento fue bizarro", aseveró el fiscal. *"El hecho de no haber llamado a emergencias de forma inmediata es algo grave, y más si se trata de un médico"*. Para finalizar su alegato, Walgren se refirió a los hijos de Michael diciendo que las graves faltas profesionales del médico, quien habría actuado estimulado por su jugoso sueldo de 150.000 dólares, privaron a los hijos de Jackson de un padre y al mundo de "un genio". *"Para Prince, Paris y Blanket este juicio no terminará hoy porque han perdido a su padre"*, concluyó Walgren.

En el segundo día de deliberaciones, el jurado finalmente emitió un veredicto unánime y declaró a Conrad Murray culpable de homicidio involuntario por la muerte de Michael Jackson. *"Nos decidimos sobre tres temas centrales,"* dijo un miembro del jurado en una entrevista días después de finalizado el juicio, *"no llamar al 911, no tener el equipo médico y él salir de la habitación. Eso fue lo más importante de este caso"*.

El juez, Michael Pastor, emitió su veredicto el 29 de noviembre de 2011. Fecha hasta la cual Murray debió permanecer en prisión cautelar sin posibilidad de fianza.

Apenas cinco días después de la condena a Murray, la cadena MSNBC transmitió un documental con el título *"Michael Jackson y el doctor"* el cual incluía escenas de Murray insistiendo en que Michael le "suplicaba y rogaba" que le suministrara el anestésico propofol. El especial de la MSNBC mostraba el juicio desde la perspectiva de Murray y su equipo de defensa.

"No me siento culpable porque no hice nada malo", dijo Murray en el documental.

El juez Pastor explicó durante 30 minutos su decisión de condenar a Murray a la pena máxima, a pesar de que el médico era técnicamente elegible para libertad condicional. Durante la lectura del veredicto, Murray se vio abatido por las duras, pero impecables y sensatas palabras del juez.

"Uno de los aspectos más difíciles de la tarea de juzgar, es el de aplicar una sentencia adecuada, justa y ecuánime. Nunca es una responsabilidad fácil o divertida. Es aún más complicado cuando un juez se enfrenta a decisiones discrecionales. En muchos de nuestros casos, las condiciones están escritas en piedra y el juez no tiene albedrío. Pero cuando un juez es llamado a ejercer su albedrío, es una responsabilidad muy importante, y esa responsabilidad se ve agravada en un caso como éste, en el cual ninguna de las partes dice que el Dr. Murray actuó de forma deliberada al ser responsable de la muerte del difunto, Michael Jackson. Incluso la fiscalía acaba de reconocer que el Dr. Murray no tenía la intención de que Jackson muriese.

De modo que el tribunal es llamado a utilizar su sentido de la justicia y la decencia, así como los diversos factores que ha adquirido en los últimos años de su experiencia en la configuración de lo que cree que es una sentencia apropiada en este caso.

Hay quienes sienten que el Dr. Murray es un santo, hay quienes sienten que el Dr. Murray es el diablo. No es ni uno ni otro. Es un ser humano. Y está condenado por la muerte de un ser humano. Y esa muerte no se basa en una simple negligencia civil, sino en una negligencia criminal, y es importante que el tribunal se dé cuenta de que esa es la norma apropiada. El nivel de negligencia criminal o grave, y el hecho de que un jurado de 12 personas de muy diferentes experiencias de vida y procedencia llegó a la conclusión por unanimidad, y más allá de toda duda razonable, de que el Dr. Murray, con negligencia criminal, causó la muerte de Michael Jackson. Es importante destacar el nivel de negligencia criminal encontrado por este jurado, más allá de toda duda razonable, ya que algunos pueden pensar que se trataba de un caso de mala praxis. No lo era. Ha sido y es un caso de homicidio criminal y este jurado encontró, más allá de toda duda razonable, que el acusado, con negligencia criminal causó la muerte de Michael Jackson.

La negligencia criminal se define de la siguiente manera, "negligencia criminal implica algo más que un descuido común, falta de atención, o error de juicio. Una persona actúa o deja de cumplir con su obligación legal con negligencia criminal, cuando: 1) él o ella actúa o deja de cumplir la obligación legal de una manera irresponsable creando un alto riesgo de muerte o lesiones corporales graves y 2) una persona razonable debería haber sabido que actuar o no cumplir con el deber legal de esa manera crearía un riesgo. Una persona actúa con negligencia criminal cuando la forma en que actúa es tan diferente de la forma en que una persona normalmente cuidadosa actuaría en la misma situación y en la que su acto equivale al desprecio por la vida humana o la indiferencia a las consecuencias de ese acto.

Es importante recordar y concentrarse en esos términos y no tratarlos caballerosamente como algunos pueden estar diciendo: "bueno, simplemente sucedió" y "bueno, si no hubiera sido el doctor Murray, lo habría hecho otro médico". Me desvinculo categóricamente de ese tipo de afirmaciones. Esto no se trata sobre qué pudo haber sucedido o que hay si otro médico hubiera estado involucrado. Eso es un insulto a la profesión médica. El hecho es que Michael Jackson murió a causa de las acciones e incumplimientos por parte del Dr. Murray. No otro médico, y tampoco exclusivamente a causa de Michael Jackson.

Acepto la invitación del señor Chernoff de leer todo el libro, y lo he hecho. He quedado impresionado por la presentación de la familia, amigos y compañeros del Dr. Murray. Se trata de un libro de la vida del doctor Murray, pero también he leído el libro de la vida de Michael Jackson. No capítulos aislados. Lamentablemente, en lo que concierne al doctor Murray, el capítulo más importante en lo que respecta a este caso, es el capítulo que compete al tratamiento, o la falta de tratamiento de Michael Jackson y Michael Jackson murió, no a causa de un caso aislado o incidente. Murió a causa de un conjunto de circunstancias, que son directamente atribuibles al Dr. Murray. No fue debido a un error o un accidente en la madrugada del 25 de junio de 2009, sino a una serie de decisiones que el Dr. Murray tomó y que pusieron en peligro a su paciente, violando sus obligaciones para con su paciente y la esencia de su juramento hipocrático. Esas violaciones superan los tratamientos de otros pacientes del doctor Murray y las buenas obras que él pudo haber hecho con anterioridad

El Dr. Murray creó un conjunto de circunstancias y se involucró en un ciclo de medicina horrible. El uso de propofol en locura medicinal, violando su juramento por dinero, fama y prestigio. Por lo tanto, no me fijo en un incidente aislado en cuanto a las fechorías o las obras del Dr. Murray. Pero en este caso, el Dr. Murray incurrió en un patrón recurrente y continuo de engaños y mentiras, y lamentablemente ese modelo era para ayudarse a sí mismo.

Es inconcebible que el Dr. Murray hiciera esto durante tanto tiempo. Las mentiras y el engaño comenzaron y continuaron durante las seis semanas de testimonio, para construir un conjunto de circunstancias absolutamente asombrosas. Las mentiras desde el inicio de su relación médica en la residencia de Holmby Hills en términos de ordenar propofol en cantidades asombrosas, cantidades sin precedentes. Las mentiras a la farmacia y el farmacéutico, el engaño sofisticado e intencional en este sentido, la mentira y el engaño repetido a los asociados del Sr. Jackson, ya sean miembros del personal, del equipo de producción, AEG, y asociados personales y profesionales del señor Jackson.

La serie continua de mentiras al personal de seguridad y asistentes de Michael Jackson en un momento crítico, las mentiras atroces a los proveedores de atención médica, paramédicos y personal médico del UCLA, que no tenían la intención de ayudar a su paciente, sino todo lo contrario, fueron elaboradas para engañar y dar al Dr. Murray una salida. Los esfuerzos por parte del Dr. Murray de subvertir el proceso mediante el intento de destruir pruebas. Los esfuerzos posteriores para cubrirse con distorsiones y mentiras ante la ley.

Si uno mira el delito de homicidio involuntario en forma aislada, se puede decir ""aquí algo fue mal, muy mal, y es trágico", pero es críticamente importante no tener una reacción visceral superficial *de lo que ocurrió en este caso, sino evaluar la totalidad de las circunstancias en cuanto al gran incumplimiento de carácter por parte del Dr. Murray para atender a su paciente y al evaluar esto, uno no puede evitar sentirse ofendido por las circunstancias en este caso.*

De todo lo que vi y escuché durante el curso del juicio, un aspecto de la evidencia que más se destaca, es la grabación subrepticia de Michael Jackson por su médico de confianza. Y en repetidas ocasiones me he preguntado "¿por qué sucedió esto? ¿Para qué?" Y se puede especular y suponer que podría haber habido alguna razón justificada, algún beneficio para Michael Jackson, lo cual sería una conclusión completamente irrazonable. Esa grabación era la póliza de seguro del doctor Murray. Fue elaborada para grabar subrepticiamente a su paciente en su momento más vulnerable. Ni siquiera puedo imaginar que eso pudiera suceder a ninguno de nosotros. Es una horrible violación de la confianza. Y no puedo dejar de pensar que si hubiera habido algún conflicto entre Michael Jackson y el Dr. Murray en un momento posterior en su relación, ¿qué valor habría tenido esa grabación, si la elección hubiera sido entregarla a los medios de comunicación para ser usada en contra de Michael Jackson. Y lamentablemente, ese incumplimiento de carácter se vio agravado por las acciones posteriores del Dr. Murray, cada una de las cuales equivale a una traición de la confianza, confidencia, y una clara violación de la relación médico-paciente y el debilitamiento de la responsabilidad y el papel fenomenal que el personal sanitario (médicos, enfermeras, paramédicos, auxiliares de salud) realiza en nuestra sociedad. Respetamos a los médicos, ya que trabajan con diligencia y hacen sacrificios para mantenernos sanos. Y, sin duda, el Dr. Murray lo hizo, pero en algún momento las cosas se pusieron muy mal para el Dr. Murray y cuando tuvo la oportunidad de salirse, no lo hizo. Se quedó y se metió en más y más problemas y traicionó a los juramentos y principios de su profesión médica.

De manera que, yo evalúo la totalidad de las circunstancias, y cuando evalúo la totalidad de las circunstancias y cuando miro todo el libro de la vida del doctor Murray, también evalúo el capítulo que más me perturba, y al que haré referencia a continuación.

Elizabeth Johnson

No puedo decir que mi opinión cambió después de conocer la producción que involucra al Dr. Murray después del veredicto del jurado. El Dr. Murray dice: "Yo no me siento culpable". El Sr. Chernoff reconoce con franqueza que Murray tenía parte de culpa, pero no hemos oído eso directamente de Murray. No lo escuchamos cuando el Dr. Murray interactuó con el personal de seguridad de Holmby Hills. No lo escuchamos del doctor Murray cuando habló con los paramédicos Seneff y Blunt. Por supuesto, no lo escuchamos cuando el Dr. Murray informó a las doctoras Cooper y Nguyen mientras estas intentaban salvar una vida. No lo escuchamos cuando el Dr. Murray habló con los detectives de la policía de Los Ángeles y, sin duda, no lo escuchamos en el documental embarazoso en el que el Dr. Murray dice: "Yo no me siento culpable, no fui imprudente, no les dije del propofol, porque nunca me preguntaron y no era importante", y cuando el Dr. Murray dice que se siente traicionado y atrapado por Michael Jackson. ¡Cielos! ¡Culpa a la víctima! No sólo no hay ningún remordimiento, hay resentimiento e indignación por parte del Dr. Murray contra el difunto, que no tuvo ningún indicio de la menor participación en este caso.

Escuchar al Dr. Murray decir que fue sólo un espectador que de pronto apareció en la escena y se puso en esta situación debido a las acciones de los demás, ya sea de miembros de la familia, miembros de AEG, el señor Jackson o cualquier otra persona.

Esos son los factores que me causaron gran preocupación porque la esencia de la libertad condicional es reconocer que alguien pudo haber hecho algo malo, tener algo de responsabilidad, un cierto remordimiento. ¿Por qué dar libertad a alguien que se siente ofendido por la idea de estar ante el tribunal? No se puede tener libertad condicional cuando no hay un reconocimiento de rehabilitación y responsabilidad. Y lamentablemente, el Dr. Murray no tiene ninguna de ellas. El Dr. Murray es sin duda legalmente elegible para libertad condicional. Hice un esfuerzo por encontrar motivos para que el Dr. Murray fuese legalmente elegible para libertad condicional, y realmente, no me convenció ninguno. El Dr. Murray es elegible para libertad condicional, pero el tribunal se niega a concederle la libertad condicional por una serie de razones y, al tomar esa decisión, reconozco que el

Dr. Murray a lo largo de sus 58 años prestó servicios a la comunidad y ha ayudado a muchas personas. Pero también reconozco que, sin duda, violó la confianza y confidencia de su paciente, el señor Jackson, repetidas veces. Michael Jackson, como paciente vulnerable del Dr. Murray y responsable de la vida del señor Jackson. El Dr. Murray participó en un sofisticado esquema para obtener propofol a través de medios insidiosos mintiendo a los farmacéuticos, sin llevar registros, y permitiendo que su vida personal interfiera con sus responsabilidades profesionales. En el momento en que la gente espera que el Dr. Murray sea sincero con ellos respecto a la condición de salud del Sr. Jackson, el doctor Murray miente. Miente a la gente de AEG, miente al señor Ortega, miente a la compañía de seguros y cualquier otra persona. Y está ocupado en asuntos personales, mientras debe prestar atención a sus pacientes.

Cualquiera que tenga una visión objetiva de lo que sucedió aquí, tiene que llegar a la conclusión ineludible de que el Dr. Murray abandonó a su paciente, y esto no ocurrió una sola vez. Se trata de una serie inaceptable y atroz de desviaciones de las normas de cuidado, que socavan la relación médico-paciente y que son una vergüenza para la profesión médica, una profesión honorable que lleva la mancha, el azote de lo que pasó aquí.

Así que, de nuevo, no estamos hablando de un error aislado. Estamos hablando es de una desviación grave continua. Así que, por esos factores, el tribunal toma la determinación de que el Dr. Murray no es un candidato adecuado para una concesión de libertad condicional. La solicitud de libertad condicional bajo las reglas de la corte es denegada.

La pregunta es entonces, ¿cuál es el período adecuado de encarcelación. El tribunal tiene muchas opciones, incluyendo penas de tipo híbrido autorizadas en el acto de reestructuración de 2011, y la condena directa. Este tribunal no tiene autoridad legal para encarcelar el doctor Murray en una prisión estatal. Yo no tengo esa autoridad legal y ciertamente cumpliré con la ley en ese sentido. La legislatura de este estado firmó un acto que declara la reestructuración de ciertos delitos, no pudiendo las condenas por delitos graves ser cumplidas en una prisión, y el homicidio involuntario es uno de *esos delitos. Yo no tengo esa autoridad legal. Tengo que determinar la sanción correspondiente, y al hacerlo, este tribunal se guía por una tríada de posibles condenas pudiendo imponer: 2, 3, o 4 años. El tribunal ya no tiene que sopesar las circunstancias agravantes o atenuantes, pero tiene que exponer sus motivos.*

El tribunal ha determinado que el término apropiado es la condena más alta de 4 años de prisión. Tomé esta decisión porque el Dr. Murray abandonó a su paciente que confiada en él. Su paciente era vulnerable en esas circunstancias, después de que su proveedor de atención médica le administrara drogas potencialmente peligrosas. La conducta del Dr. Murray se extendió por un período de tiempo. El Dr. Murray mintió reiteradamente, tuvo una conducta engañosa, y se esforzó por encubrir sus transgresiones. Él violó la confianza de la comunidad médica, de sus colegas, y de su paciente. Y no tiene absolutamente ningún sentido de remordimiento, ningún sentido de culpa, y por lo tanto sigue siendo peligroso.

Es fácil decir 'Bueno, sí, el Dr. Murray es médico, es un hombre inteligente y sofisticado, no tiene antecedentes penales, no puede ser licenciado para practicar la medicina en el futuro (a pesar de que no tiene nada que ver conmigo, no tengo ninguna autoridad sobre eso).

El hecho es que el doctor Murray se siente ofendido por el paciente moribundo y no tengo idea de lo que podría hacer en el futuro que pudiera ser peligroso para un paciente si continúa ejerciendo la medicina en los Estados Unidos o incluso, en otros lugares. Creo que el Dr. Murray es tan imprudente según la ley y la definición de negligencia criminal, además de lo que he leído, escuchado y visto en este caso, y la conducta posterior del doctor Murray, que creo que es un peligro para la comunidad.

He tenido en cuenta todos los factores y he dicho mis razones. La naturaleza y el carácter del delito distinguen a este cargo de homicidio involuntario, y este caso, como en otros casos de homicidio involuntario, hay un aspecto fundamental del sistema de justicia penal que está en juego, el aspecto fundamental del castigo.

Debe quedar muy claro que no se tolerará la práctica de medicina experimental y el señor Jackson fue un experimento. El hecho de que participó en ello, no excusa o disminuye la culpa del doctor Murray que simplemente podría haberse alejado como lo hicieron un sinnúmero de profesionales. El Dr. Murray se sintió intrigado por el cliente potencial y se involucró en esta locura de medicina por dinero, y simplemente, es algo que no voy a tolerar.

De modo que, en cuanto a la condena en este caso, la solicitud de libertad condicional es denegada, el tribunal impone el término de prisión más alto de 4 años en conformidad con la Ley de reestructuración de 2011 y las disposiciones de los códigos penales de la sección 1170 subdivisión H. La condena de 4 años se cumplirá en la cárcel del condado de Los Ángeles bajo el cuidado, supervisión y dirección del Sheriff del Condado de los Ángeles.

Como criminal condenado, se le ordena al Dr. Murray proveer las muestras y pruebas de sangre, saliva, huellas dactilares y huellas de las palmas para fines policiales de investigación y el banco de ADN de datos de estado. Y su rechazo voluntario para proveer las muestras especificadas es un delito separado".

Lamentablemente, la encarcelación de Murray podría terminar de forma prematura y no con la mitad del tiempo de la sentencia como es habitual en estos procesos, sino aún con menos tiempo debido a la sobrepoblación carcelaria en el condado de Los Ángeles. Katherine, la madre de Michael, expresó luego de la sentencia que *"Cuatro años no es suficiente por la vida de alguien. Creo que el juez fue muy justo y se lo agradezco. Cuatro años no me devolverán a mi hijo, pero esa es la ley. El juez le dio la pena máxima. Agradezco al juez y a los fiscales. Creo que todo ha ido bien".*

"Perdimos a nuestro padre, mejor amigo y compañero de juegos". Prince, Paris y Blanket Jackson.

Jermaine Jackson concedió una entrevista al periódico The Sun y se expresó acerca de la sentencia del Juez Pastor.

"Por más que los titulares digan lo mismo, lo que ocurrió ayer no fue justicia. La verdadera justicia no debería sentirse tan vacía y sin sentido. "Justicia" no es tener a un payaso como doctor actuando tan criminalmente negligente con la vida de Michael, que termine matándolo y recibiendo una sentencia tan lamentable. Eso no es

justicia natural. Es la "justicia" para que la Fiscalía y el Juzgado lo anoten como otra sentencia.

Para nosotros como familia, es como si la justicia –en el sentido de la palabra verdadero, doloroso y para que el resultado iguale al crimen realizado– hubiera sido denegada por un tecnicismo.

Permítanme decirles cómo la justicia debería –y podría haber sido–: Con Conrad Murray acusado, y condenado, de asesinato en segundo grado, yendo a la cárcel durante décadas. Una vida entre rejas por una vida perdida, por sus elecciones temerarias, habilidades inútiles y su despreocupación por la vida humana.

Como alguien que estuvo en el juicio y vio todas las pruebas antes de que Murray fuera declarado culpable de homicidio involuntario, sé que había justificaciones legales suficientes para aumentar los cargos a asesinato en segundo grado.

En Estados Unidos, la malicia está "implícita" si la negligencia de una persona es tan increíblemente temeraria. Y Murray lo fue.

También sé que la Oficina del Fiscal en LA consideró esta ruta. Pero optaron por el cargo menos arriesgado, del cual era más fácil conseguir una condena. Era la opción más segura, aunque las numerosas pruebas demostraban que el cargo debía ser mayor. Por eso, cuando veía la sentencia contra Murray en la Corte ayer, me sentí más resignado que aliviado. Porque estuve viendo todo el proceso, desde las mociones hasta la sentencia tan débil de homicidio involuntario.

No culpo al Juez Michael Pastor. La condena más alta era de cuatro años. Desde el principio, este caso, la verdad y las circunstancias que causaron la muerte de Michael –el Juez no ha podido hacer nada. El Juez Pastor tenía las manos atadas y dio la sentencia más alta, pero 4 años son insuficientes.

Lo que sí agradecí fue que el Juez se "desvinculó" de las sugerencias que indicaban que Michael habría muerto con o sin Murray.

Esa mentira, que de alguna forma Michael se auto-administró o contribuyó a su propia muerte, se fue a la cárcel junto con todas las mentiras de Murray. Sólo espero que por cada día que Murray pase en la cárcel, le persiga lo que hizo de la misma manera en la que a nosotros nos persigue lo que no hizo: mantener a Michael sano y vivo.

La imprudencia de Murray ha arrancado un hijo, hermano y tío a esta familia. Ha privado a Prince, Paris y Blanket de un padre maravilloso que los adoraba. Ha privado al mundo de un artista genial cuya música sólo podía haber continuado su evolución. Y le negó a Michael el mejor regreso de la historia –un regreso que llevaba soñando mucho tiempo. Estaba a punto de empezar un nuevo capítulo en su vida. Los conciertos de 'This Is It' en Londres eran sólo el principio de un plan de 5 años para cambiar las cosas y recuperar su estado financiero. De hecho, estaba finalizando el pago inicial de 15 millones de dólares de una casa en Las Vegas. Ese pago era una de las últimas cosas de las que Michael habló durante los ensayos, antes de irse a casa para esa noche maldita.

La insensatez de Murray le negó a Michael el nuevo y excitante futuro que le esperaba. He visto algunas malas informaciones que han puesto a Murray como la "cabeza de turco" y que la muerte de mi hermano se debió a su "adicción a las drogas".

Nada de esto es verdad –como las pruebas lo demostraron–. Para que conste: Michael no tenía ninguna dependencia al Demerol en el momento de su muerte, tal y como se dijo en el juicio. Es verdad que tuvo una dependencia en 1993 que continuó afectándole durante casi una década. Pero las circunstancias de 2001 no le mataron en 2009, por mucho que la Defensa de Murray intente vincular el pasado con el futuro. En resumen: No había Demerol en la casa ni en su cuerpo. Y eso que era un "adicto".

Michael sufría de insomnio crónico y murió porque quería dormir, no porque quisiera colocarse, y confió en Murray para que lo ayudara de una forma poco ortodoxa, con Propofol. Michael sabía que era la única medicación que podía ser efectiva para un insomnio agravado por las giras.

El Propofol es como una pistola: seguro en las manos correctas, pero en las manos equivocadas es mortal. Michael puso su vida en las manos equivocadas de Murray.

Uno de los aspectos más dolorosos del juicio fue darnos cuenta de lo fácil que habría sido salvar a Michael. Si Murray le hubiera *monitoreado, en lugar de hablar con sus novias, habría visto que Michael había dejado de respirar. Si hubiera tenido el equipamiento necesario y hubiera llamado al 911 en lugar de quedarse parado durante 15 minutos, habría habido una oportunidad real de salvarlo. Si no hubiera mentido a los paramédicos omitiendo su uso de Propofol. Si hubiera sido un profesional que sabía lo que hacía, Michael hoy estaría vivo.*

Todavía me persigue la inacabable lista de "Si hubiera...". También me persiguen las verdades que se esconden detrás del caso de Murray.

Esta información es la que descubrí cuando escribí mi libro: You Are Not Alone: Michael, Through A Brother's Eyes. Recibí muchas críticas por mi libro, pero no sólo quería decir la verdad sobre la humanidad de Michael sino que quería que los fans entendieran que, nosotros como familia, nos hemos enterado de muchas cosas que sucedieron en los ensayos para 'This Is It'.

Fue allí –tras bambalinas y lejos de las cámaras– donde el cuerpo de Michael empezó a dar señales del envenenamiento gradual del Propofol. Estaba siendo administrado a un nivel tal que convirtió el cuerpo de mi hermano en algo tóxico. Era, de hecho, un hombre muerto andante antes de morir. Michael se desmayó en el escenario, tenían que ayudarle a subir escaleras, la mitad de su cuerpo estaba fría y la otra mitad caliente, y no tuvo la energía para levantar un objeto liviano durante un ensayo de Thriller. Algo iba muy mal, pero la actitud de "el show debe continuar" prevaleció. Sin duda, ayudado de las mentiras de Murray de que Michael estaba perfectamente sano.

Creo que la historia detrás del declive en su salud y el tratamiento de parte de ciertas personas –temas de los que nunca se habló durante el juicio porque el ámbito de pruebas era muy pequeño– es preocupante. De lo que los testigos me dijeron para mi libro, demasiada gente se centró en el dinero y perdió todo el interés en el frágil humano. Basándome en la condición tan mala en la que Michael estaba, 'This Is It' debería haberse cancelado el 20 de Junio. En otras palabras, Michael se podría haber salvado días antes del 25 de Junio.

Para nosotros, como familia, esto forma parte de una negligencia mucho más grande. Es por esto que hemos presentado una demanda civil contra AEG donde, espero, muchas otras verdades serán descubiertas. La condena y la sentencia de Murray es el primer paso de una justicia aún mayor. Nada nos puede devolver a Michael. Nada puede cambiar la realidad de la condena de Murray. Pero es nuestro deber para honrar su memoria destapar toda la verdad de lo que le sucedió. Quizás entonces comencemos a sentirnos reivindicados. Quizás entonces comencemos a sentirnos menos vacíos. Quizá entonces podamos descansar, sabiendo que la "verdad", a veces es la definición de la verdadera justicia". Jermaine Jackson, noviembre 2011

La grabación subrepticia a la que se refiere el Juez Pastor, fue presentada por los fiscales como prueba en el primer día del juicio. La triste conversación dura un poco más de cuatro minutos y fue grabada en el teléfono celular del doctor Conrad Murray, el 10 de Mayo de 2009, apenas seis semanas antes de que Michael falleciera...

MJ: *Elvis no lo hizo, los Beatles no lo hicieron, nosotros tenemos que ser fenomenales. Cuando la gente se vaya de mi show, cuando la gente deje mi show, quiero que digan: 'Nunca vi nada como esto en mi vida. Vayan... Vayan... Nunca vi nada como esto en mi vida, vayan... Es asombroso, es el mejor artista del mundo'. Tomaré ese dinero y haré un hospital para un millón de niños, el más grande del mundo, el hospital de niños Michael Jackson. Tendrá un cine, un cuarto de juegos. Los niños están deprimidos. En los hospitales no hay cuarto de juegos, no hay cines. Los niños están enfermos porque están deprimidos, su mente los está deprimiendo. Quiero darles eso, me preocupo por ellos, son ángeles. Dios quiere que yo lo haga. Dios quiere que yo haga esto. Lo voy a hacer, Conrad.*

CM: *Sé que lo harás.*

MJ: *No tienen la esperanza suficiente, no hay más esperanza. Es la siguiente generación, la que salvará a nuestro planeta, para comenzar... Ya lo hablaremos... Estados Unidos, Europa, Praga, mis bebés, ellos andan por ahí sin madre, los abandonaron, quedaron con una degradación psicológica producto de eso. Ellos me piden: por favor* llévame contigo... Quiero hacer esto por ellos. Lo haré por ellos. Eso será recordado más que mis actuaciones. Mis actuaciones serán para ayudar a mis niños, ha sido mi sueño siempre. Los amo... Los amo porque yo nunca tuve una infancia... No tuve una infancia, siento su dolor, siento que están dolidos, yo puedo hacer algo. 'Heal the world', 'We are the world', 'Will you be there', 'The lost children'... Escribí esas canciones porque me duele, ¿sabes? Me duele...

(13 segundos de silencio)
CM: ¿Estás bien?
(3 segundos de silencio)
MJ: *Estoy dormido...*

Duerme bien, mi mensajero en servicio, a salvo y protegido
En las suaves alas de los arcángeles, bajo su abrigo
Y cuando el sol se alce sobre las montañas del País del Nunca Jamás
Prestos propagarán tu luz para nuestro gran despertar
En las primeras horas de la alborada
Los ángeles susurrarán un soplo de vida a tu alrededor
No más pena, no más dolor
Sólo felicidad en el nuevo mañana
Sonarán campanas tibetanas y los querubines cantarán
El Reino de los Ángeles danzará a tu alrededor
Templos dorados y Catedrales de luz resplandecerán
Un coro de ángeles dará una fiesta bajo un sauce en tu honor
Es un nuevo día, mi emisario en servicio
Despierta ahora a la vida en un haz de profunda luz azul
Envuelto en cintas de plata brillante
Reflejando sobre el mundo tu luz interior
Puedes abrir los ojos ya, mi mensajero
Mientras deslizo mis dedos suavemente por tus rizos
Te prometo que la vida ya no dolerá
Fuiste un regalo de Dios para el mundo, y te amamos más

Capítulo VIII

Palabras que brillan

*"Si quieres hacer de este mundo un lugar mejor,
mírate a ti mismo y haz el cambio"*

Michale Jackson
"Man in the mirror" – *"El hombre en el espejo"*

En este capítulo comparto algunas citas y discursos de Michael, los cuales nos permiten conocer en profundidad su filosofía de vida, su sensibilidad y humanidad. Si tan solo una de sus palabras hace resonancia en tu Ser y te inspira a realizar el gran cambio, entonces otra parte de mi misión con este libro está completa.

"En una de las piezas del álbum Dangerous, les digo: "Canciones de vida de todos los tiempos palpitan en mi sangre, han bailado al ritmo de la marea y las inundaciones". Esta es una afirmación muy literal, porque los mismos intervalos del milagro y el ritmo biológico que resuenan en la arquitectura de mi ADN, también gobiernan el movimiento de las estrellas. La misma música gobierna el ritmo de las estaciones, el pulso de los latidos de nuestro corazón, la migración de las aves, el flujo y las corrientes oceánicas, los ciclos de crecimiento, la evolución y disolución. Es la música, es el ritmo. Y mi meta en la vida es dar al mundo lo que tuve la suerte de recibir: el éxtasis de la unión divina a través de mi música y mi baile. Su gusto, mi propósito, es por lo que estoy aquí".

"El sentido de la vida está contenida en cada expresión única de la vida. Está presente en la infinidad de formas y fenómenos que existen en toda la creación"

"Si llegas a este mundo sabiendo que eres amado y dejas el mundo sabiendo lo mismo, entonces cualquier cosa que pase en el intervalo entre ambos puede enfrentarse".

"Soy Peter Pan en mi corazón".

"Si no tienes ese recuerdo de amor de la infancia estás condenado a buscar por todo el mundo algo para llenar ese vacío. Pero no importa cuánto dinero ganes o lo famoso que te vuelvas, siempre seguirás sintiéndote vacío".

"Soy una persona muy sensible. Una persona con sentimientos muy vulnerables. Mis mejores amigos en el mundo entero son los niños y los animales. Ellos dicen la verdad y te aman abiertamente, sin reservas. Los adultos saben cómo ocultar sus sentimientos y sus emociones, mienten. Te sonreirán a la cara y te criticarán por detrás. Los niños no han aprendido a hacerlo todavía y no pueden hacerte daño".

"Si un niño tiene algo contra ti, te lo dice; sin embargo, los adultos mienten y pretenden engañarte".

"La inocencia de un niño es una fuente de energía inagotable".

"El secreto del actor, es ser tú mismo".

"Me gusta mejorar, no me gusta dar un paso atrás".

"Me encanta crear magia, hacer algo que sea tan extraño, tan inesperado, que la gente alucine".

"Lo maravilloso de una película, es que puedes convertirte en otra persona. Me gusta olvidarme de quien soy. Y ocurre muchas veces, es como si estuvieras en piloto automático".

"Lo que más me gusta de actuar es que la gente se siente feliz. Hacer sonreír a una persona significa para mi más que cualquier cosa".

"Yo creo que los humanos también tienen capacidad de volar; el problema es que no sabemos pensar los pensamientos adecuados que te permitan levitar".

"Tenemos que curar a este mundo herido. El caos, la desesperación y la destrucción sin sentido que vemos hoy día son el resultado de la alienación que siente la gente entre sí y el medio ambiente."

"La gente siempre estará dispuesta a pensar lo peor de ti. No importa lo que hagas o las buenas intenciones que tengas, siempre habrá un idiota que tratará de hundirte".

"Tengo prejuicios contra la ignorancia. Contra eso tengo prejuicios principalmente. Es sólo ignorancia, y se aprende, porque no es algo genético en absoluto. Los niños pequeños en países como Venezuela, Trinidad, no tienen prejuicios. Me gustaría que entrecomillaras esto también. Realmente no soy una persona con prejuicios. Creo que la gente debería pensar más sobre Dios y la Creación... Mira todas las maravillas dentro del cuerpo humano, los diferentes colores de los órganos, los colores de la sangre, y todos esos colores hacen cosas diferentes en el cuerpo humano. Es el sistema más increíble del mundo; el ser humano es una construcción increíble. Y si eso puede ocurrir en el cuerpo humano ¿por qué no podemos hacerlo como gente? Así es como me siento. Y por eso deseo que el mundo haga algo más. Eso es reamente lo único que odio."

"Trato de escribirlo, ponerlo en una canción. Ponerlo en un baile. Ponerlo en mi arte y mostrarlo al mundo. Si los políticos no pueden hacerlo, yo quiero hacerlo. Tenemos que hacerlo. Los artistas lo ponen en cuadros. Los poetas lo ponen en poemas, novelas. Eso es lo que tenemos que hacer. Creo que es muy importante para salvar el mundo."

"Pensar es el mayor error que un bailarín puede cometer. No hay que pensar, hay que sentir".

"Si oyes una mentira muy seguido, empiezas a creerla".

"No trates de escribir la música, deja que esta se escriba sola".

"Es bueno que la gente piense que soy una persona y no una personalidad. Porque cuando uno crece ante los ojos del público, como yo lo hice, se tiende a ser automáticamente diferente".

"Si puedes soñarlo, puedes hacerlo".

"Las mentiras corren carreras cortas, pero la verdad corre maratones".

"Todo viene con un paquete, es como atrapar una hoja que cae de un árbol. Es lo más espiritual, una cosa hermosa que alguna vez sucede, y a veces me pongo de rodillas y hago una oración de agradecimiento a Dios por haberlo traído a mí."

"Me disfrazo por distintos motivos. Me gusta estudiar a la gente, aunque sean dos ancianas en un banco o unos niños en los columpios, porque no sé lo que es encajar en una situación de la vida diaria".

"Cuando estoy sobre el escenario me siento en casa. Es allí donde vivo. Es allí donde nací. Es donde me siento seguro".

"Tanto mamá como papá sabían que la música era una forma de mantener a la familia unida en un vecindario donde las pandillas reclutaban a chicos de la edad de mis hermanos".

"Me siento culpable si me quedo sentado cuando sé que podría estar haciendo algo".

"Es muy duro que tu vida se convierta en propiedad pública, incluso teniendo en cuenta que la gente se interesa por ti debido a tu música".

"Cuando no estoy sobre un escenario, no soy el mismo, soy diferente. Creo que, en cierto modo, soy adicto al escenario. Cuando no puedo subirme a un escenario durante mucho tiempo, me empiezan a dar ataques y me vuelvo loco. Empiezo a llorar, actúo de forma extraña y descontrolada. No es una broma, me ocurre eso, empiezo a bailar por toda la casa".

"Pase lo que pase, la cosa más poderosa del mundo es la mente humana y la oración y creer en ti mismo, y tener confianza y perseverancia. No importa cuántas veces lo hagas: Hazlo hasta que esté bien. Y siempre cree en ti mismo. No importa a quién tengas alrededor que pueda ser negativo o echarte energía negativa. Bloquéala por completo. Porque te conviertes en lo que crees. Lo más importante: Sé humilde. La humildad que tiene un niño, un recién

nacido. Aunque seas poderoso, o tengas poder en la gente con tu talento, como cuando Miguel Ángel hacía una escultura, debajo de todo eso era tan humilde como un niño, como un bebé, y hay que ser así de amable y de entregado y dar amor... No dejar que el orgullo se suba a la cabeza."

"Si te aceptas a ti mismo completamente, la confianza se vuelve total. No hay más separación entre la gente, porque no hay más separación en tu interior. En el sitio donde solía vivir el miedo, el amor tiene su espacio para crecer."

"El proceso de escribir canciones es algo muy difícil de explicar porque es muy espiritual. Realmente lo dejas en manos de Dios, es como si ya estuviera escrito de antes, de verdad. Como si la canción hubiera sido escrita entera antes de que nacieras y tú eres el canal a través del cual llega esa canción, de verdad, te llega sin esfuerzo. No tienes que pensarlo mucho. A veces me siento culpable cuando pongo mi nombre a las canciones, las escribo, las compongo, escribo las letras, hago la música, la melodía, pero aun así es un trabajo de Dios".

"Uno está conectado a una fuente superior, y sólo tienes que dejarte llevar por el momento y te conviertes en uno con el espíritu. No quiero parecer religioso o algo por el estilo, pero es muy espiritual, muy parecido a la religión, y es un don dado por Dios y sólo tienes que dejarte llevar. Y me siento honrado de haberlo recibido. Y, es divertido convertirse en uno con el público. Es una unidad, ¿sabes?"

"Entregas tu talento, tus habilidades... El talento que te ha sido dado desde el Cielo. Por eso estamos aquí, para proporcionar un sentido de escapismo en tiempos de necesidad. Si eres un pintor, pintas. Si eres un escultor, esculpes. Si eres escritor, escribes. Si escribes música, das tus canciones. Si eres un bailarín, ofreces tu danza. Le das a la gente un poco de amor y un toque de escapismo, y les muestras que realmente te preocupas de corazón, y que estás ahí para ellos. No solo en la distancia, sino que les demuestras que de verdad te preocupas. Ya sabes, dar un paso adelante y estar ahí. Y eso es lo que hice, y muchos otros que se preocuparon y ayudaron... Eso es algo importante".

"La gente quiere bailar. Es parte de la condición humana, es parte de nuestro funcionamiento biológico. Nuestras células bailan con el ritmo del corazón. Fíjate que un niño de un año empieza a bailar si le pones música. ¿Cómo aprendes a bailar? Porque es algo biológico. No es sólo escucharlo con los oídos, es sentirlo. Y al poner música, la hierba, los árboles, las flores... A todo le influye la música. Se ponen más bonitas y más vibrantes en su crecimiento. La música es una sustancia muy importante y poderosa, y todos los planetas del universo hacen música. Es lo que se llama música de las esferas. Todos tienen una nota distinta, en armonía. Así que hay armonía incluso en el universo mientras estamos hablando".

"Los amo, de verdad, profundamente a todos y cada uno de ustedes".

"La buena música y las grandes melodías son inmortales. La cultura cambia, la moda cambia, la ropa... La buena música es inmortal. Todavía escuchamos a Mozart, Tchaikovski, Rachmaninov, cualquiera de ellos, cualquiera de los grandes. La buena música es como una gran escultura o un gran cuadro. Es para siempre, para que la aprecien generaciones tras generaciones para siempre".

"Ha llegado el momento. Es ahora que veo y siento otra vez ese llamado a ser parte de una música que no sólo conectará, sino que hará que todos se sientan uno, uno en la alegría, uno en el dolor, uno en el amor, uno en el servicio y en la conciencia".

"Escucho la canción completa y sus arreglos dentro de mi cabeza, lo que se supone que debe hacer cada instrumento, lo reproduzco hasta donde puedo con la boca hasta que encuentro el instrumento adecuado, no desisto hasta que consigo exactamente lo que quiero. Canto cada parte con la boca."

"La prensa escribe cosas raras sobre mí todo el tiempo. La distorsión de la verdad me molesta. Por lo general, no leo la mayor parte de lo que se publica, aunque oigo hablar de eso a menudo. No entiendo por qué sienten la necesidad de inventar cosas acerca de mí. Supongo que si no hay nada escandaloso que informar, es necesario convertir las cosas interesantes. Siento cierto orgullo al

Dear Michael

pensar que he salido bastante bien parado de todo ello, considerando todo. Muchos niños en la profesión del espectáculo terminaron cayendo en las drogas y destruyéndose: Frankie Lymon, Bobbie Driscoll, numerosas estrellas infantiles. Y yo entiendo que acaben recurriendo a las drogas, teniendo en cuenta las presiones enormes a las que son sometidos a una edad temprana. Es una vida difícil. Muy pocos logran mantener una infancia normal. Yo nunca he probado drogas, nada de marihuana, de cocaína, nada, quiero decir, ni siquiera he probado esas cosas. Esto no quiere decir que no estuviéramos nunca tentados de hacerlo. Éramos músicos que realizaban su trabajo en una época en la que el uso de drogas era corriente. No quiero dictar sentencia, ni siquiera es para mí un asunto moral, pero he visto que las drogas destruyen demasiadas vidas para pensar que se puede tontear con ellas. Ciertamente no soy ningún ángel, y puedo tener mis malas costumbres, pero las drogas no se encuentran entre ellas".

"Siempre quise poder contar historias, sabes, historias que vinieran de mi alma. Me gustaría sentarme frente a la chimenea y contarle historias a la gente; hacerlos ver fotos, hacerlos reír y llorar, llevarlos emocionalmente a cualquier parte, con algo tan simple como las palabras. Me gustaría decirles cosas para moverles el alma y transformarlos. Siempre quise poder hacer eso. Imagínense cómo los grandes escritores deben sentirse, sabiendo que tienen ese poder. A veces siento que yo también podría hacer eso, Es algo que me gustaría desarrollar. De alguna forma, componer música requiere de esa habilidad, porque crea altos y bajos emocionales, pero la historia es un bosquejo. Es viva y brillante. Hay muchos libros que se enfocan en el arte de contar historias, cómo atraer oyentes, cómo juntar un grupo de personas y entretenerlos. Sin trajes, sin maquillaje, sin nada, solo tú y tu voz, y tu poderosa habilidad de llevarlos a culaquier parte, de transformar sus vidas, en sólo un par e minutos."

"No sé lo que podría hacer además de cantar, pero no estoy preocupado porque tengo el resto de mi vida para averiguarlo".

"Lo que uno quiere es ser tocado por la verdad y ser capaz de interpretar esa verdad de manera que uno puede usar lo que uno está

sintiendo y experimentando, ya sea desesperación o alegría en una forma que dará sentido a la vida y con suerte tocar a otros."

"La conciencia se expresa a través de la creación. Este mundo en que vivimos es la danza del creador. Los bailarines vienen y van en un abrir y cerrar de ojos, pero la danza vive. En muchas ocasiones, cuando estoy bailando, me he sentido tocado por algo sagrado. En esos momentos, he sentido mi espíritu elevarse y ser uno con todo lo que existe".

"Nuestros niños son lo más bonito, dulce y el tesoro más preciado de nuestras creaciones. Y todavía mueren 28 niños cada minuto. Hoy las vidas de nuestros niños corren peligro por las enfermedades, la violencia, la guerra, las armas, maltratos y abusos. Los niños tienen pocos derechos y nadie habla por ellos. No tienen voz en el mundo. Dios y la Naturaleza me han dotado con una buena voz. Ahora quiero usarla para ayudar a los niños. He fundado "Heal The World Fundation" para que sea la voz de los sin voz: los niños. Por favor, únanse a mí y a los niños para juntos, ayudar a sanar el mundo. Los padres, las comunidades, los gobiernos, todos los pueblos del mundo, debemos poner a nuestros hijos en primer lugar. Por último y lo más importante, quiero decir a los niños del mundo, todos sois nuestros niños, cada uno de ustedes es mi niño y los amo a todos. Muchas gracias".

"Daremos un concierto benéfico en Seúl, Corea, el 25 de junio para los niños necesitados en Corea del Norte y en Kosovo, África y en otras partes del mundo. He querido ayudar a estos niños que sufren desde hace un tiempo muy largo. Estos niños inocentes padecen este gran dolor a causa de los desacuerdos políticos y la codicia de los adultos".

"Me gustaría decir algo sobre la Fundación Negro College. La educación abre a las personas al mundo entero, y no hay nada más importante que asegurarse de que todo el mundo tenga la oportunidad de tener una buena educación. Querer aprender, tener la capacidad de aprender y no poder, es una tragedia. Estoy honrado de compartir una noche que quiere que esto no pase nunca".

"Siempre he querido hacer grandes cosas y lograr muchas cosas, pero por primera vez en toda mi carrera, siento que he logrado algo porque estoy en 'El libro Guinness de los Récords.'"

"Si quieres que el mundo sea un lugar mejor, mira en tu interior y comienza a cambiarlo. Nunca me siento totalmente satisfecho. Siempre deseo que el mundo sea un lugar mejor. Y eso es lo que trato de hacer con mi música: llevar felicidad a la gente"

"He visto a los muy ricos y a los muy pobres, pero sobre todo me interesan los pobres... Quiero apreciar lo que tengo, e intentar ayudar a los demás.Cuando voy a otros países, deseo ver las partes más pobres, quiero ver lo que es pasar hambre. No quiero oírlo o leerlo, quiero verlo. Es totalmente diferente cuando lo ves. Todo lo que he leído en los libros de escuela sobre Inglaterra y la Reina estaba bien, pero mis ojos son el mejor libro. Cuando estuvimos en el Royal Command Performance y después miré a los ojos de la Reina, ¡fue lo mejor! Y pasa lo mismo con la miseria, cuando la ves, aprendes más."

"Quiero dar las gracias a todos aquellos que me han ayudado a canalizar mi talento aquí en la Tierra".

"Cuando subo al escenario, no sé qué pasa. Se siente tan bien, es como si fuera el lugar más seguro del mundo para mí... Yo me crié en el escenario. Algunas personas fueron creadas para ciertas cosas, y creo que nuestro trabajo es entretener a todo el mundo. No veo ninguna otra cosa que yo pudiera hacer".

"Me encanta el mundo de la danza, porque bailar es mostrar tus emociones a través de los movimientos corporales. Y sin importar cómo te sientes, expresas tu sentimiento interior a través de su estado de ánimo. Mucha gente no piensa en la importancia de esto, pero hay un asunto psicológico en simplemente "soltarse". El baile es importante, como la risa para liberar tensiones. Es escapismo... es genial. Verdaderamente creo que cada persona tiene un destino desde el día en que nace; y que ciertas personas tienen una labor que están destinados a realizar".

"Hay algo que los niños y los animales tienen que me da cierto aire creativo, una fuerza que después durante la edad adulta se pierde por el condicionamiento que ocurre en el mundo. Un gran poeta dijo alguna vez: "cuando veo a los niños, veo que Dios no se ha rendido con el hombre". Un poeta de la India dijo eso y se llamaba Tagore. La inocencia de un niño representa para mí una fuente de una creatividad infinita. Ese es el potencial esencial de todo ser humano. Pero cuando eres un adulto estás condicionado por las cosas y desaparece. Los adultos perdieron esa cualidad de ser infantiles. Los niños son cariñosos, no dicen chismes, no se quejan, tienen el corazón abierto. Están listos para ti. Ellos no juzgan., no ven las cosas según su color. Son niños. Ese es el problema con los adultos, pierden esa cualidad de ser como un niño. Y es el nivel de inspiración que se necesita en todos y que es tan importante para crear y escribir canciones, para un escultor, un poeta o un novelista. Es desde ese mismo tipo de inocencia y nivel de conciencia que se crea. Y los niños lo tienen. Lo siento de inmediato de los animales, los niños y la naturaleza, por supuesto. Y cuando estoy en el escenario, no puedo actuar si no tengo ese tipo de interacción con el público. Ya sabes, una cierta causa y efecto, una reacción. Porque yo me inspiro en ellos para actuar. Ellos realmente me nutren y actúo desde su energía".

"Mi música favorita es una mezcla ecléctica. Por ejemplo, me encanta la música clásica. Me encanta Debussy. Preludio a la siesta de un fauno y Clair de Lune. Y Prokofiev. Podía escuchar 'Pedro y el lobo' una y otra y otra vez. Copland es uno de mis compositores favoritos de siempre. Enseguida reconoces sus personales sonidos de metal. 'Billy el Niño' es fabuloso. Escucho mucho a Tchaikovsky. Cascanueces es una de mis favoritas. Tengo una gran colección de música de espectáculos y películas; Irving Berlin, Johnny Mercer, Lerner y Loewe, Harold Arlen, Rodgers y Hammerstein, y el gran Holland-Dozier-Holland. Los admiro mucho a todos, de verdad".

"Creo que Dios escoge a ciertas personas para hacer determinadas cosas. Pienso en Miguel Ángel o en Leonardo da Vinci o en Mozart o en Muhammad Alí o en Martin Luther King... Yo todavía no he conseguido más que la superficie de lo que he venido a hacer aquí. Estoy comprometido con mi arte. Creo que toda forma de arte tiene como principal objetivo la unión entre lo material y lo espiritual, entre lo divino y lo humano. Para eso estoy realmente aquí. Y me siento afortunado por ser ese instrumento a través del cual fluye la música".

"La única razón por la que saldré de gira es recaudar fondos para la recién creada Heal The World, una fundación internacional a través de la cual pretendo ofrecer ayuda a los niños y al medio ambiente. Espero esta gira con ilusión porque me permitirá dedicar tiempo a visitar a niños de todo el mundo, así como difundir el mensaje de Amor Global, en la esperanza de que otros también se sientan llamados a hacer su parte para ayudar a Sanar el mundo".

"Creo que James Brown es un genio. Cuando estaba con los Famous Flames era increíble. Solía verlo en la televisión y me enojaba con el cámara, porque cada vez que empezaba a bailar, hacía planos cortos y no podía ver sus pies. Yo gritaba 'Muéstralo, muéstralo' para poder ver y aprender".

"Yo creo en la perfección, y trato de crearla en todo lo que hacemos. Parece que nunca la alcanzamos, pero creo en la ejecución perfecta. Y cuando no conseguimos al menos un 99,9%, me pongo mal, es una de las cosas que me molesta".

"Me ha influenciado la cultura musical de todo el mundo. He estudiado todo tipo de música, desde África hasta la India, y China, la música japonesa, la música es música y es toda hermosa. Por lo tanto, me han influenciado todas esas diferentes culturas".

"Amo lo que hago y me encantaría que la gente amase lo que hago y ser amado. Simplemente quiero ser amado dondequiera que vaya, por todo el mundo, porque yo amo a la gente de todas las razas, desde mi corazón con verdadero afecto".

"Mi idea de la magia no tiene mucho que ver con los trucos de escena ni con las ilusiones. El mundo entero está lleno de magia".

"Estar en el escenario es mágico. No hay nada igual. Sientes la energía de todos los que están allí".

"Soy bastante simple. Me encanta crear. Me encanta crear magia, lo inesperado".

"Esos hombres (Edison, Disney, Ford) han dado forma a nuestra cultura, a nuestras costumbres, la forma en que hacemos las cosas. Y creo que Dios planta estas semillas en las personas en la tierra. Y creo que tú eres uno, y yo soy uno que trae algo de dicha y escapismo, algo de alegría, algo de magia".

Gracias, Michael, por ese escapismo que tanto te esforzarte en brindarnos... Logras hacernos volar, delirar, soñar... Logras hacernos escapar de la realidad aunque más no sea por un momento... Ese escapismo maravilloso nos transporta sutilmente hacia tus susurros, tus suspiros y tus silencios... Nuestros sentidos se agudizan, se amplía nuestra percepción de tu resonancia y nos volvemos uno con tus latidos y tu Ser interno... Nos transformamos en la nota, en el acorde, en tus giros, en tus gemidos y en tu aliento... Gracias, Michael, por este maravilloso escapismo que nos regalas y que nos deja con esa sensación de éxtasis, plenitud y paz exquisita.

Discurso de Michael en la Universidad de Oxford, Londres. Marzo de 2001

"Gracias, gracias queridos amigos, desde el fondo de mi corazón, por esta bienvenida tan amable y entusiasta, y gracias a usted, señor presidente, por su amable invitación, la cual es un honor para mí aceptar.

También quiero agradecerte a ti en especial, Shmuley, que serviste como Rabino aquí en Oxford durante 11 años. Tú y yo hemos estado trabajando muy duro para formar Heal The Kids (Curar a los Niños), así como escribiendo nuestro libro sobre cualidades infantiles, y en todos nuestros esfuerzos has sido un amigo muy amable y me has apoyado mucho.

También quisiera agradecer a Toba Friedman, Directora de Operaciones de Heal The Kids, quien regresa esta noche a su alma mater donde fue rectora, así como a Marilyn Piels, otro miembro central del equipo de Heal The Kids.

Dear Michael

Me siento humilde al dar esta conferencia en un lugar donde han estado figuras ilustres como la Madre Teresa, Albert Einstein, Ronald Reagan, Robert Kennedy y Malcolm X. Incluso he oído que la Rana René estuvo una vez aquí, y siempre me he identificado con el mensaje de Ren, de que no es fácil ser verde. Estoy seguro de que estar aquí arriba no le fue más fácil a él que a mí.

Hoy al pasear en Oxford, no pude evitar reconocer la majestuosidad y grandeza de esta institución, sin mencionar la brillantez de las mentes geniales y talentosas que han rondado estas calles durante siglos.

Las paredes de Oxford no sólo han alojado a los más grandes genios filosóficos y científicos también han escoltado a algunos de los más queridos creadores de literatura infantil, desde JRR Tolkien hasta CS Lewis.

Hoy se me permitió entrar al vestíbulo-comedor de la Iglesia de Cristo para ver a Alicia en el País de las Maravillas de Lewis Carrolls inmortalizada en los vitrales. Incluso uno de mis compatriotas estadounidenses, el querido Dr. Seuss honró estos pasillos y dejó su huella en la imaginación de miles de niños alrededor del mundo. Supongo que debería comenzar por enumerar mis capacidades para hablar ante ustedes esta tarde.

Amigos, no presumo de tener la pericia académica de otros oradores que han hablado en este recinto, así como ellos podrían presumir muy poco de su habilidad para hacer el moonwalk [paso de baile característico de Michael] — y como sabrán, a Einstein en particular le salía terriblemente mal. Pero sí puedo decirles que tengo la experiencia de haber estado en más lugares y haber visto más culturas de las que la mayoría de la gente verá jamás.

El conocimiento humano no consiste solamente de bibliotecas de pergaminos y tinta, también lo comprenden volúmenes de conocimiento que están escritos en el corazón humano, esculpidos en el alma humana y grabados en la psique humana.

Y amigos, he encontrado tanto en esta relativamente corta vida mía que aún no puedo creer que sólo tengo 42 años. Seguido le digo a Shmuley que en años del alma seguramente tengo al menos 80 y esta noche, incluso camino como si tuviera 80 (Michael tenía un pie enyesado). *Así que, por favor atiendan a mi mensaje, porque lo que tengo que decirles hoy puede sanar a la humanidad y a nuestro planeta.*

Gracias a Dios, he sido afortunado de haber logrado muchas de mis aspiraciones artísticas y profesionales a una época temprana de mi vida. Pero estos, amigos, son logros, y los logros por sí solos no son sinónimo de quién soy. Ciertamente, el niño alegre de 5 años que cantaba Rocking Robin y Ben a las multitudes no era indicativo del niño detrás de la sonrisa. Hoy, vengo ante ustedes menos como un icono del pop, lo que sea que eso signifique, de todos modos, y más como un icono de una generación, una generación que ya no sabe lo que significa ser niños. Todos nosotros somos producto de nuestra niñez. Pero yo soy el producto de la falta de una niñez, de la ausencia de esa edad tan preciosa y maravillosa cuando retozamos juguetonamente sin un pesar en el mundo, gozando de la adoración de nuestros padres y parientes, donde nuestra preocupación más grande es estudiar para ese examen que tendremos el lunes por la mañana.

Aquellos de ustedes quienes estén familiarizados con el grupo Jackson Five saben que comencé mi carrera a la tierna edad de 5 años y que desde entonces, no he parado de bailar o cantar. Pero, aunque bailar y hacer música siguen siendo indudablemente dos de mis mayores alegrías, cuando era niño lo que más quería en el mundo era ser un niñito como cualquier otro. Quería construir casas en árboles, tener peleas de globos de agua, y jugar a las escondidas con mis amigos. Pero el destino lo quiso de otro modo y todo lo que pude hacer fue envidiar la risa y los juegos que parecían estar por todos lados a mí alrededor. No había descanso de mi vida profesional. Pero los domingos yo salía a hacer proselitismo, así se llama al trabajo misionario que hacen los Testigos de Jehová. Y era entonces que yo podía ver la magia de la niñez de otras personas. Como ya era una celebridad, me tenía que poner un disfraz que consistía de un traje obeso, peluca, barba y lentes y pasábamos el día en los suburbios de California del Sur, yendo de puerta en puerta o haciendo rondas en centros comerciales, distribuyendo la Atalaya. Me encantaba entrar a esas casas normales suburbanas y ver en alfombras lanudas y sillones

La-Z-Boy a niños jugando Monopolio y a las abuelas cuidando a los nietos y todas esas escenas ordinarias y maravillosas de la vida diaria. Muchos argumentarían que esto no parece ser gran cosa. Pero para mí era cautivador. Solía pensar que era único en sentir que me faltaba una niñez. Creía que de hecho, sólo había un puñado de personas con quienes podía compartir esos sentimientos. Cuando conocí recientemente a Shirley Temple Black, la gran estrella infantil de los años 30 y 40, al principio no dijimos nada. Simplemente lloramos juntos, pues ella compartía un dolor conmigo que sólo conocían personas como mis amigos cercanos Elizabeth Taylor y McCaulay Culkin. No les digo esto para ganarme su simpatía, sino para señalarles mi primer punto importante a tratar —no sólo estrellas infantiles de Hollywood han sufrido de una niñez inexistente.

Hoy en día, es una calamidad universal, una catástrofe global. La niñez se ha convertido en un gran accidente dentro del estilo de vida moderno. Por todos lados estamos creando estadísticas de niños que no han tenido la alegría, a quienes no se les ha concedido el derecho, a quienes no se les ha permitido la libertad, de saber lo que se siente ser niños.

Hoy los niños son constantemente alentados a crecer más rápido, como si este período llamado niñez fuera una carga que debe ser soportada y llevada a su fin tan velozmente como sea posible. Y a ese respecto, ciertamente soy uno de los más grandes expertos del mundo. La nuestra es una generación que ha sido testigo de la revocación del convenio padre-hijo.

Los psicólogos están publicando bibliotecas de libros detallando los efectos destructivos de negar a nuestros hijos el amor incondicional que es tan necesario para el saludable desarrollo de sus mentes y carácter. Y a causa de la negligencia, demasiados de nuestros niños deben, esencialmente, criarse solos. Cada vez se alejan más de sus padres, abuelos y otros miembros de la familia, a la vez que el lazo indestructible que una vez mantuvo unidas a las generaciones, se desenrolla a nuestro alrededor.

Esta violación ha gestado una nueva generación, llamémosla Generación E, que ha recogido la antorcha de la Generación X. La E [en inglés O, por "outside"] es por una generación que tiene todo en el exterior — riqueza, éxito, ropa y autos de moda, pero un doliente vacío en el interior. Esa cavidad en nuestro pecho, esa esterilidad en nuestro núcleo, ese vacío en nuestro centro es el lugar que el amor una vez ocupó y donde una vez latió el corazón.

Y no sólo son los hijos los que sufren, sino también los padres. Pues cuanto más cultivamos pequeños adultos en cuerpos de niños, tanto más nos alejamos de nuestras propias cualidades infantiles, y hay mucho en el ser niño que vale la pena retener en la vida adulta.

El amor, damas y caballeros, es el legado más preciado de la familia humana, es la herencia más valiosa, es patrimonio dorado. Y es un tesoro que se pasa de una generación a otra.

En épocas pasadas tal vez no había la abundancia de que disfrutamos hoy. Sus casas podrán no haber tenido electricidad, y apretujaban a sus muchos hijos en hogares pequeños sin calefacción. Pero en esos hogares no había oscuridad, ni pasaban frío. Refulgían con el resplandor del amor y eran acogedores gracias al calor mismo del corazón humano. Los padres, sin la distracción de la codicia por el lujo y el estatus social, otorgaban a sus niños primacía en sus vidas.

Como todos ustedes saben, nuestros dos países [Estados Unidos e Inglaterra] se separaron uno del otro por lo que Thomas Jefferson llamó ciertos derechos inalienables. Y aunque estadounidenses y británicos tal vez disputemos la justicia de sus declaraciones, lo que nunca ha estado en disputa es que los niños tienen ciertos derechos inalienables, y el resultado de la erosión gradual de esos derechos ha sido cantidades de niños de todo el mundo a quienes les son negadas las alegrías y la seguridad de la niñez.

De tal manera que quisiera proponer esta noche que se instituya en cada hogar una Declaración Universal de Derechos de los Niños, cuyos principios son:

¤ El derecho a ser amado, sin tener que ganártelo

¤ El derecho a ser protegido, sin tener que merecerlo

¤ El derecho a sentirte valioso, incluso si llegaste al mundo sin nada

¤ El derecho a ser escuchado, sin tener que ser interesante

¤ *El derecho a que se te narre un cuento para dormir, sin tener que competir con las noticias nocturnas o las telenovelas.*

¤ *El derecho a una educación, sin tener que esquivar balas en las escuelas*

¤ *El derecho de ser considerado adorable, incluso si tienes un rostro que sólo una madre podría amar.*

Amigos, la base de todo el saber humano, el comienzo de la conciencia humana, debe ser que todos y cada uno de nosotros sea objeto de amor. Antes de saber si eres pelirrojo o castaño, antes de saber si eres negro o blanco, antes de saber de qué religión formas parte, debes saber que eres amado.

Hace como 12 años, cuando estaba a punto de comenzar mi gira Bad, un niñito fue con sus padres a visitarme a mi casa en California. Se estaba muriendo de cáncer y me dijo cuánto le gustaba mi música y cuánto me quería. Sus padres me dijeron que estaba desahuciado, que podía morir cualquier día, y le dije: 'Mira, voy a ir a tu ciudad en Kansas para comenzar mi gira en tres meses. Quiero que vengas al concierto. Te voy a dar esta chaqueta que usé en uno de mis videos.' Sus ojos brillaron y dijo: '¿Me la vas a dar?' Yo dije 'Sí, pero debes prometerme que la usarás en el concierto.' Estaba tratando de hacerlo resistir. Dije: 'Cuando vengas al concierto quiero verte con la chaqueta y este guante' y le di uno de mis guantes de brillantes —y no suelo regalar los guantes de brillantes. Y él se sentía como en el cielo. Pero tal vez estaba demasiado cerca del cielo, porque cuando fui a su ciudad, ya había muerto, y lo habían enterrado con el guante y la chaqueta. Sólo tenía 10 años. Dios sabe, yo sé, que intentó resistir lo mejor que pudo. Pero al menos cuando murió, sabía que era amado, no sólo por sus padres, sino incluso por mí, un desconocido prácticamente, yo también lo amé. Y con todo ese amor, él sabe que no vino a este mundo solo, y ciertamente no se fue solo. Si llegas a este mundo sabiendo que eres amado y dejas el mundo sabiendo lo mismo, entonces cualquier cosa que pase en el intervalo entre ambos puede enfrentarse.

Un profesor podrá degradarte, pero no te sentirás degradado, un jefe podrá aplastarte, pero no serás destrozado, un gladiador podrá derrotarte, pero aún así triunfarás. ¿Cómo podría cualquiera de ellos *prevalecer en derribarte, cuando sabes que eres digno de amor? El resto es material de empaque. Pero si no tienes el recuerdo de ser amado, estás condenado a buscar por todo el mundo algo que te llene. Pero no importa cuánto dinero ganes o cuán famoso te vuelvas, aún así te sentirás vacío. Lo que en realidad estás buscando es amor incondicional, aceptación incondicional. Y eso es precisamente lo que te fue negado al nacer.*

Amigos, permítanme darles una idea más clara de la situación. Este es un día típico en Estados Unidos —seis jóvenes menores de 20 años cometerán suicidio, 12 niños menores de 20 años morirán por armas de fuego— recuerden, este es un día, no un año. Trescientos noventa y nueve niños serán arrestados por consumo de drogas, 1.352 bebés nacerán de madres adolescentes. Esto está sucediendo en uno de los países más ricos y más desarrollados del mundo. Sí, en mi país hay una epidemia de violencia que no se compara con la de ninguna otra nación industrializada. Estas son las formas en que la gente joven en Estados Unidos expresa su dolor y su ira.

Pero no crean que no existe la misma angustia y el mismo dolor entre sus semejantes en el Reino Unido. Estudios en este país muestran que cada hora, tres adolescentes en Reino Unido se hieren a sí mismos, a menudo cortando o quemando sus cuerpos o tomando una sobredosis. Así es como han decidido enfrentar el dolor del rechazo y la agonía emocional. En Gran Bretaña, el 20% de las familias sólo se sientan juntos a comer una vez al año. ¡Una vez al año! ¿Y qué hay de la honorable tradición de leerle a tu hijo un cuento antes de dormir? Estudios de los 80 muestran que a los niños a quienes se les lee, tenían mucha mejor habilidad para leer y escribir y tenían mejor aprovechamiento que sus compañeros en la escuela. Sin embargo, a menos del 33% de los niños Ingleses de entre 2 y 8 años se les lee un cuento. Puede que esto no les impresione demasiado hasta que sepan que al 75% de los padres de esos niños sí les leyeron cuentos a esa edad.

Está claro que no necesitamos preguntarnos de dónde viene todo este dolor, ira y comportamiento violento. Es evidente que los niños están vociferando contra la negligencia, estremeciéndose ante la indi-

ferencia y gritando sólo para llamar la atención. Las varias agencias de protección al menor en Estados Unidos dicen que millones de niños son víctimas de maltrato en la forma de negligencia, en un año promedio. Sí, negligencia, en casas de ricos, hogares privilegiados, donde tienen todos los aparatos electrónicos que hay. Hogares donde padres llegan a casa, pero no están realmente en casa, porque sus mentes siguen en la oficina. ¿Y sus hijos? Bueno, los niños se las arreglan lo mejor que pueden con las moronas emocionales que les tocan. Y no se obtiene mucho de interminables juegos de computadora y video y programas de televisión.

Estos números fríos y duros, que estremecen mi espíritu y tuercen mi alma, deberían explicar por qué he dedicado tanto de mi tiempo y recursos a convertir la nueva iniciativa Heal The Kids en un éxito colosal. Nuestra meta es simple —recrear el lazo padre/hijo, renovar su promesa e iluminar el camino para todos los hermosos niños que están destinados a caminar en esta Tierra un día.

Pero ya que esta es mi primera conferencia, y ustedes me han acogido tan cálidamente en sus corazones, siento que quiero decirles más cosas. Todos tenemos nuestra propia historia, y en ese sentido las estadísticas se pueden volver personales.

Dicen que ser padre es como bailar. Das un paso, y tu niño da otro. He descubierto que lograr que los padres se dediquen de nuevo a sus hijos es sólo la mitad de la historia. La otra mitad es preparar a los niños para re-aceptar a sus padres.

Cuando era muy joven recuerdo que teníamos una perrita que era cruza de lobo y retriever, se llamaba Black Girl. No sólo no era muy buen perro guardián que digamos, era una cosita tan asustadiza y nerviosa que es un milagro que no se desmayara del susto cada vez que pasaba un camión haciendo ruido, o cuando había una tormenta con truenos en Indiana. Mi hermana Janet y yo le dimos a esa perra mucho amor, pero nunca llegó realmente a recuperar ese sentimiento de confianza que le había robado su dueño anterior. Sabíamos que solía golpearla. No sabíamos con qué. Pero sea lo que fuere, fue suficiente para sacarle el espíritu a ese animal.

Muchos niños hoy son cachorritos heridos que se han despojado de la necesidad de amor. Sus padres no podrían importarles menos. Dejados a su suerte, abrigan su independencia. Lo han superado y han dejado atrás a sus padres. Luego están los peores casos de niños que albergan resentimiento y odio contra sus padres, de tal modo que cualquier apertura que sus padres pudieran tener para con ellos, es enérgicamente rechazada en sus caras.

Esta noche, no quiero que ninguno de nosotros cometa este error. Es por eso que les pido a todos los niños del mundo —comenzando por nosotros mismos aquí esta noche— que perdonemos a nuestros padres, si nos sentimos rechazados. Perdónenlos y enséñenles cómo amar de nuevo.

Probablemente no les sorprenderá escuchar que no tuve una niñez idílica. El estrés y la tensión que existe en mi relación con mi padre están bien documentados. Mi padre es un hombre severo y nos presionó mucho a mis hermanos y mí, desde muy pequeños, para que fuéramos los mejores artistas que pudiéramos ser. Le costaba mucho trabajo mostrarme afecto. En realidad nunca me dijo que me amaba. Y en realidad tampoco me felicitó nunca. Si yo daba un gran espectáculo, me decía que había sido un buen espectáculo. Y si daba simplemente un buen espectáculo, no me decía nada. Parecía, más que nada, que lo que quería era convertirnos en un éxito comercial. Y en eso, era más que un experto. Mi padre era un genio como nuestro manager, y mis hermanos y yo debemos nuestro éxito profesional, en gran parte, al modo enérgico en que nos presionó. Me entrenó para ser un hombre del espectáculo, y bajo su tutela yo no podía perder el paso. Pero lo que yo quería realmente, era un papá. Quería un padre que me demostrara amor. Y mi padre nunca hizo eso. Nunca dijo te quiero, mirándome a los ojos, nunca jugó a nada conmigo. Nunca me paseó montado en su espalda, nunca me lanzó una almohada, o un globo con agua. Pero recuerdo una vez cuando tenía cuatro años, había una feria y me cargó para subirme a un pony. Fue un gesto diminuto, probablemente algo que olvidó cinco minutos después. Pero por ese momento, le guardo un lugar especial en mi corazón. Porque así son los niños, los detalles significan mucho para ellos, y para mí, ese momento significó todo. Sólo lo viví esa vez, pero me *hizo sentir muy bien, con respecto a él y al mundo. Pero ahora yo mismo soy padre, y un día estaba pensando en mis propios hijos, Prince y Paris, y lo que me gustaría que pensaran de mí cuando crezcan. Sin duda, me gustaría que recordaran cómo siempre quise llevarlos conmigo a donde quiera que fuese, el cómo siempre traté de ponerlos antes que todo. Pero también hay retos en sus vidas. Porque mis hijos son acosados por paparazzis, no siempre pueden ir conmigo al parque o al cine. ¿Y qué tal si, cuando crezcan, guardan resentimiento contra mí y el cómo mis decisiones impactaron sus vidas? ¿Por qué no tuvimos una niñez ordinaria como todos los otros niños? Podrían preguntar. Y en ese momento, rezo para que mis niños me concedan el beneficio de la duda. Y en que se dirán a sí mismos: Nuestro papi hizo lo mejor que pudo, dadas las difíciles circunstancias que enfrentó. Puede que no haya sido perfecto, pero fue un hombre decente y afectuoso, que trató de darnos todo el amor del mundo. Espero que siempre se concentraran en las cosas positivas, en los sacrificios que gustosamente hice por ellos, y no criticaran las cosas a las que tuvieron que renunciar, o los errores que he cometido, y que ciertamente seguiré cometiendo al criarlos. Pues todos hemos sido los hijos de alguien, y sabemos que a pesar de los mejores planes y esfuerzos, los errores se dan. Eso es simplemente ser humano. Y cuando pienso en esto, en cómo espero que mis hijos no me juzguen fríamente, y que perdonen mis deficiencias, me veo obligado a pensar en mi propio padre y a pesar de la negación que sentía, me veo forzado a admitir que sí debe haberme amado. Sí me quiso, y yo lo sé. Había pequeños detalles que lo demostraban.*

Cuando era niño, me encantaban los dulces —a todos nos gustaban. Mi comida favorita eran las donas glaseadas y mi padre lo sabía. Así que, de vez en cuando bajaba en la mañana y encontraba una bolsa de donas glaseadas en la mesa de la cocina —sin explicación, sin una nota— sólo las donas. Era como Santa Claus. A veces pensaba en desvelarme para verlo dejarlas ahí, pero igual que con Santa Claus, no quería arruinar la magia por miedo a que no lo hiciera de nuevo. Mi padre tenía que dejarlas en secreto por la noche, para que nadie lo sorprendiera con la guardia baja. Le daba miedo la emoción humana, no la entendía ni sabía cómo manejarla. Pero sí conocía las donas. Y cuando abro las compuertas de mi memoria, otros recuerdos regresan, recuerdos de otros gestos diminutos, que aunque imperfectos, mostraban que él hizo lo que pudo. Así que esta noche, en vez de concentrarme en lo que mi padre no hizo, quiero concentrarme en las cosas que sí hizo y en sus propios retos personales. Quiero dejar de juzgarlo. He comenzado a reflexionar acerca del hecho de que mi padre creció en el Sur, en una familia muy pobre. Alcanzó la mayoría de edad durante la depresión y su propio padre, quien sufría para alimentar a sus hijos, le dio muy poco afecto a su familia y los crió a él y a sus hermanos con puño de hierro. Quién podría imaginarse qué significa ser un hombre negro y pobre creciendo en el Sur, su dignidad robada, despojado de esperanza, luchando para convertirse en hombre en un mundo que veía a mi padre como un subordinado. Yo fui el primer artista negro que apareció en MTV y recuerdo que incluso entonces fue todo un alboroto. ¡Y eso fue en los 80! Mi padre se mudó a Indiana y tuvo una familia grande, trabajaba largas horas en acerías, oficio que destroza los pulmones y envilece el espíritu, todo para sostener a su familia. ¿Es de sorprenderse que le resultara difícil expresar sus sentimientos? ¿Es un misterio el que haya endurecido su corazón; que haya levantado murallas emocionales? Y más que nada, ¿es una incógnita el por qué presionó tanto a sus hijos para que tuvieran éxito como artistas, para que pudieran salvarse de una vida de pobreza y humillación como la suya? He comenzado a darme cuenta de que incluso la severidad de mi padre era un tipo de amor, sin duda un amor imperfecto, pero amor a fin de cuentas. Me obligó a esforzarme porque me quería. Porque no quería que nadie menospreciara a sus hijos. Y ahora con el tiempo, siento una bendición en lugar de amargura. La absolución ha reemplazado a la ira. Y la reconciliación ha tomado el lugar de la venganza. Y mi furia inicial ha dado pie al perdón.

Hace casi una década, fundé la Organización Heal The World (Sanar al Mundo). El título fue algo que me nació de adentro. Poco sabía yo, como Shmuley me hizo ver luego, que esas dos palabras son la piedra angular de la profecía del Viejo Testamento. ¿Realmente creo que podemos sanar este mundo, que está lleno de guerras y genocidio, incluso hoy? Y ¿realmente creo que podemos sanar a nuestros niños, los mismos niños que entran a las escuelas con armas y odio y le disparan a sus compañeros, como sucedió en Columbine? ¿O a niños capaces de golpear a un bebé inocente hasta la muerte, como la trágica historia de Jamie Bulger? Por supuesto que lo creo, o no estaría aquí esta noche. Pero todo comienza con el perdón, porque para sanar al mundo, primero debemos sanarnos a nosotros mismos. Y para sanar a los niños, primero tenemos que sanar al niño que llevamos dentro, todos y cada uno de nosotros.

Como adulto, y como padre, me doy cuenta de que no puedo ser un ser humano completo, ni un padre capaz de dar amor incondicional, hasta no lidiar con los fantasmas de mi propia niñez. Y eso es lo que nos pido que hagamos esta noche. Sigamos el quinto de los Diez Mandamientos. Honren a sus padres no juzgándolos. Concédanles el beneficio de la duda. Es por eso que quiero perdonar a mi padre y dejar de juzgarlo. Quiero perdonar a mi padre porque quiero un padre, y éste es el único que tengo. Quiero quitarme el peso del pasado de mis hombros y quiero tener la libertad de comenzar una nueva relación con mi padre, por el resto de mi vida, sin los obstáculos de monstruos del pasado. En un mundo lleno de odio, aún debemos atrevernos a sembrar. En un mundo lleno de ira, debemos atrevernos a consolar. En un mundo lleno de desesperación, debemos atrevernos a soñar. Y en un mundo lleno de desconfianza, debemos atrevernos a creer.

A todos ustedes quienes esta noche se sienten defraudados por sus padres, les pido que abandonen su decepción. A todos ustedes quienes esta noche sienten que fueron engañados por sus padres o madres, les pido que no se engañen más a sí mismos. Y a todos ustedes que desean alejar a sus padres, les pido que en lugar de eso, les tiendan la mano. Les estoy pidiendo, y me pido a mí mismo, que demos a nuestros padres el regalo del amor incondicional, para que así ellos también puedan aprender a amar, de nosotros, sus niños. Para que el amor se restituya finalmente a un mundo desolado y solo.

Shmuley me mencionó una vez una antigua profecía Bíblica que dice que un nuevo mundo y una nueva era vendrán, cuando los corazones de los padres sean restaurados a través los corazones de sus hijos.

Amigos míos, nosotros somos ese mundo, nosotros somos esos niños. Mahatma Gandhi dijo: "El débil nunca puede perdonar. Perdonar es el atributo de los fuertes".Esta noche, sean fuertes. Más que ser fuertes, alcancen el mayor de los retos — restaurar ese convenio roto. Todos debemos superar los efectos limitantes que nuestra niñez pudiera haber tenido en nuestras vidas y en las palabras de Jesse Jackson, perdónense unos a otros, redímanse unos a otros, y sigan adelante. Este llamado al perdón podrá no resultar en momentos Oprah en todo el mundo, con miles de niños haciendo las paces con sus padres, pero al menos será un comienzo, y el resultado es que todos seremos mucho más felices.

Así que, damas y caballeros, concluyo mis comentarios esta noche con fe, alegría y emoción. De este día en adelante, que se escuche una nueva canción. Que esa nueva canción sea el sonido de niños riendo. Que esa nueva canción sea el sonido de niños jugando. Que esa nueva canción sea el sonido de niños cantando. Y que esa nueva canción sea el sonido de padres escuchando. Juntos, vamos a crear una sinfonía de corazones, maravillándose con el milagro de nuestros niños y gozando en la belleza del amor. Sanemos al mundo y acabemos con su dolor. Y todos hagamos música hermosa, juntos. Los quiero y que Dios los bendiga".

Capítulo IX

Tocando vidas

"Estoy casado con mis fans, con Dios, con mis hijos y con la vida"
Michael Jackson

Las personas que tuvieron el gran privilegio de conocerlo personalmente relatan que cuando Michael entraba a un lugar, la energía de ese lugar cambiaba. Todos ellos manifiestan con embeleso que cuando Michael los miraba fijamente a los ojos, se sentían profunda e incondicionalmente amados, y que habían atravesado por una experiencia de elevación espiritual.

Sus fans de toda la vida que no tuvieron la bendición de conocerlo personalmente, expresan sentimientos y sensaciones muy similares. Lo asombroso y mágico es que los fans nuevos, aquellas personas que descubrieron a Michael luego de su muerte, expresan sentir exactamente lo mismo cuando escuchan sus canciones, cuando escuchan sus discursos, cuando escuchan su voz. Como ya lo expresé en capítulos anteriores, yo me encuentro entre estas personas.

En éste capítulo quiero compartir esas sensaciones que Michael despierta tanto en las personas de su entorno como en sus fans. Lamento no poder dar la oportunidad de expresar sus vivencias a todos los amigos fans que Michael puso en mi camino. ¿Tal vez sea en un siguiente libro? Tal vez...

Quiero agradecer a cada uno de los amigos que aceptaron mi invitación a compartir sus testimonios en estas páginas, por abrir su alma al mundo en cada palabra expresada, las cuales he intentado dejar tal cual me las enviaron. Cada uno de ellos expresa un sentimiento muy profundo y creo que debe ser respetado en su totalidad. Asímismo, quisiera dejar en claro que por el hecho de haber participado, no necesariamente todos ellos tienen las mismas opiniones que esta autora sobre los diferentes temas que he tocado sobre Michael. Mi agradecimiento entonces es doble, por la confianza, el apoyo y el cariño.

Siento en mi corazón que el primer testimonio que debo incluir en este capítulo es el de Katherine Jackson, la madre de Michael. A continuación leerán un extracto del libro *"Never Can Say Goodbye", The Katherine Jackson Story*, por Katherine Jackson. Se puede adquirir de manera exclusiva visitando la página: *www. jacksonsecretvault.com*.

Katherine Jackson *"Si hay una cosa de la que estoy segura, es de lo mucho que mi hijo adoraba a sus fans. Nunca olvidaré los años en los que Michael se enfrentó al juicio. Cada mañana salíamos juntos del rancho para dirigirnos a la corte. Sin excepción, los fans se concentraban en la puerta del rancho para mostrar su apoyo con canciones, regalos y oraciones.*

Michael y yo nos emocionábamos al ver los versos de la Biblia y las muestras de cariño que ofrecían con palabras de amor y aliento para que él se mantuviera fuerte durante los momentos difíciles a los que se enfrentaba. Eso era toda la fuerza que necesitaba. Había multitud de personas siguiéndolo a cada paso, algo que no perturbaba a Michael como hubiera ocurrido con cualquier otra persona. Una norma que siempre ponía a su personal de seguridad era "tratar siempre bien a mis fans".

Cuando Michael vivía en casa, siempre había mucha gente dando vueltas alrededor de la puerta. De vez en cuando, algún fan encontraba el modo de entrar al patio para ver a Michael. A veces, incluso llegaban hasta la casa. Cuando esto sucedía Michael siempre mantenía la calma siendo agradable y educado. Él estaba muy agradecido con sus fans y reconocía que no hubiera llegado a ser quien era sin su amor y su apoyo.

He permanecido cerca de Michael durante toda su vida. Nuestros lazos se afianzaron una vez que sus hermanos se marcharon de casa y se fortalecieron durante las acusaciones de los años 90. Sabía que

Michael me necesitaba tanto como a sus fans en ese momento, así que no me marche de su lado.

Cuando estaba creando música Michael sentía que se encontraba en su entorno. Tomó un montón de decisiones intuitivas y realmente confiaba y creía en sí mismo. Era un gran pensador, un soñador que de alguna manera se aferró a la creencia de que nunca podría fallar si ponía amor en su trabajo.

Michael era una persona que estaba contenta con su suerte. No tuve que dar a mi hijo lecciones acerca de cómo ser humilde con su fama en toda su vida, eso era algo natural en él. Recuerdo que cuando era un niño le dije que actuar en el escenario era un trabajo y que no lo hacía mejor que nadie. Es posible que mi mensaje surtiera efecto, aún así su humildad a menudo me sorprendía.

Michael tuvo una vida extraordinaria y estaba muy agradecido por ser capaz de hacer exactamente lo que amaba a través de su arte. Sin embargo los dos estábamos de acuerdo en que la fama tiene un precio, es a la vez una bendición y una maldición.

No soy de las que especulan sobre qué hubiera pasado si las cosas hubieran sucedido de otra manera o si pudiéramos hacerlo todo de nuevo, pues no creo que pudiera pedirle nada más a la vida que un hijo como Michael.

Independientemente de lo que la gente pueda pensar, Michael era un padre, hijo y un ser humano extraordinario. Una persona que colocó cada cimiento con la mejor intención y con la esperanza de inspirar a otros a través de muestras de amor y humanidad sin precedentes. El mundo lo conocía pero de nuevo, no lo hicieron. Mi hijo sabía que sus fans estarían con él hasta el final, a cambio les dio amor, talento, esperanza y trajo la inspiración de nuevo al mundo a través de su música. No creo que Michael hubiera querido vivir su vida de otra manera. La pérdida de mi hijo me causa un dolor tan abrumador que es imposible describirlo con palabras, sólo puedo compartir mis historias con sus hijos y sus fans porque sé que él quería que supieran lo mucho que realmente significaban para él.

Con cincuenta años era demasiado joven para morir. A pesar de las acusaciones que tuvo que enfrentar, creo que se las arregló para vivir alegremente como realmente se merecía. Creo que mi *hijo Michael cumplió su propósito en la vida"*. *NEVER CAN SAY GOODBYE*, Katherine Jackson

Mauricio Mastroiacomo, Argentina, Vicepresidente de "La Corte del Rey del Pop": *Siempre soñé con contar algo, soñé con ser alguien... Uno sueña ¿no? Porque dicen que soñar es lo que da un motivo de vida. Los sueños son un motor para todos. Estamos aquí, en esta tierra ¿por qué? ¿Para qué? No lo sabemos. Lo que sí sabemos es que mientras estemos aquí debemos transitar el mundo sembrando y cosechando amor y felicidad. Ahora bien, si nos ponemos a filosofar sobre qué es la felicidad, muchos coincidirán conmigo en que la felicidad son pequeños momentos en la vida los cuales hay que aprovechar. Si bien los momentos felices pueden ser muchos, también suelen ser breves.*

¿Por qué cuento todo esto? ¿Qué tiene que ver el soñar, la felicidad y el amor con este libro, si este libro trata sobre Michael Jackson? Bueno estimadísimo lector, para mí, soñar, ser feliz y amar es sinónimo de Michael Jackson.

Michael entro en mi vida a la temprana edad de los 7 años, gracias a una vecina de mi ciudad natal. Cuando me descuide, su carisma, su bondad y su magia se habían tatuado en mi corazón para no irse jamás. Michael cambio mi vida. ¿Loco? ¿Exagerado? Para algunos tal vez, pero cuando un ser te hace ver el vaso medio lleno cada mañana, cuando un ser tan especial como Michael te hace reír y llorar, y sobre todo te hace soñar, creo que vale la pena ser un loco exagerado.

Michael me ayudó ser quien soy y valoro lo que soy. No soy el presidente de la nación, no soy la Madre Teresa de Calcuta, sólo soy un ciudadano más de este pequeño gran globo en el que vivimos, pero considero que soy buena persona y eso se lo debo a Michael. Tengo un trabajo honesto gracias a él. Nunca consumí drogas porque él me enseñó que eso está mal, e incluso he tenido una que otra novia fan de Michael, de modo que se podría decir que conocí el amor gracias a él. Tengo amigos por mil gracias a él. Michael Jackson me enseñó a curar al mundo, me enseñó que no importa la raza, color o religión, me enseñó que somos todos iguales.

Es por todo esto y mucho más el amor que siento por Michael porque Michael fue más que un artista en mi vida... Sin saberlo, muchas veces hizo de padre, otra de amigo, otras tantas de maestro.

A miles de kilómetros, a través de su música y de sus obras de caridad, nos enseñaba con el ejemplo y nosotros, sus admiradores, lo tomábamos y tratábamos de seguir su enseñanza al pie de la letra.

Hoy, a 20 años de conocer a este ser de LUZ, doy gracias a la vida por haberlo cruzado en mi camino, ya que gracias a él hoy puedo seguir soñando. Y aunque ya no esté físicamente con nosotros, los invito a que descubran al hombre detrás del artista, al corazón que latió por millones de fans, dando todo de sí en un escenario para darnos felicidad.

Hoy más que nunca y por siempre nuestro lema es y será: **"Ídolos que cambian las vidas de las personas NUNCA serán olvidados".** *Mauricio Mastroiacomo. Vicepresidente de La Corte del Rey del Pop - Club mundial de seguidores de Michael Jackson*

Sandra Presco, Argentina: *"Jueves 25 de Junio de 2009, mañana intensa de trabajo. Llego a mi casa 1.30 pm y veo en la TV un canal de noticias: —Michael Jackson ha muerto. —¿Qué? —Me siento en la punta de la silla con el abrigo todavía puesto y el maletín en la mano. —¿Viste? —Me decía mi madre—, murió Michael Jackson. —No puede ser... No puede ser... Repetía en voz baja, mientras mi mente comenzaba a ir hacia mi infancia donde lo escuché por primera vez en un tocadiscos.*

Ese día tenía mucho trabajo, así que no tuve mucho tiempo para pensar, aunque cada vez que mis alumnos me decían: —¿Viste, seño, que se murió Michael Jackson? —Mi corazón se estrujaba.

De adolescente me enamoré de ese morenito con sonrisa encantadora y que bailaba, sin poder explicarlo... Luego sus maravillosas canciones... Pero de pronto, desapareció por un tiempo de mi vida sin saber por qué. Y ahora, con una tristeza inexplicable, sentía la necesidad de saber de él, de escuchar su música, de ver sus videos, entrevistas, fotos, de saber, saber, saber... y sentir de alguna manera que no se había ido.

Los días pasaban y el amor y la tristeza crecían. No podía dormir, comía poco y pensaba mucho ¿Pero qué es esto? Dios, ¿me estaré volviendo loca? No puedo sentir así... ¿Cuál es el mensaje? Michael todo el día en mi cabeza y en mi corazón, ya no soy una adolescente... ¿Qué está pasando? ¿Qué hago con todo esto? ¿Qué hago con lo que siento? Y cuanto más averiguaba, más me enamoraba porque empezaba a conocer el interior de Michael, su personalidad. Ya conocía al artista, ahora estaba conociendo al maravilloso ser humano, al gran humanitario, a un ser que luchó por la paz, a un ser que quería curar al mundo, al planeta, a un ser que ayudó a todo quien lo necesitó, que donó millones de dólares, a ese ser dulce, tierno, inteligente, humilde. Pensador, filósofo, poeta... Un ser superior, ¡y que sufrió tanto! ¿Cómo pueden haber sido tan injustos con él?

Ni un solo día puede pasar sin que escuche sus canciones, su voz es mi alimento de cada día, no puedo vivir sin ella. Nadie me hizo sentir la música en mis venas de la forma en que él lo hace.

Michael cambió mi vida convirtiéndome en una mejor persona, a través de todo lo que me enseñó, de todo lo que aprendí, a amar, dar, perdonar, soñar, no juzgar, a pensar diferente, a creer en mí misma, y tantas, tantas cosas más... Michael también me inspiró a escribir poemas, a hacer cosas que antes no hacía. Y gracias a Michael también tengo amigos nuevos, personas maravillosas como él. Gracias a él encontré un lugar donde compartimos nuestro amor por Michael.

Una pequeña manera de agradecerle todo lo que me enseñó, es defenderlo cada vez que tengo la oportunidad, explicando a los demás quién era realmente. Y especialmente a los niños que no tuvieron la oportunidad de conocerlo, yo me encargo de presentárselos. Porque no alcanzan los muchísimos premios que ganó para agradecerle todo lo que nos dio.

El tiempo pasa y el sentimiento es el mismo. Todavía les hago preguntas a Dios y a Mike, pero ya no me preocupan las respuestas, aprendí a disfrutar de esta adicción, de este amor.

Sé que Michael fue un elegido de Dios y siento que yo soy una persona de las tantas que él eligió para que sigamos su legado. Es una humilde manera de entender esta pasión. Te amo, Michael".
Sandra Presco

Jonathan Phillip Moffett, en una entrevista realizada por **Valmai Owens** para su sitio *Michael Jackson Tribute Portrait*.

Valmai: *Jonathan, la gente habla de una energía en torno a Michael, una luz. ¿Alguna vez sentiste eso?*

Jonathan: *Todo el tiempo, cada vez que estaba cerca de él. Por eso sabes que estás en presencia de alguien grande. Por eso sabes que estás en presencia de alguien especial. Sólo cuenta el número de fans y de gente y la multitud que le aman en todo el mundo. Él es un hombre amado por... CNN dijo que más de mil millones de personas lloraron a Michael desde todas las áreas remotas del mundo, de cualquier lugar conocido. ¿Qué otro ser humano puede provocar tanta simpatía y tanto dolor por su pérdida? Michael tenía algo especial, un resplandor, y cuando estabas en su presencia cambiaba por completo la atmósfera en la habitación.*

La gente decía, "Michael va a venir," y todo el mundo se ponía nervioso. Tan pronto como le veías, incluso sabiendo que iba a venir, sentías algo, como un cosquilleo. Sólo con verle entrar por la puerta, era como si todas las moléculas en el aire se detuvieran y pudieras atraparlas con los dedos; atraparlas. Era como si pudieras ver la menor mota, podías ver las moléculas del aire cuando Michael entraba en la habitación. Él las cambiaba, la estructura molecular del aire. Y esa es la ecuación de lo que sucedía cuando Michael entraba, y todo el mundo en la sala lo sabía y lo sentía así. A partir de ese momento, sus actitudes y personalidades cambiaban. Ellos avivaban su atención, pero siempre decían, 'Hay algo en él. Cuando él entra me pongo nervioso. ¡Siento algo!' Y escuchaba esto una y otra vez y yo decía: 'Lo sé, lo sé. Lo he estado sintiendo desde hace treinta años'.

Era tan encantador, simplemente con su imagen. Todo el mundo irradia desde una frecuencia diferente, y creo que Michael tenía el mayor nivel de energía sin ser de otro mundo. Su talento y la humanidad de su espíritu eran tan poderosos, tan grandes y profundos. Era un ser humano diferente para la mayoría de nosotros, para todos nosotros. Afectaba a todo aquel que estuviera a su alrededor, desde los líderes del mundo hasta gente normal, desde niños hasta adultos y mayores. Toda persona que estuvo cerca de él dice que sintió algo.

Y por eso la gente llora. Todos absolutamente lloran. Me sentaba en el escenario y veía pasar a la gente, igual que en la época medieval, cuando la gente murió por la peste. Veía levantar los cuerpos, los brazos y las piernas colgando, las cabezas balanceándose, era como un mar de gente con sus brazos hacia arriba pasando cuerpos al frente, hasta la puerta. Había una fila de vehículos de emergencia... cinco, diez de ellos en fila. Había camillas y salidas de emergencia.

Uno por uno los pasaban hacia adelante, una multitud de cuerpos moviéndose a través de la multitud que va al rescate de otra gente. Les daban sales aromáticas y trataban de reanimarlos. Algunas personas se desmayaban totalmente, inconscientes, como totalmente sin vida, sólo por estar en ese estadio con Michael. No tenía más remedio que sentarme allí a observar y maravillarme ante ello. Era la cosa más poderosa de ver, y eso sólo por un hombre en medio del escenario. Incluso los hombres se desmayaban. Eso es tener un poder, y Michael lo sabía. Sabía que estaba dotado de algo especial, un propósito, unir al mundo y unir a la gente.

Fue un profeta a su modo, en su música; un profeta de hoy día... Fue enviado por Dios para iluminar, como los profetas de la antigüedad. Mucha gente no lo reconoce porque él es diferente, es un artista y fue enviado en esta forma, como artista. Por eso mucha gente pasa por alto la profecía que estaba enseñando. Sus enseñanzas de amor y preocupación. Se puede escuchar su preocupación en 'Earth Song' y otras canciones en las que predicaba su inquietud por el planeta y por la gente, por la humanidad y por todos nosotros. Creo que es un ser humano maravilloso. Creo que él es una lección para todos y un modelo a seguir que nos ilumina para cuidarnos unos a otros. Seguramente este mundo sería mejor si todos lo hicieran". Jonathan Phillip Moffett

Big Al Scanlan, Jefe de Mantenimiento del Neverland:
"Yo siempre tenía en la mente que él era el jefe y yo su empleado. Era difícil a veces porque me trataba mejor de lo que muchos amigos se tratan entre sí. Siempre era educado, respetuoso, honesto y com-

pasivo. Si encuentras a un amigo que es así el 100% de las veces, no pierdas a ese amigo.

Durante mis 15 años en Neverland, sentado a la mesa de picnic bajo un enorme roble, tuve muchas y largas conversaciones con el señor Jackson sobre aquel lugar. Mirándole a los ojos y escuchando su voz, no hay duda de que el trabajo caritativo hecho allí fue una de las cosas más importantes de su vida. Las cartas de los doctores y enfermeras de parte de los niños en los hospitales, y las cartas de los padres contando cómo sus hijos recordaban el viaje a Neverland, deja muy claro lo importante que fue el trabajo benéfico del señor Jackson allí. El impacto que Neverland tenía en los niños de los barrios marginales y enfermos terminales iba más allá de lo que se pueda creer.

Representar al señor Jackson y ayudarle a hacer el sueño de esos niños realidad, ser parte de ese mágico día en su memoria, fue una bendición... Me encantaba mi trabajo en Neverland.

Me gustaría hacer saber al mundo lo verdaderamente genuino que era el señor Jackson como persona. Michael Jackson, la persona, era cariñoso, compasivo, genuino, bromista y un padre increíble y adorable". Big Al Scanlan

Diana Ross *"No puedo dejar de llorar, esto es demasiado repentino y espantoso. No puedo imaginar esto. Mi corazón está sufriendo. Oro por sus hijos y la familia".*

Michael amaba a la **princesa Diana**. Una vez la llamó su *"chica ideal"*. *"Ella era mi tipo de mujer con certeza, no me gustan la mayoría de las chicas",* le dijo al rabino Shmuley Boteach. *"Se necesita un tipo especial para hacerme feliz y ella era uno de ellos".* La noche en que Diana murió, Michael canceló su concierto, y los dos últimos se los dedicó a ella. La princesa de Gales era su fan. Michael cuenta cómo conoció a Lady Diana en la entrevista con Bárbara Walters en septiembre de 1997: *"La conocí por primera vez en un concierto mío en Londres. Era muy amable, cariñosa y dulce. Yo había escrito una canción llamada 'Dirty Diana'. No se refería a Lady Diana, sino a ese tipo de chicas que vagan por los conciertos. Se las llama 'groupies'. He convivido con eso toda mi vida. Ellas hacen cualquier tipo de cosas con las bandas,* *todo lo que te puedas imaginar. Así surgió la canción 'Dirty Diana'. La quité del concierto por respeto a su alteza. Ella me llevó a un lado y me dijo: '¿Vas a cantar Dirty Diana?' Le dije: 'No, la saqué del concierto por ti'. Y ella me dijo: '¡No! ¡Quiero que la cantes! ¡Canta esa canción! Y me dijo: 'Fue un honor para mí conocerte', y yo le dije que era un honor para mí conocerla.*

Michael cuenta cómo se enteró de su muerte. "Me desperté y mi médico me dio la noticia. Caí al suelo del dolor... y me puse a llorar. Sentí un dolor interno... en mi estómago y en mi pecho. Entonces le dije, 'No puedo... No puedo manejar esto... Es demasiado'. Sólo con ese mensaje y el hecho de que la conocía personalmente. Y más allá de todo eso sentí que otra persona nos iba a dejar muy pronto... Le dije: 'Le ocurrirá a otra persona muy pronto... Lo siento venir... Le ocurrirá a alguien más y ruego que no sea yo... Por favor no permitas que sea yo.' Y luego falleció la Madre Teresa".

Elizabeth Taylor escribió la introducción del libro de Michael "Dancing the Dream": *"Cuando escucho el nombre Michael Jackson pienso en estrellas deslumbrantes y brillantes, lasers y emociones profundas.*

Adoro a Michael Jackson. Creo que es una de las más grandes y grandiosas estrellas de todo el mundo, y eso tan solo sucede porque él es uno de los dotados fabricantes de música que el mundo haya conocido. Lo que hace que Michael Jackson sea tan único puede ser el hecho de que todos sus logros y recompensas no han alterado su sensibilidad y preocupación por el bienestar de otros o su intensivo cuidado y amor por su familia y amigos, especialmente por todos los niños del mundo.

Creo que Michael es como un papel tornasol. Él siempre está tratando de aprender. Es tan inteligente que es alarmantemente brillante. También es muy curioso y busca inspirarse en gente que ha sobrevivido. Gente que ha prevalecido. Él no es realmente de este planeta. Está lleno de emociones profundas que crean una inocencia sobrenatural, especial, casi de niño, hombre, acertado que es Michael Jackson.

Creo que Michael ve al niño en todos nosotros, y creo que él tiene la calidad de inocencia que nosotros quisiéramos obtener o mantener.

Tiene uno de los ingenios más agudos, es inteligente y astuto – que es una palabra extraña para usarla en él porque implica tortuosidad y es una de las personas más escrupulosas que haya conocido en mi vida. Es la honradez personificada –terriblemente honesto y vulnerable al punto del dolor–. Entrega tanto de sí mismo, que a veces deja muy poco para proteger a ese hermoso núcleo interior que es su esencia. Esto es lo que amo de él y hace al mundo identificarse con él.

Michael es, en verdad, el artista internacional favorito de todas las edades, una increíble fuerza de increíble energía. En el arte de la música marca el ritmo con calidad de producción, en la vanguardia de altos estándares de entretenimiento. ¿Qué es un genio? ¿Qué es una leyenda viviente? ¿Qué es una megaestrella? Michael Jackson es todo. Y solo cuando lo piensas, lo conoces, él te da más...

Creo que es una de las personas más sutiles con éxito en este planeta, y, en mi estimación, él es el verdadero Rey de Pop, Rock y Soul".

Elizabeth y Michael tenían una hermosa relación de amistad. Luego de la muerte de Michael, Liz Taylor expresó: *"Sigo mirando su foto que dice: 'A mi verdadero amor Elizabeth, te quiero para siempre'... Y yo lo amaré para siempre". "¡Oh Dios! Voy a echarlo de menos. No puedo imaginar la vida sin él".*

En febrero de 1997, Michael acompañó a Elizabeth Taylor en la celebración de su cumpleaños número 65. Michael interpretó una canción especial que compuso especialmente para esta ocasión en honor de su amiga Elizabeth. La canción se titula "Elizabeth, Te Amo" y refleja el amor y admiración de Michael hacia ella. Michael cantó esta canción sólo en esa ocasión.

"Sin ti, Elizabeth, mi vida estaría menos completa. Esta canción está dedicada a ti... La letra y la música te pertenecen. Mi amor te pertenece siempre y para siempre. Te amo, Elizabeth".

Lisa Marie Presley dijo en la entrevista con Oprah el 21 de octubre de 2010: *"Era como una droga para mí. Quería estar siempre cerca de él, ser parte de su vida, me sentía tan bien. Nunca me he sentido así con otra persona, excepto con mi padre. Me encantaba estar a su lado y cuidarlo. Me sentía tan bien haciéndolo. Fue* un momento profundo de mi vida. Fue real, todo el tiempo que duró. Cuando hablo de él puedo hablar desde el entendimiento ahora. No sé que pasa cuando una persona fallece, pero he llegado a amarle de nuevo y a comprenderle". "Estoy muy triste y confundida, sintiendo todas las emociones posibles. Estoy desconsolada por sus hijos, que sé que eran todo para él, y su familia. Esta es una pérdida tan grande y a tantos niveles, que las palabras no alcanzan".

Shakira: *"Fue alguien que reinventó al mundo del pop. Jugó con la fantasía, con la magia... Todo lo que hacía tenía fantasía porque como buen artista que era, se dedicaba a soñar, a soñar despierto. Él trajo infinitas posibilidades al público y dijo —Esto es posible. Cualquier cosa que te imagines es posible. Un genio artístico, absoluto".*

Juan Luis Guerra: *"Michael Jackson fue un artista extraordinario, cantante, bailarín, compositor y productor. Elevo una oración a nuestro Señor para que les dé fortaleza a su familia y a todos sus fans alrededor del mundo. La música de Jackson será reconocida por siempre".*

Lenny Kravitz: *"Nunca habrá un talento como el de Michael Jackson. Si no fuera por él, no estaría haciendo lo que hago. [...] Dios lo bendijo con una voz angelical. Escuchen uno de los primeros álbumes de los Jackson 5 y escuchen esa voz. La pureza, el sentimiento, la interpretación de las letras. De niño ya lo hizo todo. Incluso si no hubiera hecho Off the Wall o Thriller, a mis ojos aún sería un genio. También vi que era un maravilloso padre. Era una persona extraordinaria. Estoy profundamente triste. Nos diste todo lo que podías dar".*

Liza Minnelli: *"Era un hombre gentil, genuino y maravilloso y uno de los más grandes artistas. Lo amé mucho y lo extrañaré todos los días que me queden de vida".*

Carlos Santana: *"Muchos cantantes hoy en día tratan de sonar como Michael Jackson. Pero Michael era único, el era número uno en hacernos sentir a todos como niños, en hacernos sentir la inocencia y la pureza. El entregó a todo el mundo una calidad suprema en* *actuación, y entregó esperanza. Para mi, él es número uno en hacer a la gente sentirse feliz".*

Alejandro Sanz: *"Lo adoro, era pura sensibilidad, la sensibilidad hecha persona. El mundo no sabe lo que ha perdido."*

Ricky Martin: *"Estoy muy triste. Nadie lo podrá reemplazar. Pero estoy seguro que la luz que nos regaló en los escenarios seguirá iluminando a todos aquellos que lo vimos como lo que fue y siempre será, un gran maestro, pura inspiración musical."*

Gustavo Cerati: *"Como músico lo admiraba... Cuando murió lloré, puse su canción 'Earth Song' y lloré. Porque la verdad, es una pérdida, puede haber hecho en su vida cosas con las que uno no esté de acuerdo, pero eso es lo menos importante".*

Omer Bhatti, bailarín y rappero noruego, amigo íntimo de Michael: *"Él era una persona increíble, aún más maravilloso como persona que como artista. Podíamos sentarnos en casa durante horas para ver pasos de baile en la televisión y hablar sobre danza. Él me presentó a artistas como Frankie Lymon y Fred Astaire. Él me enseñó mucho sobre el baile. Algo de lo que me siento muy orgulloso es que yo le presenté al hip-hop. A él le gustaba el hip-hop en cuanto al ritmo, pero a pesar de que le gustaban algunas canciones de hip-hop, no se metió en ella. Pensé que tenía que ver con las letras violentas y todo el rap pandillero en aquel entonces. Él pensaba que el hip-hop era demasiado violento, pero cuando le mostré un documental sobre la vida de Tupac Shakur, cambió su punto de vista y tuvo una nueva perspectiva sobre el estilo. Cada vez podía confiar en menos amigos. Es muy difícil (hacer frente a que él ya no esté aquí), lo intento todos los días. No me gusta hablar de eso, porque es muy difícil. La última vez que hablé con él fue unos días antes (de que falleciera)."* Omer Bhatti

Natasha Lang, madre de uno de los tantos niños ayudados por Michael:
"Hasta siempre Michael, gracias América, qué soberbio envío de amor han organizado para un hombre que dio todo lo que tenía,

físicamente, emocionalmente y, como he sabido hoy, financieramente; contribuyendo a tantas y tantas caridades.

Hoy aquí, en mi casa de Sidney, Australia, no dejan de caer las lágrimas y sin duda alguna, al mundo entero se le ha roto el corazón y lo tiene lleno de tristeza.

El tributo de despedida comenzó en Sidney a las 2.50 am y mientras lo veía con amargura, me di cuenta de que efectivamente era un maravilloso tributo a un hombre que dio su alma entera al mundo.

Qué puedes escribir de un hombre que ofreció tanto y contribuyó completa e incondicionalmente a la felicidad de millones de personas por todo el mundo, a través de su música, sin mencionar a los muchos niños enfermos que visitó en los hospitales de muchos países de todo el mundo a los que ofreció generosamente y de corazón regalos y entradas para sus conciertos, y les levantó el ánimo de tal modo que no tengo duda de que eso les ayudó a mejorar.

Yo soy la madre de uno de esos niños. Mi hijo y yo tuvimos la oportunidad de conocer a Michael en el Hospital Infantil de Sidney, en Randwick, el 18 de noviembre de 1987. No olvidaré ese día mientras viva, cuando Michael llegó al hospital con una abundante cantidad de animales de juguete, que ofreció generosamente a todos los niños de la sala. Iba de sala en sala y visitaba a cada niño personalmente diciéndoles suavemente palabras de consuelo y nunca olvidaré la alegría de estos niños, del personal médico y de los padres que visitaban a los niños ese día.

Mi hijo ahora es un adulto y deseo compartir esta fotografía con el mundo entero porque muestra la compasión y generosidad natural de Michael. Mi hijo desafortunadamente perdió su ojo en un accidente en el colegio esa misma semana, y como pueden imaginarse, fue una tragedia para toda la familia, pero ese día él nos llevó alegría y felicidad a todos. Michael, sé que estás con los ángeles, que Dios bendiga tu alma, descansa confiado de que vivirás en nuestros corazones para siempre. Gracias por la música". Natasha Lang

Doctor Patrick Treacy: *"He tenido la suerte de conocer a algunos de estos visionarios, Nelson Mandela, Madre Teresa, Bono, John Lennon y Michael Jackson. Sólo cinco personas en casi medio*

siglo, suficientes para contarlos con los dedos de una mano. Cada uno de ellos, intrínsecamente motivados por un sentimiento de gran compasión, generando bodhichita para el beneficio supremo de todos los seres sensibles. Conocí a Lady Diana Spencer a mediados de los noventa en un sentido médico y había estado en presencia de Su Santidad el Dalai Lama, sin haber estado con él en realidad. Todas estas personas, muy influyentes, fueron mensajeros globales que utilizaron su poder para tratar de hacer del mundo un lugar mejor para cada uno de nosotros. Nelson Mandela estaba en contra de la injusticia del apartheid, la Madre Teresa y Bono contra la injusticia de la pobreza, John Lennon contra la injusticia de la guerra, pero Michael Jackson fue más allá. Su trabajo artístico llevaba un mensaje espiritual para estas y todas las otras injusticias de la raza humana; el racismo, la desigualdad, las enfermedades, el hambre y la corrupción. Para mí, todo esto era la personificación de Michael Jackson amigo. Michael tenía una capacidad inagotable para sorprenderte con su honestidad y su enfoque único de la vida. Emocionalmente, sentí una mezcla de tristeza y confusión y que una parte de todos nosotros había muerto con él. Me sentí molesto porque el mundo nunca tuvo la oportunidad de conocer a Michael como persona, y deseé que encontrase consuelo y felicidad en el cielo hasta que nos encontremos otra vez".

Lydia Giménez Llort, España, Fundadora de la Asociación Benéfica 4LOVEprojects inspirada en el legado humanitario del Michael Jackson: *"Mi vida era, simple y llanamente, normal. Y de repente, de repente, sin preguntar si era buen momento, sin preguntar si estaba preparada, sin preguntar si me veía capaz...alguien se acercó para susurrarme algo al oído. Lo hizo sigilosamente, con pasitos cortos y suaves, como el que teme despertar a un bebé recién dormido... Fueron sólo cuatro palabras, breves, entrecortadas por largos silencios, zurcidas entre sí por el dolor y el miedo. Tenían por sujeto alguien que jamás soñó con tan desgraciado predicado.*

Y así, pasando de la vida normal al peor de los sueños, sentí como el mundo se detenía. Simplemente, dejó de girar. Los minutos, las horas pasaron y mi mundo tenía muchas otras razones pero le faltaban fuerzas para dar una vuelta más. Así me sentí, durante ése y muchos otros días, demasiados días.

Incredulidad, culpa, desconsuelo y soledad.
Culpa, desconsuelo y soledad.
Desconsuelo y soledad.
Soledad.
Soledad, soledad. Eterna soledad.

¿Cómo podía sentirse tanto vacío estando rodeado de quienes aún te aman? ¿Cómo sobrevivir siendo una gota de agua en medio de un ardiente desierto? ¿Cómo levantar la llama que sin aire se ahoga? ¿Cómo surcar el mar en velero en contra del viento? ¿Cómo nadar si ya no existe el mar? Conmigo misma, a solas, fui buscando respuestas, como el ciego que camina en un bosque sin guía.

Durante aquellos primeros meses su recuerdo irrumpía en mi pensamiento a todas horas, atropelladamente, sin previo aviso. Más tarde empezó a entrar en él tímidamente, para luego ir difuminándose de tanto pasearse hasta, poco a poco, convertirse en fiel compañero. Y fue así, casi sin darme cuenta, como su estela de luz iluminó mi camino con la levedad propia de un ángel. Y aunque sigo sintiéndome sola, algunas veces, cuando a nadie tiene por testigo, noto que se me acerca. No pregunta si es buen momento, ni si estoy preparada, ni si me veo capaz. Él da por hecho que le he tendido mi mano. Es entonces, cuando siento la ternura de su pueril sonrisa que llena mi vacío y en medio de traviesas risas me hace creer que soy oasis. Percibo la suave caricia de un soplo de aire que alienta mi alma y cambia el rumbo de mis pensamientos. Lloro, lloro como una niña... y al verme inmersa en el mar de lágrimas me reconcilio con Dios."
Lydia Giménez Llort

Mahe Guilmain, España, creadora de la página "Labor Humanitaria de Michael Jackson" en Facebook: *"Llevo desde anoche buscando un lugar donde poder abrir el alma y el corazón. Un lugar donde poder dejar escapar el dolor para aliviar la presión que la llegada de un nuevo 25 de junio supone. Pero tal y como decía Maya 'Aunque somos muchos, cada uno de nosotros está dolorosamente solo' y es cierto. Añadir más dolor donde ya abunda no es la solución. Ahora mismo no veo solución en nada. Al final, simplemente* recaigo aquí donde termino expresando lo que mi corazón siente, lo que mi alma sufre y mi pensamiento llora.

Quedan pocos minutos para que justo se cumplan dos años que tu corazón dejó de latir, que recuperaste tu esencia de ángel. Y pasar por ese momento, recordar de nuevo cómo descubrí que nos dejaste... es muy doloroso. Se me encoge el alma solo de pensarlo. En dos años no hemos sido capaces de echar el tiempo atrás, ni traerte de vuelta, ni despertar de esta pesadilla. Solo queda seguir adelante como se pueda. Solo espero que ya que no te tenemos físicamente, nunca nos dejes de esta otra manera que ahora nos acompañas.

Pero es tan difícil poner en palabras tanto sentimiento cuando la tristeza ya te satura de esta manera. Llevo un buen rato escribiendo frases que he borrado una y otra vez porque no llegan a reflejar cómo me siento de verdad. Si las lágrimas pudieran teclear quizá dejaran constancia de lo que está sintiendo mi corazón, porque ahora solo hay eso, lágrimas, tristeza y mucha añoranza. Te echo tanto de menos, Michael... Jamás pensé que podría llegar a echarte tantísimo de menos. Realmente, jamás pensé que tendría que vivir esta situación contigo. Lógicamente no te hacía inmortal pero simplemente, nunca pensé que me faltarías. Siempre has estado ahí. Siempre.

A lo largo de todos estos años, yo te he fallado más que tú a mí y aún así, siempre has seguido ligado a mi vida como si hubiéramos hecho una promesa de compañía eterna. Pero ahora tu compañía es diferente. Ahora estás en otra dimensión, en otro plano que me hace sentirte más cerca, más profundamente, pero cuyo precio ha sido que tu corazón dejara de latir. Así no esperaba sentirte jamás, Michael. Así no.

Lo poco que he sido capaz de ver hoy de ti, se me hacía irreal. Te veía cantar, bailar, y es como si mi alma se desdoblase y tu imagen me llevara a hace años, cuando de niña, de jovencita, verte lo era todo para mí, cuando me podía pasar horas y horas delante de la televisión, pasando un video y otro y otro, para captar todos tus movimientos, toda la energía que irradiabas. Para sentir hasta en cada momento que tomabas aire disimulada pero profundamente o que parpadeabas.

Es curioso cómo de similar es mi pasado a mi presente. Pero en ese desdoblamiento de mi alma, otra parte de mí seguía en este momento en el que la realidad me golpea la cabeza y me dice que todo eso ya se acabó, que ahora ya no estás. No estás.... ¿Cómo puede ser, Michael? ¿Cómo puede ser que cuando te había reencontrado, cuando volvías a recuperar tu lugar y estabas despertando en mí la pasión que solo tú sabes despertar, te volví a perder? ¿Cómo hacerme a la idea de que parte de mi vida ya no existe? ¿Cómo entender que tú ya no existes? Es que aún no lo puedo creer...

El tiempo ha pasado tan rápido pero a la vez tan lento... El mundo ha dado tantas vueltas en este periodo y al mismo tiempo parece haberse detenido. Pero tú no estás, ya no giras con él. Por desgracia, sé muy bien que las pérdidas de seres queridos no se superan, solo se aprende a vivir con ellas. Pero ¿por qué aún no he aprendido a vivir sin ti? Antes, simplemente sabía que estabas en algún lugar de este planeta. Podía no saber de ti, no saber por dónde andabas. Podía haberte perdido la pista y habermevolcado a otras pasiones. Pero estabas aquí y saberlo me servía para estar tranquila. Pero ahora...

A veces me asusta tanto lo que me haces sentir. Me da verdadera impresión quererte tanto, extrañarte tanto, admirarte tanto. Desde que llegaste a mi vida es como si fuera un camino sin fin, donde los sentimientos por ti no tuvieran una meta final porque su recorrido es eterno. Pero al mismo tiempo, es tan pero tan bella la sensación... Es sentir en el centro del pecho una calidez difícilmente explicable. Es como si pudiera sentir el amor en su pura esencia. El amor real, inocente, genuino. Es como si te sintiera a ti acariciando mi alma, una caricia real y física en el corazón, como si tu mano pudiera traspasar la piel para acunarlo en ella. Pero ahora quererte duele. Y ¿sabes? Duele mucho, muchísimo. Dios, es que te echo tanto de menos...

Sé que ayer intentabas hacerme sonreír. Y en ello estás también ahora aunque lo primero que consigues es que se me caigan más lágrimas. Pero sabes bien que no creo en las casualidades, ni en las coincidencias y cada canción que sonó ayer, tenía su significado. Estaban llegando las adecuadas en el momento justo. ¿Por qué sonaban una tras otra esas canciones y no otras? ¿Por qué lo están haciendo ahora? Sé por qué: porque de alguna forma estás ahí y te encargas de hacérmelo saber. Es tu forma de abrazarme y decirme que no estoy sola, tu manera de secar mis lágrimas. Y por un lado, sentirte así es una experiencia increíble, pero por otro se me rompe el corazón al recordar por qué precisamente te siento así.

Sé que esta situación que vivimos desde que te fuiste, te capacita para poder estar más cerca de nosotros pero... yo quisiera que siguieras aquí. Yo no te quiero cerca, sino con nosotros. No te quiero ahí, sino aquí. Te quiero vivo, caminando en este mundo, iluminando la vida con tu presencia, con tu sonrisa, con tu amor. Te seguiría sintiendo como ha sido durante toda mi vida y eso me basta. De verdad que es muy bello cómo te puedo sentir ahora, como muchos te sienten también, y me siento muy afortunada de tener esta especie de conexión que trata de aliviar el dolor, pero no me compensa si realmente no estás. Hemos perdido tanto... Te hemos perdido a ti y eso es como perder el mundo.

Anoche encendí una vela que se apagó cuando ya conseguí dormirme. Ahora que vuelve a estar prendida, la veo titilar, veo cómo la cera cae en forma de lágrima y parece ser reflejo de mi propio corazón. No puedes imaginar lo roto que está, Michael. Trato de recomponerlo como puedo pero se vuelve a romper cada vez que te veo, cada vez que te escucho. Tu voz... Michael, no puedo explicar lo que me hace sentir tu voz. Cómo se me eriza la piel de pura emoción. Cómo me siento en la misma frecuencia, en la frecuencia correcta y exacta que me hace amarla y amarte más aún. Te escucho con el corazón, puedo sentirlo y eso es lo que hace que lo rompas sin tú querer hacerlo.

Es igual al verte. Puedo pasar horas simplemente contemplándote. No podría describir tanta belleza, tanta dulzura, tanta ternura reunida en tu imagen. Me pierdo en ella. Ese aura del que hablan los que estuvieron cerca de ti, lo puedo sentir a través de una fotografía o de un video. Haces que anhele abrazarte, que desee desesperadamente sentir cómo me abrazas tú. Quedarme así, aferrada a ti durante un rato. Moriría por un abrazo tuyo pero ahora solo puedo imaginarlo. Puede que aunque siguieras aquí, jamás llegara a conseguirlo pero... otros muchos sí podrían. Ahora a todos nos queda soñar con un momento así y eso nos vuelve de nuevo a la realidad de tu ausencia. Y duele, Michael, duele...

Michael, contigo no estoy sola, contigo no tengo miedo. Contigo veo el mundo diferente y siento la vida diferente. Déjame al menos seguir así adelante hasta que llegue un día en que aprenda a vivir, sabiendo que es la única manera de tenerte cerca. Eres eterno, Michael, eres para siempre. Eres luz en la oscuridad y vida en la muerte. Eres alegría en mis lágrimas y amor en mi desconsuelo. Te quiero tanto que si mi corazón pudiera hablar, su primera palabra sería tu nombre. Siempre has sido mi amigo, mi confidente, mi amor platónico. Has sido mi profesor de baile, mi evasión y mi pasión absoluta. Ahora eres también mi ángel más que nunca y espero que cuando llegue el día en que cierre mis ojos y vea de nuevo a mi padre y mi madre, cuando vea de nuevo a mi chico, a mi mejor amiga, cuando camine por ese túnel hacia la luz... tú estés también allí para darme el abrazo que ahora tanto necesito.

Te adoro, Michael, te adoro con el alma y te echo de menos hasta llegar a dolerme físicamente. Pero sé que lo sabes, sé que lo sientes. Ya que me dejaste en este mundo, no me dejes desde dónde estás ahora y sigue haciéndome sentir tu presencia a través de esas señales, a través de esas canciones que llegan cuando las necesito, como si tú mismo me hablases. Y mientras tanto, sigue secando mis lágrimas porque aún me quedan muchas para derramar por ti. Son eternas como tú, como tu amor, como lo que me haces sentir. Te quiero muchísimo". Mahe Guilmain

Phillip Chiyangwa, fundador sudafricano del Grupo de Acción Afirmativa, ejecutivo de Native África Investments Ltd., ex diputado del partido ZANU-PF.: *"Cuando oí la noticia en la mañana del viernes que Michael Jackson había sido declarado muerto, me di cuenta de la pérdida, no sólo para la familia Jackson y el mundo, sino para nosotros como zimbabuenses. No nos dimos cuenta del potencial que tenía en 1998, pero esperábamos que un día, con el permiso de nuestra política, él regresara y fuera parte de nosotros. Mientras el mundo lamenta el fallecimiento de un icono, todos deseamos a Michael Jackson la paz - la paz que nunca disfrutó en esta tierra. Descansa bien, rey del Pop".* Phillip Chiyangwa

Tom Mesereau, abogado: *"Michael Jackson era una de las personas más amables que he conocido. Él realmente quería hacer*

algo más que ser un genio de la música. Quería sanar y cambiar el mundo a través del amor, a través de la bondad, a través del arte y a través de la música, y creo que el mundo es un lugar mejor porque él estuvo con nosotros".

En 2005, el ex presidente sudafricano **Nelson Mandela** dijo que pensar en Michael le dio fuerzas durante los años que estuvo encarcelado y que Michael continuaba siendo una fuente de inspiración para él. *"Cuando estás en la cárcel sin esperanza de liberación, es necesario encontrar la fuerza siempre que sea posible. Personalmente, yo encontré fuerzas en Michael Jackson".* El ex presidente sudafricano dijo que mientras estuvo preso en la década de 1980, obtenía sustento emocional siguiendo la carrera de Michael. *"Se necesitó un gran coraje salir de los Jackson Five y seguir en solitario. Me dije a mí mismo, si él tuvo el coraje de hacer eso, yo también debo tener la voluntad de seguir adelante".* Nelson Mandela expresó que Michael es *"una fuente constante de inspiración"* para él.

Viviana Garrote, Argentina: *"Estoy honrada doblemente. Primero por poder contar mis sensaciones en el libro escrito por un hermoso ser humano, mi amiga Liz Johnson y segundo porque ese libro es sobre otra maravillosa persona, el inolvidable Michael Jackson.*

Todos los elogios que se me ocurren no alcanzan para describirlo. Cómo podría describir a alguien que inspira a millones de personas a ser mejores, alguien que hace que tenga ganas de ayudar a los que lo necesiten antes de que esas personas lo pidan, alguien que hace que veamos todo desde el punto de vista del amor. Él hace que abramos nuestros corazones con una nueva forma de ver al mundo, con ojos de generosidad, humildad y hermandad.

Los que amamos a Michael usamos la frase "keep Michaeling" algo así como "continúa haciendo las cosas como Michael", aunque e si lo pienso bien, es casi imposible porque hacer las cosas a su manera significa olvidarse de uno mismo, abandonar el egoísmo y la vanidad para ofrecernos al otro, a quien está sufriendo, al planeta, a los animales, a la naturaleza, a los niños, a los enfermos. ¿Somos capaces de hacer algo así todos los días de nuestra vida? No creo, sinceramente dudo muchísimo que podamos "keep Michaeling".

Es curioso como miles de personas no pueden lograr lo que él consiguió: ayudar a incontables seres alrededor del mundo, inspirar, derribar barreras, abrir puertas para las nuevas generaciones y sobre todo dar amor a manos llenas a quien sea que lo necesitara.

Él llegaba con su alma luminosa para cumplir sueños ajenos y regaba felicidad en cada lugar que pisaba, haciendo de ese lugar el mágico sitio por donde pasó Michael Jackson. Se con seguridad que los lugares que él habitó tienen todavía y tendrán por siempre su luz y vibración maravillosa.

Estoy tan agradecida por haber vivido en su misma época, por haber sido su contemporánea y a la vez admirada por lo que ven mis ojos.

Hoy estoy presenciando su milagro, veo que su sueño grandioso, "hacer del mundo un lugar mejor", se está logrando. Él sembró en nosotros la semilla de la conciencia y del cuidado por todos los seres vivos y por el planeta, esa semilla ha crecido y hoy, cuando veo una buena obra, allí veo a mi amado Michael. El mundo no es el mismo sin él. Para mí, él es imprescindible." Viviana Garrote

Marisa R., España: "Los recuerdos que tenía de Michael antes del 26 de junio, cuando conocí la noticia, eran de los días del juicio de 2005. Aquellas imágenes en que se le veía destrozado por el dolor me hicieron pensar que quienes querían destruirlo lo habían conseguido, que era cuestión de tiempo. Y en el año 2008, el día de su 50 cumpleaños, al verlo en las noticias otra vez, pensé que Michael era de esas personas a las que no imaginaba llegando a viejo. Todo eso fue lo primero que me vino a la cabeza cuando escuché esa mañana que había muerto, pensé que de alguna manera lo habían conseguido.

Después, cuando supe cómo había muerto, me sentí peor aún, no podía ni quería creer que hubiera sucedido solo un año después de pensarlo. Ese sentimiento de culpa por haber tenido ese presentimiento me hizo buscar su música –que apenas conocía– y buscar en Internet noticias y videos suyos. A partir de ese momento se paró el tiempo para mí y no hubo otro objetivo en mi menteque buscar información sobre él y conocerle tal como era realmente.

A medida que le iba descubriendo, más atrapada me sentía por su personalidad y más dolor sentía por todo lo que iba conociendo, tanto sobre las circunstancias de su muerte, de los últimos años de su vida, como por todo lo que había tenido que pasar desde que empezó a subir su fama más allá de lo soportable.

Pero todo esto le estaba pasando a una persona, a mí, con una vida un poco complicada en ese momento. Yo era una madre con las preocupaciones típicas de criar a dos hijos adolescentes, preocupada por sus estudios y con un matrimonio en crisis permanente desde hacía varios años y sin saber cómo terminarlo. Estaba centrada nada más que en mí misma y mis propios problemas y Michael me 'obligó' a salir de mí misma y a centrarme en él. Sin apenas darme cuenta me olvidé de mí hasta el punto de que mis problemas empezaron a tomar distancia y pude verlos desde otra perspectiva.

Conociéndole a él empecé a conocerme a mí misma y a descubrir cosas de mí y de mis relaciones familiares que hasta entonces no había analizado. Su historia familiar con su padre era muy parecida a la mía en cuanto a la dificultad de su padre para expresar su amor. Sentí una inmediata empatía hacia él por su inseguridad y sus miedos, pero al mismo tiempo también sentí una enorme admiración por cómo superó muchos obstáculos.

Creo que fue como un psicoanálisis que ni el mejor de los psicólogos habría podido hacer mejor que Michael. En unos pocos meses me convertí en una persona mucho más segura de mí misma y tomé la decisión de separarme. Michael me dio el valor que necesitaba.

Creo que si no le hubiera conocido, si no hubiera sentido ese puro amor que él sentía y ofrecía tan generosamente al mundo, de ninguna manera habría podido hacer las cosas del modo en que las he hecho. He tomado cada decisión desde entonces teniendo presente siempre a Michael y su mensaje, que me ha servido de inspiración. Algunas personas a mi alrededor se asombraban de lo bien que lo estaba llevando todo, como si alguien dirigiera mis pasos. Y efectivamente es así, sólo que no todo el mundo tiene la suerte de sentir a un ángel a su lado. Muchos de los miedos que sentía desaparecieron desde que conocí a Michael...

Como nos ha pasado a muchas personas cuando descubrimos demasiado tarde a Michael e incluso a quienes ya le conocían pero no tenían contacto con nadie más que le admirara, necesité compartir este sentimiento tan doloroso. Comencé a entrar en un foro en busca de información y pocos meses después me registré en él venciendo la timidez que me caracterizaba. A partir de ese momento comencé aportando algunas traducciones de artículos, textos cortos que poco a poco se fueron alargando conforme iba ganando seguridad. Quería compartir toda la información que yo misma encontraba con todo aquel que quisiera conocer al verdadero Michael.

Si tuviera que destacar algo positivo en medio de todo este dolor sería haber tenido la oportunidad de conocer a algunas personas a las que hoy considero amigas. Michael tenía tal magnetismo y carisma que ha conseguido una fuerte unión entre gente muy diversa de todo el mundo que, sin necesidad de conocernos personalmente, hemos conectado entre nosotros mucho más profundamente que con personas que han pasado la vida a nuestro lado y nos ha inspirado para continuar su labor y extender su legado artístico y humanitario.

Creo que cuando te pasa algo así, cuando recibes tanto de una persona, lo único que quieres es devolverle el favor del mejor modo que esté a tu alcance. Aunque sé que jamás podré devolverle ni una mínima parte de lo que he recibido a través de él. Me ha dado la oportunidad de una nueva vida pero el sacrificio ha sido demasiado alto. Para él, ese sacrificio ha sido su vida, ha tenido que marcharse para que muchos tengamos la ocasión de conocerle de verdad y cambiar la nuestra. Por esa razón estaré en deuda con él para siempre.

Por primera vez hago algo que me satisface plenamente: intentar que Michael siga vivo en la memoria de todo el mundo que le conocía y se instale en la memoria de quienes no le conocían. Me ha hecho creer en mí misma y en que los sueños se cumplen a veces. Quiero que el mundo le recuerde..." Marisa

Matilde L., Argentina: *Cuando escribo esto es 5 de marzo de 2009... Te reencontraba y fui tan feliz por un momento... Pero no sabía que ese reencuentro marcaría mi vida para siempre, que te transformarías en una parte importarte de mi vida, después de que tu espíritu reinara en mi corazón.*

Un ejemplo tras otro de dar y dar sin medir consecuencias, en una entrega silenciosa... Una de las citas más frecuentes de Michael, 'Sé humilde, porque de otra forma perderás el don que Dios te ha dado'. Quien pueda ahondar en la vida de Michael, se podrá dar cuenta de que no fue solamente un artista excepcional, primero fue un hombre excepcional, después viene todo lo demás.

Michael supo cuál era su propósito en la vida y actuó en consecuencia, espero que nosotros podamos saber el nuestro, poder descubrirlo nos hará menos materialistas y más felices.

Querido amigo, las palabras no expresan los sentimientos que ha despertado en nosotros, un mar de personas se han impuesto seguir con su legado, porque nos ha enseñado a compartir y a auxiliar, sin credos, sin razas, sin fronteras... Nos ha enseñado que los niños y la familia son la prioridad para comenzar a sanar el mundo... Heal The World... Usted es y será para mí como un toque mágico, polvo de estrellas que se esparció por 50 años. Lo quiero... Lo quiero más".
Matilde

Marcela F., Argentina: *"Sin lugar a dudas puedo decir que esos "instantes" en la vida, en los cuales sin saberlo marcan a fuego los días que quedan por venir, de esos instantes forma parte el momento exacto en que conocí, en la real dimensión de la palabra, al Sr. Michael Jackson. Segundos que se clavan en el alma y la memoria, con todos los detalles, con todos los sentimientos, con toda la grandeza, y que al momento no sabemos por qué o para qué se viven con tanta intensidad.*

¿Cuánto tiempo dura el golpeteo de un mocasín negro contra el piso al ritmo de un acorde? Dos golpes de pie contra el piso, ¿cuánto duran? ¿Tres, cuatro, cinco segundos? No lo sé, no es lo importante. Y sin embargo, algo o alguien dentro de mí me decía que nunca más olvidaría ese momento, ese primer recuerdo en el cual sonaron los acordes de We Are The World y un pie grande y muy personal dentro de un zapato lleno de sueños daba golpes contra el piso de un estudio de grabación.

Recuerdo todo, absolutamente todo. Normalmente soy una persona de poca memoria, lo que podríamos llamar una mujer un tanto "despistada". Sin embargo, de ese día, hace muchos años, recuerdo lo que hice a la mañana, a la tarde y a la noche. Recuerdo qué ropa tenía puesta, cuándo me la había comprado, donde, por qué y quién me había acompañado a comprarla. Recuerdo qué grupo de amigos me acompañaban esa noche cuando ingresamos al "video". (en los 80, un video era un café/bar para gente joven en el cual comenzaban a proyectarse videos musicales, en una pantalla obsoleta para lo que es nuestra tecnología actual, desde un proyector más obsoleto aún; en ese lugar además se jugaba al pool, se tomaba algún café o bebida alcohólica y se compartían momentos lindos con amigos). Ese día no nos sentamos en los sillones, fuimos directo a una mesa, porque habíamos gastado muchas energías jugando al pool y teníamos mucho apetito.

En ese lugar, en ese contexto, fue cuando de pronto las luces del lugar bajaron y un globo terráqueo apareció en la pantalla, con un grupo de gente que cantaba una hermosa canción, gente con diversos colores de voz, gente que cantaba. Era sólo eso, una canción diferente con gente con muy buena voz.

Hasta el zapato negro golpeando contra el piso. Ni siquiera fue su rostro, ni su sonrisa. Fue su pie. Y luego, un dedo dentro del bolsillo y los restantes golpeando al ritmo de la música. Y la cámara fue subiendo... Una camisa rara... ¿qué sería eso? ¿Un uniforme militar? ¡Cuánto brillo! Y mi alma se iba llenando de ese "instante" que quedaría para siempre en mi vida.

No sé decir qué hice después de eso, pero hasta ese momento, ¡lo recuerdo todo! Todo mi mundo, mi pequeñito mundo, mi juventud, se preparó para ESE momento, y por ello la memoria falla en el después pero nunca en el antes ni en el durante, de ese día tan especial en el que conocí a Michael Jackson.

Lo que vino después, con los años, con la vida, fue sólo acompañar ese instante, acompañarlo a él, sentir que NOSOTROS, él y yo, debíamos unir nuestras almas para siempre, aunque él nunca lo supiera. Sin embargo, somos muchos, muchos los que estamos unidos a ese ser maravilloso, tan privilegiado por Dios por sus dones... Y si se me permite, también los fans somos seres privilegiados por haber llegado a comprenderlo y a quererlo, ungiendo nuestra vista con mucho más que sus cirugías y sus caprichos de ser humano, *privilegiados por habernos elevado mucho más y ahondar a través de su arte, en su corazón.*

¿Cómo se describe lo que Mike nos regaló en su música, en su danza, en su altruismo, en su amor con y para los niños, para los animales, en sus dibujos, en su perdón, en su predisposición a que otros hagan lo mismo, en la prédica a la reconciliación, en su cuidado al planeta? Si alguien puede hacerlo ¡adelante! Para mí es algo que no puedo transmitir con palabras. Y además de su don, hay algo más que me cuesta traducir, su sufrimiento. El que seguramente ahora le será compensado.

Gone too Soon –Se fue demasiado rápido–. O no. Tal vez Dios lo libró de males mayores, y ahora pueda descansar en paz.

Lamentablemente el otro dios, el del dinero y la codicia sigue haciendo escala con su nombre en este mundo. Mejor dicho, parece que ese tren tiene todas las paradas en su nombre. Así como sucedió en su vida en la tierra, de la misma forma es por muchos usado ahora, vapuleado, insultado, burlado. No recuerdo otro artista al cual le hayan faltado tanto... tanto el respeto.

Pero Mike, ahora quisiera hablarte en forma directa... Mike ¡volveremos a vernos! Hagamos las cosas bien, tú allá y yo aquí por favor, para que las almas volvamos a encontrarnos. ¡Yo estoy segura de que sí! ¿Y tú? Mike "you and I must make a pact". I'll be there Mike! ¡Allí estaré! ¡Allí estarás! Seremos verdaderos "Dangerous" en la eternidad, porque el amor es eterno. Qué suerte que lo hayas comprendido mientras estuviste aquí porque ahora todo debe ser alegría para ti allí.

Es un hasta pronto. Tus fans del corazón te amamos, pase lo que pase, whatever happens Mike, sostrendemos tu mano que es la mano de la paz que supiste pregonar. Aunque no te hayan dejado en paz la mayoría de las veces, ahora, la paz es tuya y ¡quién puede sacártela? ¡Dios te bendiga, Negrote lindo!

A Liz, nuestra amiga Liz, una fan del corazón: ¡los mejores deseos de éxito con tu libro! El éxito que esperas, del cual no tengo ninguna duda, sólo anhela mucho, ¡mucho amor! Un agradecimiento por hacernos parte de tu libro, de tu amor a nuestro MIKE."
Marcela F.

Micheline James, Estados Unidos: *"Dos años echando de menos, anhelando, amor eterno... Esta es una imagen que captura uno de los muchos momentos de oro de Michael cuando el sol, la luna y las estrellas estaban perfectamente alineados. Desde su rostro increíblemente hermoso, su cabello indómito y aún seductoramente táctil, la sensualidad del satén sobre la piel tibia, su asombroso poder para expresar pasión, drama, suavidad y entregarse con una sola mirada. Michael el Magnífico. Toda la confianza de un Ser Supremo que se adueñaba del escenario... y de nuestro corazón. Un hombre de belleza mortal en cuerpo, mente y alma – un luminoso faro de amor y esperanza para la humanidad. ¿Podría ser demasiado cielo para una chica? El séptimo hijo de Katherine... mi Séptima Maravilla del Mundo."* Micheline James

Ana Isabel Montenegro (Puska), Costa Rica: *"Mi amado Michael... Tú, mi bello niño de la eterna sonrisa, mi confidente y amigo fiel, mi dulce cantor de la esperanza, el gran humanitario, mi hermoso ladrón de sueños, significas tanto para mí. Conocerte me cambió la vida, lograste calar profundo en mi alma y llegaste para no irte jamás.*

Siempre he creído que Michael fue un ser mágico, excepcional, tocado por la Mano Divina de manera especial, lo cual lo hacía poseedor de esa luz y esa arrolladora energía que emanaba de él en forma natural. A través de esos hermosos ojos se puede ver que hay verdad en su alma. Seres humanos de su calibre se dejan ver muy de vez en cuando en la historia, nos transmiten su mensaje y crean cambios profundos en nuestras vidas, impartiendo fe en un mejor mañana y dándonos la confianza de que aún quedan almas buenas en el mundo.

Vivió apasionadamente y con verdadero amor todo aquello en lo que creía, entregándose a ello en cuerpo y alma, guiado siempre por el deseo de ser un canal de bendición para otros, muchas veces con todo en contra, pero sin que eso jamás lo hiciera perder sus convicciones, las que mantuvo firmes al costo que fuera.

Que dichosos somos de haber nacido en su tiempo y ser testigos de su vida. Podré hablar a otros de él, de su arte magistral así como

de su gran carisma y la humildad de su espíritu, contar quién fue realmente Michael Jackson.

¡Cuánto se le ama, hasta donde nos dan las fuerzas del corazón! Él siempre lo supo, y era un sentimiento recíproco; nunca dejó de decírnoslo, como olvidar sus constantes "I love you more" que brotaban de su alma sincera.

Parte muy importante de mi vida se ha ido con él... Hay días cuando me agobia la nostalgia y encuentro entonces que el bálsamo que su Amor me provee es la mejor medicina. Segura estoy que su valiosa vida no quedará olvidada en imágenes borrosas que el tiempo se llevará, o envuelta en palabras necias o controversias inútiles, ni en medio de rencores y amarguras; los que en verdad le conocimos sabemos que él no estará allí jamás; esa no es su esencia.

Amo profundamente al talentoso artista que rompió todos los esquemas en el mundo musical y que nos brinda tan bellos momentos al escucharle o verle en un escenario y aún más, amo a su ser interior, a ese adorable Niño Hombre que con su fascinante humanidad logró atrapar mi corazón. Cada día lo llevo conmigo en el Amor que tengo por esta hermosa aventura que llamamos vida, en los abrazos compartidos, en mis alegrías y también en mis días grises, en las cosas que no comprendo y que debo superar, en cada te amo que mis labios pronuncian, en la oposición ante la injusticia , el prejuicio y la desigualdad, en mis pensamientos, deseos y acciones por hacer de este mundo un mejor lugar para vivir, ese fue su ejemplo y también su gran sueño, no podría decir que le admiro y no seguir sus pasos .

Ha dejado tras de sí un enorme ejército, del que me siento parte, sus Soldados de Amor —como le gustaba llamarnos— que por todo el mundo y cada cual desde su trinchera continúa con su importante legado.

Amado Michael... Por todo lo que me diste, por lo que me das cada día, por tu maravillosa vida, gracias... Por siempre ¡gracias!"
Puska Montenegro

Martín Rodriguez, Argentina: "Michael llegaste a mi vida en el momento justo, cuando todo era oscuro y triste. Me diste no solo tu música que me inspira, sino también nuevos amigos, nue-

vas experiencias, llenas de alegrías mis días y lo más importante, me demostraste que siempre hay una luz de esperanza para poder cambiar las cosas si uno tiene fe en si mismo. Cambiaste mi vida completamente, todo es distinto ahora, todo tiene un poco más de color. Lamento mucho no haberte conocido antes... Me enseñaste a no juzgar y a tratar de ser único, a no dejarme llevar por los pensamientos y prejuicios ajenos.

No importa si para muchos eres solamente el cantante de Thriller o el que hace el "Moonwalk", importa que para muchas personas, eres más que un Ídolo, eres luz, esperanza, alegría, magia, vida y AMOR. Eres una parte de mí y lo serás por siempre, me enseñaste mi lugar en el mundo.

Si ser fanático es una enfermedad, ojalá nunca se encuentre la medicina para curarla, porque estoy feliz y orgulloso de ser fan de uno de los seres más increíbles que pisaron esta tierra. ¡GRACIAS MICHAEL! I love you most!

Adriana Viglietti, Argentina: *"Esas pequeñas grandes cosas que para mí te hacen Único. Desde el día que te conocí siento que estoy en deuda con la vida, porque ella me regaló la posibilidad de descubrir tu hermoso ser. Siento que todo lo que hago es pequeño para retribuirle de alguna manera la inmensa felicidad que me produjo el haberte encontrado. Embriagada por tu amor me dejé llevar. No me di cuenta... y no sé como llegué hasta acá... No se si fue de a poco o de repente, si doy por sentado que jamás experimenté la sensación de transportarme, de dejarme ir a ese sitio donde solo tu puedes llevarme y ser feliz con una dulce, simple y genuina sonrisa.*

Todo en ti es natural. Tu tamaña integridad... ¡Tienes el don! Eso que hace falta y que solo tú posees... Y así me haces volar, volar, volar y sonreír... Y también emocionarme hasta llorar... Porque regalas magia y alegría por doquier. Porque haz sido capaz de transformar todo lo que era oscuridad en arco iris. El Amor es innato en ti al igual que tu enorme e indiscutido talento... Todo ese amor que has sido capaz de brindar con esas simples cosas por demás grandiosas, tan solo con un abrazo, con un beso, con una sonrisa, con una mirada inocente... Tus acciones dejaron huella en este plano terrenal.

Dulce Michael, la soledad hizo acto de presencia en mi vida desde el momento en que se produjo tu abrupta partida, y en ese instante me detengo y me pregunto y re pregunto ¿A dónde van los corazones rotos? Uno está donde elige estar o donde lo lleva el sentir. Yo estoy con mi sentimiento simplemente en ti. Te echo de menos y te quiero más." Adriana Viglietti, Cortesana del Rey

Kati St., Alemania: *"El día que Michael nos dejó y las semanas siguientes fueron los días más tristes de toda mi vida. No puedo describir la magia, el amor, el espíritu, la luz y las emociones que me invadieron en el mismo instante en que vi el alma de Michael y sentí su amor por primera vez. El impacto que tuvo en mi vida es difícil de describir, y me deja sin palabras una y otra vez.*

En un momento en que yo estaba buscando una nueva pista, en busca de mi verdadero camino, Michael apareció de nuevo en mi vida. Fue él quien me trajo de vuelta a mi camino, a mis deseos interiores y quien devolvió el amor, el sentido y la luz en su forma más pura de nuevo a mi vida. Él me mostró todo lo que he anhelado de una manera que nunca pensé que sería posible. Su amor y compasión, su fe y espiritualidad, su amor por el planeta y el asombro que trajo de vuelta a mi vida, me conmovió e iluminó. De repente, todo lo que yo buscaba estaba allí. Como un regalo lo encontré, o mejor dicho, él me encontró. El creer en el amor, que todo es posible, la maravilla y la magia, el sentido de la vida, con su vida como ejemplo puro, su luz, su ternura, su fuerza y la forma en que él fue capaz de tocar con todo esto, mi núcleo más profundo e interior, es realmente indescriptible.

Esta cercanía, unidad y fuerza emocional que tengo el honor de experimentar con Michael y su mensaje, no tienen parangón. La gente que me siento honrada de conocer, las experiencias que me siento honrada de tener, y los sentimientos que tengo el honor de sentir como nunca antes. La sensación de vivir en un mundo donde todos estamos juntos y tan cerca el uno al otro, amar y ayudarnos unos a otros por puro amor continúa asombrándome. Michael y toda la gente maravillosa que conocí a través de él, me han hecho ver el mundo con todo mi corazón otra vez. Me siento profundamente conmovida por la cantidad de amor que se vive y el impacto que tiene.

Hace que mi corazón cante y el mundo brille poder hacer algo por los demás y ver que hay personas increíbles que hacen esto todos los días. Como Michael dijo: 'Tenemos que unirnos todos, para convertir la oscuridad en luz, y el amor en nuestros corazones brillará.'

Michael realmente une al mundo, es como magia. Se propaga como un amor puro que activa el amor en todos aquellos dispuestos a verlo a él y a su mensaje. Michael transforma extraños en una comunidad de amor y nos hace conscientes del poder del amor. No es fácil de describir pero fácil de sentir. Si tan sólo una vez puedes sentir este amor, lo sentirás para siempre. Estoy muy feliz y muy honrada de poder sentir y vivir todo esto desde que Michael me encontró. Él es parte de mi vida ahora y para siempre. Y esta fuerte fe en el amor como sentido de vida y creer que todo es posible. Esto no me abandonará nunca más. Era lo que estaba buscando desde que tengo memoria y Michael trajo esta luz para que brille dentro de mí y de todos nosotros para siempre. Él me devolvió mi alma y me dio los instrumentos para cumplir con lo que yo siempre estaba deseando, el deseo de encontrar mi camino, hacer un cambio y vivir el amor.

Todos llevamos su mensaje en nuestro corazón, sólo tenemos que estar preparados para vivirlo. Queremos lo mejor para este mundo: amor, justicia, verdad, generosidad. Admiramos a Michael por hacer esto y debemos honrar todo los que nos dejó y seguir viviéndolo para él, para nosotros y para el mundo. Él dijo: "Mi misión es sanar, pura y simple", y por lo tanto, también es la nuestra.

El amor incondicional, la confianza, creer y la magia son las cosas esenciales que nos ha enseñado, y a través de la unidad, tendremos la fuerza y el coraje para hacer llevar adelante estos ideales.

Vamos a escuchar las palabras de nuestro corazón y luchar, defender, actuar y amar para sanar al mundo y hacerlo un lugar mejor. Michael nos unió a todos y es un regalo tan precioso, su amor es un regalo para nosotros, y nuestro amor puede ser un regalo para este mundo. Vamos a vivir el amor que él nos enseñó, y a continuar con su magia a través de la fuerza y la ternura, la variedad y la unidad, el amor y la compasión, la tolerancia y la justicia.

Agradezco desde lo más profundo de mi corazón por todo el amor y la gente maravillosa que conocí, más allá de las palabras. Una de *esas personas increíbles es Liz y yo estoy muy agradecida, querida Liz, por tener el honor de conocerte y compartir pensamientos, emociones y preciosos y momentos. Tú eres un verdadero ejemplo del amor y la magia de Michael.*

Siempre voy a sentirme honrada y muy feliz de continuar con la vida que Michael y otras personas maravillosas me enseñaron a vivir, y de compartir mi amor para siempre y en todo lo que pueda. Esta es la misión y el sentido en la vida: El AMOR.

Michael, te doy las gracias por mostrar al mundo lo que significa el amor y por dar toda tu vida, todo tu amor. Diste más de lo que las palabras pueden decir. Siempre te amaré y te admiraré. Tú me diste un amor invencible y la felicidad. Es todo por A.M.O.R." Kati

Lili Chacon, Argentina: *"Hoy hablo desde el amor, alegría y gozo en mi corazón. Al finalizar el mes de junio de 2009, una noticia me dejo sin aliento: la partida de Michael. Conocerlo fue un antes y un después en mi vida, conocer su obra, su amor a los niños, su corazón solidario, sus canciones, su timidez... Michael es un ejemplo a seguir para mí. A partir de que conocí a Michael crecí como mujer, me torné más reflexiva, y con una creciente humildad comencé a tener la habilidad de ver lo bueno en sitios inesperados, y talentos en personas insospechadas. No hay nada más poderoso ni energizante como el amor que en cada momento me brinda Michael. Él alienta mi ser con fortaleza y luz. Las bellas palabras que pronunció durante su vida me producen grandes expectativas, me llevan por caminos nuevos y me generan un compromiso de amor, diciplina y ejemplo. Su obra no será olvidada mientras exista un corazón lleno de amor y fe.*

El día que escuché esa triste noticia, planté una semilla y día a dia debo regarla, cuidarla, y cuando la plantita nazca demandará más cuidado aún. En mi corazón y mente he plantado la semilla del amor. Hoy disfruto de una vida rica y de abundantes experiencias deliciosas de la mano de Michael, dejo fluir lo nuevo y lo bueno. Meditar su palabra y estar al servicio de los demás me transmite inpiración, esperanza y la seguridad de que no hay imposibles. ¡Gran tarea tengo por delante! Mis pensamientos, mis sentimientos y las palabras son como una gran sinfonía de alegría, una melodía de gratitud.

¡Michael, agradezco tu maravilloso toque, tú me tranformas dia a dia! ¡Qué hermosas palabras! ¡Te amo Michael! Te doy gracias porque eres agua viva para calmar mi sed, y me das una paz dulce que ilumina todo mi ser, me liberas de ansiedades, cada nuevo día soy una nueva mujer. ¡Gracias Michael, por marcar mi camino para servir a los demás!" Lili Chacon

Lulu Kordzadze, Tiflis, Georgia: *"Cuando se trata de Michael Jackson, es difícil escribir sobre él en pocas palabras... Te puede llevar horas hablar sobre este genio musical. Michael Jackson es el mejor artista pop que el mundo haya visto. Él era un músico extraordinario, un bailarín, un artista... Era un genio.*

Michael Jackson no estaba dotado sólo con talento para cantar y bailar, sino también con un gran corazón y talento para amar y ayudar. Era un verdadero humanitario que salvó la vida de niños de todo el mundo. Su gran amor a los niños siempre fue puro y sincero.

Amo a Michael desde que yo tenía tan sólo 6 años. Adotaba su amor por los niños porque yo era uno de ellos también, en ese momento. Recuerdo que a veces pensaba para mis adentros y con preocupación "Yo sé que ahora me quiere, porque soy una niña, pero, ¡oh mi Dios! ¿Qué pasará cuando crezca?"

Michael Jackson fue único y ha sido una gran inspiración en mi vida. Por eso quiero darle las gracias y por cada momento de felicidad que nos ha dado con su música y por cada esfuerzo que hizo por hacer de este mundo un lugar mejor." Lulu Kordzadze

Paula Katsikas, Australia: *"Michael Jackson y yo tenemos una larga historia. Él ha sido mi inspiración, mi ídolo, mi maestro, mi amigo, e incluso mucho más que eso en mis sueños. Pero lo que me tocó más, es este ser humano hermoso, alegre, generoso y amable, por encima del estrellato y la fama que traía con él. Michael entregó su corazón y alma en todo lo que hacía y, luego, dio aún más. Esta es la base del amor sin fin que siempre he sentido por él, siempre fuerte, pero que se intensificó a través de los años a medida que experimentaba los dones especiales y únicos que le dio Dios.*

Dear Michael

A veces, poder dar una explicación de cómo un hombre puede tener un efecto tan enorme en mí y dejarme completamente sin aliento, va mucho más allá de mi comprensión, pero estoy segura de que todo el mundo ha escuchado el dicho "Tocado por un Ángel", es la explicación más cercana para mí. Michael siempre ha estado ahí de una manera u otra, en los momentos buenos y en las menos favorables con sólo pulsar un interruptor o un botón en frente de mí, él siempre está allí reconfortándome, y haciéndome sentir feliz cuando mal y mejor cuando estoy bien, con esa sonrisa contagiosa y su voz angelical.

Su influencia ha sido enorme para mucha gente, incluyéndome a mí. En mi caso, no para ser mejor bailarina o mejor cantante, sino para ser un mejor ser humano, tratando de seguir su ejemplo. Sus mensajes de amor y paz son fuertes en sus muchos discursos y en sus canciones. Si uno puede ir más allá de Thriller y Billie Jean y escuchar lo que Michael está diciendo, realmente escuchar, conocerán la belleza que veo en él, la belleza que proviene no sólo desde el exterior, sino que también viene de adentro.

Puedo decir que dos veces en mi vida la Tierra se detuvo para mí. La primera vez fue el momento en que tuve el honor de conocerlo y pasar un rato con él, una experiencia que atesoraré por toda la eternidad, mi recuerdo más preciado. La segunda vez fue el 25 de junio de 2009, cuando recibí la noticia terrible que él ya no estaba con nosotros. Todo pareció detenerse en el tiempo, incluyendo los latidos de mi corazón. Mi dolor fue enorme, como el de sus fans, y me sentí obligada a hacer cosas que nunca hubiera hecho antes. Puse todo lo demás en mi vida en espera, y volé a Estados Unidos para presentar mis respetos al hombre que había significado y aún significa tanto para mí. Sentía que no podría encontrar paz hasta que fuera y me despidiera de él en su lugar de descanso temporal, porque sé que Michael está en un lugar mucho mejor ahora, un lugar donde no hay más dolor ni daño.

La tristeza aún está aquí casi tres años después, y realmente no creo que alguna vez se vaya por completo, pero con el amor y el apoyo, y a través de los lazos especiales que he hecho con otros fans de MJ ahora soy capaz de comenzar a celebrar su vida, en lugar del luto diario. Sé que es lo que Michael querría de mí. Él siempre solía decir: 'Voy a vivir para siempre a través de mi música" y eso es exactamente lo que está haciendo, después de todo él es "El Inmortal".

Gracias Michael, por hacer una gran diferencia en mi vida, por todo lo que me has dado, y das todavía, y por todo lo que eres. Tus palabras de amor resonarán por siempre en lo profundo de mi corazón, y cuando la gente me pregunte por qué Te quiero tanto, mi respuesta será siempre que: Es fácil, pude saber quién es realmente Michael Jackson". Paula Katsikas

Rocío Calvio, Chile: "Cada vez que se me presenta la oportunidad de referirme a este ser tan especial que llena completamente mis días, la emoción que siento en consecuencia es indescriptible. Sin embargo, todas aquellas personas que lo llevan en su vida, en su corazón y que en su día a día comparten su amor con este ser, –que además es responsable de la creación de lazos de amistad tan fuertes y sinceros– por más que de vueltas y vueltas intentando explicar lo que siento por él, ellos con solo leerme, lo entienden, y esto, es así porque es preciso vivir en este mismo mundo de ensueño para poder comprender lo lindo que es poder amarle. Podría buscar miles de palabras, en todos los idiomas, o tal vez inventar alguna y aún así, ninguna sería exacta al momento de intentar siquiera explicar a otras personas lo que este maravilloso ser significa para mí.

¿Qué ser? ¿A quién me refiero? A él, si a él... a Michael Jackson. Cómo late el corazón cuando ese nombre se lee, como vuela la imaginación cuando ese nombre se escucha, como cambia el sentido de la vida cuando afortunadamente tienes la posibilidad de conocerlo, de conocerlo "realmente", y cuando digo conocerlo, no me refiero al haberlo visto físicamente, en persona, ya que con Michael aquello no es necesario. Me refiero únicamente al haber conocido a la persona, simplemente a Michael. A quién con solo mirarlo a los ojos te das cuenta de la grandeza y la pureza que siempre ha existido en su corazón, y como aún con todo el daño recibido, aquellas cualidades se mantuvieron intactas demostrándolo siempre con su esperanza de hacer de este mundo un lugar mejor... Es tan fácil amarlo.

Hemos estado juntos casi toda la vida y ha sido un regalo de Dios. A través de Michael, Dios me hizo entender que es lo que nos quiere decir cuando de amar al prójimo se trata, y es que honestamente digo, no he conocido a nadie más que a Michael, con esa inmensa capacidad de entregar tanto amor al prójimo sin importar de quien se trate. Es verdad que todos somos capaces de sentir y entregar amor, pero también es cierto que no se lo entregamos a cualquiera, y he ahí la diferencia en nuestra capacidad de amar con la de Michael, a él se le dañó mucho, durante prácticamente toda su vida, y, aún así la única respuesta que tuvo ante todo ello fue amor. Amor demostrado en su capacidad de perdonar, amor demostrado en su capacidad de dar, amor demostrado a través de su arte con el cuál su único fin siempre fue hacernos felices a todos, y como pocos, lo logró.

Michael Jackson cambió mi manera de ver la vida y le dio más de un sentido, por eso y más, es que lo quiero tanto, más de lo que algún día pensé podía quererlo y si bien no sé qué tan consciente habrá sido de ello mientras estuvo físicamente aquí, hoy sé que conoce de mi amor por él porque así me lo ha demostrado.

Y sí, muchos piensan que esto es una locura, pero son precisamente esos muchos, quienes aún se niegan a conocerle, tanto a él como a su verdad, verdad con la que afortunadamente he ido creciendo.

Michael, eres para mí un sueño hecho realidad, y como alguna vez nos dijiste, ahora te digo lo yo: *I'm So Proud to Say I Love You and I Just Can't Stop Loving You, because You Gotta Know, That's For All Time...* Estoy tan orgullosa de decir que te amo y no puedo dejar de hacerlo porque debes saber que es para siempre..." Rocío Calvio

Angie C., Brasil: "¡Michael Jackson, el idolo de mi vida! Amé a Michael desde el primer momento que lo vi cantando y bailando una coreografia extraordinaria que me dejó boquiabierta y paralizada delante de la TV.

El día que Michael se fue, recordé toda mi vida. El siempre estuvo conmigo, ¡SIEMPRE! Michael me acompañó en mi adolescencia, en mi juventud y también en mi fase adulta, y así siempre será porque ¡Michael Jackson es todo!

Muchas veces estuve frente al espejo tratando de imitar sus pasos y coreografias, siempre queriendo imitar el espectacular paso *"moonwalk"*. *Bailé, canté, me enamoré, lloré y soñé al son de su música. Michael Jackson ES música, así lo veo y siento. A través de su ritmo senti su escencia, más allá de la música, vi un ser humano maravilloso. Más tarde, relatos terribles; Michael Jackson era casi un monstruo. Nunca creí en esas terribles noticias e imaginaba como debía sentirse con tanta gente diciendo esas mentiras horribles sobre él. Cualquier persona en su lugar desearía aislarse y refugiarse en un mundo de fantasias. Yo tenía certeza que la verdad triunfaría. ¡Michael volvería, mi corazón me decía eso! Y finalmente, el primero y unico Rey del Pop se estaba preparando para hacer su show y todas las entradas ya estaban agotadas. El mundo esperaba inclinarse nuevamente a los pies de su majestad, y yo, naturalmente, estaba ansiosa por su vuelta, por el retorno del ídolo de toda mi vida.*

Michael no era de este mundo, lo comprendí cuando nos dejó. Ahora es libre para deslizarse por la luna, cantar y bailar entre las estrellas. Vamos a escuchar su musica, ver sus vídeos, cantar y bailar con él. Michael Jackson ahora más que nunca pertenece a la eternidad y a nuestros recuerdos.

¡Michael, sé feliz en tu camino! El mundo se detuvo para verte brillar y también para verte partir". Angie C.

Cecilia Macri, Argentina: *"Michael, sigues siendo aquel muchachito hermoso y dulce del que me enamoré de jovencita. Aquel con el que me identifiqué por su timidez, su introspección y su empeño por seguir siendo un niño. Aquel al que tanto deseé ayudar, ni siquiera se cómo, sino con amor, un amor que parecías carecer y pedir a gritos sordos. Tambien fuiste aquel al que, en algun momento de mi vida, me costó comprender y de quien me alejé. Mea culpa. ¿Por qué ironía del destino tuve que reencontrarme contigo en el momento de tu partida? ¿Por qué, cielo, estuve tan lejos de ti en tus peores momentos? Me cuesta encontrar respuestas, solo sé que, al irte, te llevaste parte de mi historia y de mi vida; hasta un pedazo de mi corazón que ya no voy a poder reponer. Me quedo con tu dulce mirada y tu sonrisa, que no es poco. Te extraño, mi ángel."* Cecilia Macri

Cata Siguaraya, España: *"Michael, has sido, eres y serás el ser más increíble del mundo. Ahora que eres un ángel, te pido que*

me des la fortaleza necesaria para ayudar a dar paz y amor a mis semejantes. Te amo más allá de la muerte." Cata Siguaraya

Sara Alvarez Gifreu, España: *"Mi querido Michael, para mí lo más importante es darte las grácias por tanto como has aportado a mi vida. Me has enseñado lo que es realmente importante en la vida, y la has llenado de mágia, ilusión, amor y sobre todo de esperanza. Siento un gran privilegio de poder mirar tus ojos y ver en ellos el significado más puro de la palabra AMOR. Con todo mi corazón y con mi más profundo respeto... I love you Michael, estás siempre acompañándome en este camino que un día nos ha de juntar... Nos vemos en el cielo... IT'S ALL FOR L.O.V.E."* Sara.

Raydoreth Isla González, Chile: *"De Michael Jackson se ha dicho todo, su vida entera estuvo en el tapete público y lo sigue estando, un objeto de estudio, un fenómeno sociológico sin explicación. Más allá de su talento desbordado, su vida, su forma de ser y de pensar han sido motivo de la admiración más delirante o la crítica más ácida. Sin embargo para una fan como lo soy, Michael representa lo bello y lo sublime, es así como lo sigue percibiendo mi corazón y es lo que me impulsa a escribir estas líneas que simplemente titulo: "Michael Jackson y yo"*

Soy chilena, tengo 39 años y trabajo en una radioemisora de mi ciudad. Mi niñez y adolescencia las viví en la década de los 80. Comencé a ser consciente de la música de Michael Jackson entre los años 1982 u 83. Mis primeros recuerdos son de completa locura con sus canciones, chicas y chicos deslumbrándonos con ese cantante moreno de voz especial y bailes electrizantes. En las fiestas de mi colegio era seguro ver cinco, seis o mas réplicas pequeñas de Mike bailando al ritmo de Thriller que era la canción sensación, el Top One de la época y de verdad, su música siempre tuvo el poder de hacernos inmensamente felices. Aún era una niña y ya percibía esa mágia indescriptible que derrochaba, yo era feliz encerrándome en mi habitación, cerrar los ojos y disfrutar de su voz, era como estar bien juntitos.

Llegó mi adolescencia, tranquila, fuí de pocos amigos. Mis hobbies siempre han sido la lectura y la música. Seguí escuchando a Michael, disfrutando de sus video-clips, con el mismo amor del

primer día, sus posters y fotos eran mi tesoro más preciado. Comenzó mi vida adulta con sus responsabilidades y uno que otro problema. Siempre pendiente de su carrera, de sus éxitos, uno tras otro, demostrando que en cada trabajo discográfico podía superarse a sí mismo y brindarnos felicidad infinita a sus millones de fans en el mundo entero.

El año 1993 fue el año del Dangerous Tour, recalando en nuestro país en el mes de Octubre o Noviembre, no recuerdo bien. Se desató una fiebre por Michael Jackson, una verdadera locura y yo la más loca de todos, loca por estar ahí, verlo en vivo y sentirlo, pero la distancia era enorme con la capital. Esos días anduve como zombie, no me podía concentrar en nada, muchos se reían de mi "especial" amor platónico, de veras fueron tiempos muy locos.

Por toda la carga de amor, emociones, sensaciones, vivencias y recuerdos lindos que me traen cada una de sus canciones, puedo decir que Michael Jackson está tejido en la trama de mi ADN, fue y es parte de mi vida, por eso su fallecimiento me golpeó con una crueldad insoportable. Ese día 25 de Junio de 2009 llovía, cerca de las seis ví en un diario electrónico la noticia de su complicado estado de salud, confieso que no le dí demasiada importancia, pensé que podía ser algo pasajero, un cuadro de stress. Continué con mi trabajo, al llegar a casa encendí mi computador y en Facebook me enteré de la trágica noticia. Aún puedo recordar la sensación de dolor agudo que me paralizó, algo parecido a un golpe en el estómago, no sabía como reaccionar, solo llorar, llorar, gritar, llorar, caminar por la casa repitiéndo como estúpida: ¡No, no, no, no, Michael no, Michael no, no, no puede ser! Había caído la noche y seguía lloviendo, nunca una noche de lluvia me pareció más horrorosa. Michael se había marchado, llevándose toda la luz, la mágia y la alegría que quedaba en el planeta. Fue una noche larga de pesadilla, pesadilla de la que no había como despertar, pasaban las horas y no podía asimilarlo, veía los noticiarios, entraba a Internet, y en todas partes programaban sus videos, hasta se hizo un programa especial en el canal público de Chile, era una noche para morir de dolor.

Viví mi período de duelo casi sola, fueron días negros, digo que pasé ese tiempo casi sola, pues una amiga, tan fanática como yo, fue la única que me entendió y me contuvo. Juntas lloramos, rememoramos la esencia de Mike, nos emocionamos, y juntas salimos adelante. Carolina en estas líneas agradezco de corazón lo lindo de tus sentimientos, ¡gracias! Fuiste una verdadera amiga en esos días difíciles.

Recuerdo que la mañana de su funeral yo estaba en la radio, haciendo locución y una auditora pidió una canción de él, programé Ben y entonces su maravillosa voz lo inundó todo y no pude parar de llorar, fue un instante con una carga de emotividad única.

Estoy consciente de que esto que escribo no lo podría entender una persona que no sea fan de Michael, es un sentimiento que va más allá de las palabras y trasciende a la vida, a la muerte y a todo lo demás. El tiempo ha ido pasando, estoy tranquila, ya no lloro al ver sus videos o al escuchar sus canciones, siento que el corazón de cada uno de quienes lo amamos es un escenario donde Michael Jackson sigue cantando y bailando con la mágia de siempre, su legado de amor está con nosotros, su inolvidable sonrisa ya es parte de los recuerdos más gratos de nuestras vidas. Te amo Michael." Raydoreth Isla González

Flérida Leal, Venezuela: *"Desde joven crecí con su música, sus bailes y siempre quedaba maravillada con sus video-clips, que eran y son increíbles, siempre bailaba y me divertía muchísimo.*

Cuando conocí la noticia de que Michael abandonaba a los Testigos de Jehová y se convertía a "Jesucristo" –siempre un gran seguidor y amante de la Santa Biblia– sentí una gran alegría y empecé a pensar lo buen ser humano que era, que era incapaz de abusar de los niños. Cuando conocí esta noticia ya había comprado las entradas para Dangerous, para mi hijo menor y para mí, pero por este motivo, fue suspendido el tour en Venezuela. Nunca creí tales atrocidades, pues siempre pedía a Dios que me mostrara quién era realmente este hombre y Dios me hizo sentir y ver en sus ojos que era un niño en el cuerpo de un hombre, víctima de las calumnias y ambición de los medios.

En Venezuela llegaba muy poco de Michael, sus discos records, los videos por televisión y por supuesto las noticias mal dichas.

Seguí con mi vida, mi esposo, mis hijos, y entro de lleno a la iglesia y al conocer personalmente a Jesucristo, por medio del Espíritu Santo (la renovación carismática católica) me convierto en laica practicante y comienzo, después de la muerte de mi esposo y con mis hijos aún muy jóvenes, a pintar imágenes religiosas que vendía con éxito a la gente de la iglesia, dedicándome durante muchos años al arte sacro y los retratos.

El 25 de junio del 2009, cuando llego a mi casa, una de mis hermanas me espera con la noticia de que murió Michael Jackson. No puedo describir lo que sentí, fue algo muy profundo y doloroso, y rompí a llorar como si fuese un ser querido muy cercano. Desde ese momento no me despegué de las noticias. Siempre lo admiré y respeté, pero no era una fan dedicada, era como si realmente hubiese sido una fan de siempre.

Los días pasaban y seguía las noticias en todos los medios de comunicación. Yo no manejaba Internet, y como muchas noticias aparecían allí, le pedí a una sobrinita que me enseñara. Un día vino de visita un amigo de mi hijo menor, que también estaba impactado por la muerte de Michael y me dijo: "Flérida, ¿no vas a pintar a Michael Jackson?" Me quedé pensando y le contesté: "No sé, cómo me he dedicado a Dios y a pintar solo imágenes sagradas... Pero, voy a pedirle permiso al Señor y Él me dirá realmente quién era este personaje y si lo debo pintar". Nuestro amigo se encargó de buscar e imprimir varias fotos para que yo escogiera.

A medida que observaba su imagen, sus ojos; me sentía atraída, embriagada por una presencia dulce, hermosa y triste a la vez. Yo suelo hablar con Dios y con los personajes que estoy pintando... Justo en el momento que estaba pintando sus ojos, me detuve y le pedí a Dios que me mostrase el alma de Michael. Inmediatamente, rompí a llorar sin poder parar... Dios me había mostrado su alma inocente y llena de amor, pero la cual guardaba mucho dolor. Continué mi trabajo y decidí poner su música como suelo hacer mientras trabajo, y comencé a sentir una gran alegría. Luego, mientras pintaba su cabello, comenzaron a salir unas escarchas de todos colores, que solo suelen salir de las imágenes de Jesús y de la Virgen. Me quedé asombrada y entonces llamé a mi querida hermana-madrina, Luisa, y le pedí que mirara lo que había en el cuadro, en el cabello de Michael. Ella conoce esa manifestación que se produce en mis cuadros, y no tan asombrada, me dijo con mucha naturalidad: "Dios y la Virgen están aprobando tu trabajo, lo que estás haciendo."

Fue maravilloso, me invadió una gran alegría y de allí en adelante me metí de cabeza en Internet para conocer a fondo la vida de este ser tan maravilloso. Todos los días me admiraba de lo que encontraba, las cosas que nunca se habían difundido; su humildad, su amabilidad y gran corazón, que fue acusado injustamente con mentiras fabricadas que empañaron su vida artística, su vida personal y familiar, su moral, etc.

El día 29 de agosto del 2009, en Caracas, en la plaza Altamira cerca de mi casa, anunciaron que se reunirían los fans de Michael para recordarlo y que algunos imitadores bailarían sus temas más famosos y que soltarían 51 globos en honor a los años que estaría por cumplir. Allí conocí a muchos fans, más jóvenes y niños que gente de mi edad.

Comencé a darme cuenta de que nos une algo muy especial, que no existen barreras como el racismo, el clasismo o las edades, solo la admiración y el amor por Michael. Me di cuenta de que esto va más allá del espectáculo, es un movimiento universal que continué confirmando cada día que conocía más a Michael. Le pedí a un fan que me grabara los conciertos y todo lo que tuviese de Michael, quería saber todo, y lo disfrutaba enormemente.

No crean que no pasaba por mi mente si estaría obsesionándome y tomando un rumbo muy intenso. Soy una persona de oración y servicio a Dios en mis hermanos y siempre pongo todo en sus manos y converso con Él. Cada día le preguntaba al Señor si estaba en lo correcto, pues no quería caer en la idolatría, le pedía que siempre me iluminara y me confirmara si todo estaba bien.

Abrí una cuenta en Facebook y empecé a conocer a otros fans, donde me encontré con el maravilloso grupo de nuestra querida Liz. Allí he encontrado puro amor, amistad y solidaridad, aunque seamos de diferentes creencias, estamos unidos por el amor de Dios representado en Michael Jackson, con mucho respeto, pero sin dejar nuestra espiritualidad que es la que nos une.

Compartimos, reímos, lloramos y nos enojamos juntos... Nos consolamos y apoyamos unos a otros, nos sentimos soldados del amor, como nos llamaba Michael. Seguiremos adelante unidos, librando batallas, amándonos y apoyándonos unos a otros, para que con la ayuda de Dios y el hermoso recuerdo y legado de Michael, podamos construir un mundo mejor y sanarlo, rescatando los regalos más grandes que Dios nos dio, la vida, el amor, la naturaleza, todo ser viviente, el planeta en general, para ser de la tierra un lugar mejor para todos "donde nos amemos los unos a los otros como yo os he amado", dijo Jesús.

Estoy preparando una iconografía de Michael, cuadros de gran formato para hacer una exposición, y formatos no muy grandes que ya he ido donando para que sean subastados a las diferentes causas, en especial las que ya han comenzado diferentes organizaciones creadas por fans en diferentes países, y lo seguiré haciendo donde se necesite.

Doy gracias a Dios por todo y por todos, por darnos a Jesús, nuestro Señor, a nuestra Madre María y a toda la corte de sus Santos Ángeles y Santos, y por supuesto por Michael, incluyendo a su familia. También agradezco a Dios por todos los fans que he conocido. Con algunos he cultivado una bella amistad, como con Liz Johnson, linda mujer, esposa y madre de familia, muy amorosa y espiritual. ¡Dios los bendiga siempre! Michael estarás por siempre en nuestros corazones." Flérida leal

Catalina Cuéllar R, Colombia: *"Sin tener alas me llevas alto, me tomas de repente y en un suspiro a tu lado me encuentro y a tu lado me llevas; a mi lado te siento a través de mis días y doy gracias a la vida que así sea, y doy gracias por el día en que llegaste al mundo como una estrella mágica que nunca morirá. I love you more Michael..."* Catalina Cuellar R.

Gaby Archila, Guatemala: *"Michael, mi hermoso y bello Michael... Antes solía llamarte así, ahora has cambiado de nombre para mí... Ahora te llamo mi hermoso y bello ángel. Toda mi vida quise que supieras lo que sentía por tí y que supieras también todas las emociones que provocabas en mi vida y en mi corazón cada vez que te escuchaba cantar o te veía bailar. Siempre quise que conocieras* mi corazón desde lo más profundo para que vieras lo mucho que te amaba, pero estabas lejos de mí, eras un ser inalcanzable mientras viviste en esta tierra... Pero ahora, despues de casi tres años de tu partida, puedo ver lo bueno de todo esto para mí, y es que por fin, puedes conocer realmente mis sentimientos hacia tí porque ahora vives dentro de mi corazón... Y hoy puedo decir que conoces ya, todo lo que aún siento por tí y que nunca morirá, porque tú mi ángel, siempre vivirás dentro de mi corazón. Te amé, te amo y te seguiré amando el resto de mi vida." Gaby Archila

Luis Pietanesi, Argentina: "Muchas veces vi a Michael y lo tuve cerca, pero la vez que más me conmovió fue para la celebración de su cumpleaños número 45, cuando lo festejó con sus fans. Pude tener la suerte de estar ahí y también conocer a su maravillosa mamá y a Janet. Ese día pude conversar con él, darle la mano... No era la primera vez que le daba la mano... Tocar a Michael era como alcanzar la paz total... Verlo sonreír era indescriptible... Hoy cierro los ojos y recuerdo su manera suave de dar la mano y su sonrisa, eso me alcanza para continuar afirmando a quien no tuvo la suerte que yo tuve, que Michael Jackson era un ser maravilloso en toda la expresión de la palabra. Para mí, Michael es el ejemplo a seguir día a día." Luis Pietanesi

Alena Palicek, Venezuela: "Quién fue Michael Jackson en mi vida... Aún recuerdo esos tiempos cuando verlo en el video Thriller me llevo a interesarme en él. Recuerdo claramente la primera revista que mi madre con mucho amor me compró para saber un poco más de él... Tendría alrededor de unos 9 ó 10 años, y escucharlo y verlo en videos, me traía gratas sensaciones, incluso en mi periodo de adolescente lo seguía de cerca. Recorté una foto de él y cuando estaba en la escuela, sacaba su foto de vez en cuando para verlo y decirle que su sonrisa era perfecta... Conversaba con él.

Qué tiempos bonitos, aunque pasajeros, viví en mi admiracion a tan maravilloso cantante. El tiempo transcurrió, y como todo en la vida, mis intereses fueron variando, mis prioridades también al igual que mi estilo de música. Pero, ver a Michael me encanta, su paso estilo moonwalk me parecía extraordinario, sus medias y sus mocasines era el punto mágico en su danza... De uno u otro modo, escucharlo me daba placer, porque esa etapa infantil que tuve, al escogerlo como mi cantante favorito, sera imborrable para mi. Lamentablemente, el dia 25 de Junio de 2009, sentanda en mi sillón, el programa que veía sería interrumpido por la noticia de su muerte. Allí fue cuando realmente tomé conciencia de que mi tan amada estrella había dejado de brillar... Lágrimas silenciosas corrían de mis ojos, no podía creer que mi recuerdo de esos tiempos se habían acabado, su muerte, y reconocer que quien nos pareciera inmortal, tambien le toca partir. Considero que fue un shock de impresión, de aceptar que ya parte de mi infancia tomaba fin con su partida. Si bien no hice un drama personal, no niego ese emotivo hecho de saberlo ya muerto.

La vida me hizo encontrar a Liz Johnson en un foro de un artista en común, y el hecho de sentirnos unidas por los mismos intereses en otras cosas, y verla tan impactada por la partida de Michael, hizo reconocer en mí ese mudo dolor que tambien existía. Lo curioso de todo, es que por x motivos nos perdimos en la net, y por otras causalidades, nos volvimos a encontrar por el mismo medio, y pude comprobar leyendo a través de sus experiencias, y la labor ejercida en nombre de Jackson.

Si bien no puedo declararme fan fiel de tan talentoso artista, siempre siempre diré que en esos momentos de mi cálida infancia, Michael Jackson formó parte de ello, y eso es lo más valioso para mí. Me gusta contarles a mis hijos lo que viví a través de su música, la emoción que proyectaba su voz a mis oídos, y lo entusiasmada que estaba cada vez que veía sus presentaciones.

Hoy día, Michael ya no está, pero nos deja un maravilloso legado musical, fans por todas partes del mundo, y lo más bonito es la gran labor de mi querida Liz Johnson en su nombre, y de todo el gran corazón que han invertido para dar parte a voz viva que, digan lo que digan, Michael Jackson fue un ser lleno de Amor y Luz,

Gracias querida mía, por invitarme a ser una parte de este camino que has abierto para todos nosotros... Desde mi pequeña contribución, te deseo lo mejor del mundo. Alena Mahasiah."

Pili Verdu, España: *"Michael significa en mi vida el todo, es mi referente como persona, como ser humilde y generoso. Lo que más*

me impacta de él es la fuerza con que ha logrado unir a un sinfín de gente maravillosa en una gran familia. Lo adoro. Es como un dios para mí. Tengo mucha fe en él. I love you, Michael." Pili Verdu

Gustavo M. Cusnier, Presidente de La Corte del Rey del Pop - Club Mundial de Seguidores de Michael Jackson, Buenos Aires, Argentina: *"Cómo te voy a olvidar si eres parte de mi vida, eres parte de mis días... Si estás en mis sueños, si mis grises lo transformaste en colores, si me diste todo siempre sin pedirme nada a cambio... Si me has enseñado a sonreír, si me has enseñado a amar... Si copié de ti como dar y compartir, si me enseñaste tu música y me diste fantasías... Me dejaste entrar en tu vida y como nadie conquistaste mi corazón... Le diste nuevos aires a mi alma y regaste mi jardín de esperanzas... Tendiste el mantel en la mesa de los grandes amigos y le platicaste a mi ángel de la guarda... Si en una foto siempre estás presente, si con tan solo pronunciar tu nombre vuelve a mí la alegría... Si cuando alguien habla de ti, mis amigos se acuerdan de mí... Si cuando pienso en ti no me acuerdo de nada, si cada una de tus canciones me recuerdan momentos de mi vida... Si sin conocerte te conozco mucho, si casi escribí más veces tu nombre que el mío... Por eso, cómo olvidar a quien elegí... Cómo no pensar en ti y dejarte a un costado si eres el centro... Cómo dejar ir a un amigo, cómo despedir a un hermano... Cómo olvidar a los seres amados... Cómo decirle adiós a quien nunca se irá..."* Gustavo Cusnier

Mira Milivojevic, Serbia: *"Como dijo un poeta: 'Busca el amor y el amor te buscará', me parece la manera más precisa para describir cómo encontré a Michael o la forma en que él me encontró a mí... O la forma en que nos encontramos espiritualmente en un momento mágico, repentino, evento que sigue siendo un misterio para mí, y que sucedió después de largos años sin prestar mucha atención a él.*

De repente, hace un año, una soleada tarde de domingo que nunca olvidaré, Michael vino a mí de la nada, como por arte de magia, vino a mi mente a través de una de sus canciones que siempre me ha gustado, pero que no había escuchado durante un largo tiempo. Tuve la repentina urgencia de escucharla. La escuché, vi el vídeo, escuché otra canción que me gustaba y pensé "Oh, Dios mío,

¿dónde he estado todo este tiempo? ¿Qué pasó? ¿Por qué me olvidé completamente de este hombre? ¿Dónde está ahora? ¿Qué sucedió en junio de 2009?" Era como si de repente me hubiera despertado de un sueño muy, muy largo... Lo escuché y vi en aquel video una y otra vez, y me atrajo por completo, como un imán. Sentí que me decía *—Bienvenida a casa querida, has estado fuera durante tanto tiempo, quiero que me conozcas. Soy como un extraño para ti ahora, ven conmigo, te mostraré lo que sucedía en mi vida durante el tiempo que te ausentaste. —Y así llegué a él, era imposible de resistir. Por lo tanto, comencé a leer todo, ver entrevistas, videos musicales, videos sobre su vida, documentales sobre el juicio, sobre cada cosa acerca de él, su biografía, su poesía... No dormí por días, semanas, apenas comía, apenas hacía otra cosa en mi vida, excepto lo que debía hacer, como ir al trabajo. El tiempo se detuvo y sentí como si estuviera viviendo dos vidas paralelas: una en el trabajo, otra en casa —completamente dedicada a Michael—. Sentí el impulso de conocer a Michael tan profundamente como fuera posible, para compensar por todo el tiempo perdido. Al cabo de un mes o dos, lo conocía tan bien como si siempre hubiera estado en mi vida. Empecé de la nada, sin ninguna idea preconcebida, sin prejuicios, sólo dedicando la totalidad de lo que soy en conocerlo: mi mente, mi alma, mi corazón, todo... Y lo amé desde el primer momento porque vi su ser interior, su alma, su sinceridad, su complejo y a la vez tan sencillo y bello mundo interior, su sensibilidad, la cual brilla en sus ojos, en su sonrisa, en su lenguaje corporal, en sus palabras... Al igual que el Sol, no podemos sostenerlo en las manos, pero definitivamente se siente, se siente su calor, se ve su luz... Podemos sentir su luz y su calor dentro de nosotros y nos hace sentir tan bien, tan felices, tan vivos...*

Durante mi viaje espiritual con Michael, me sorprendí y quedé sin palabras tantas veces, porque me di cuenta de que todas las cosas que siempre he amado, apreciado y disfrutado al máximo en mi vida, son las mismas cosas que Michael amaba más. Me reconozco a mí misma, a mis propios sentimientos y pensamientos en sus sentimientos, en sus palabras... Lo reconozco en mí y a mí en él, como si fuese mi espejo, pero también mi maestro y mi lección, parte de mi alma.

Dear Michael

Michael sacó a la luz muchas cosas que estaban escondidas en mí, muchas cosas que yo ni siquiera sabía que las tenía. Michael me mostró las cosas que tengo dentro y me inspiró a cuidar de ellas, y hacerlas crecer... Esas cosas que ambos amamos, él las hizo aún más fuertes y brillantes dentro de mí y en mi vida.

Sin palabras, en éxtasis, como volar, en felicidad, emocionada, segura, como en casa, acompañada, eso es lo que me hace sentir. Todavía me sorprende y asombra, cómo puede ser esto, que Michael pueda tocar mi alma tan profunda y completamente como nadie más en mi vida... Alguien que nunca tuve la oportunidad de conocer en el mundo físico. No se trata de atracción física, –a pesar de que es tan guapo como un hombre puede ser– es su energía... Me siento conectada a él y al salir de esa conexión, nace la atracción. Es muy espiritual, muy fuerte y asombrosamente hermoso, la experiencia más profunda que he tenido. ¿Qué tan raro es eso? Me siento muy agradecida a Michael porque él vino a mí primero y me respondió de inmediato, ya que él sabía que yo lo necesitaba, antes de que yo misma lo supiera. Me invitó a este viaje increíble y eterno, en el que no sólo lo descubro a él, sino que me descubro a mí misma... Descubro el amor, a Dios, a la vida... Michael es mi milagro maravilloso, imposible de explicar con palabras... Es magia, es como en su canción, él llegó y cambió mi mundo.

Siempre en mi corazón, siempre a mi lado, dentro de mí... Y yo a su lado, no puedo imaginar mi vida ya sin Michael, ni un simple momento de mi día. Él se convirtió verdaderamente en una parte de mí, como mi respiración, y como mi ángel, tan real que a veces puedo sentir su presencia, casi física, pero siempre profundamente espiritual. Una bendición de Dios. Dichoso Amor Eterno". Mira Milivojevic

Myrna Ramos, Escritora y Orientadora en Desarrollo Humano - Autora de los libros: "Volver a Empezar Hoy", "Hoy Voy a Empezar" y "Cásate Conmigo", México – *"25 de Junio de 2009. Murió Michael Jackson. Leí varias veces la noticia entre incrédula y nerviosa. Una persona así no puede morir. No tan joven, me dije. No con tres hijos hermosos a los que cuidar y crecer. No, con tanto como el mundo sensible le debemos y necesitamos* *de su arte y su visión del planeta... ¡No! Con la agilidad que tiene la mente para transportarse en cuestión de segundos del presente al pasado reviví como mi madre, quien admiraba profundamente a Michael, nos motivaba a festejar en familia y mediante una cena especial, la aparición de cada video nuevo que presentaba nuestro artista predilecto. Al tiempo recordé, en flashes intermitentes, los escándalos que nunca creí. Ese hombre con esa sonrisa amplia, esos ojos brillantes y límpidos y con ese gran amor a los niños, me parecía más una carnada para los lobos que cualquier otra cosa que quisieran hacernos creer.*

Como muchos de nosotros, pensé que era suficiente ser bueno, ser caritativo, ser creativo y ser inmensamente exitoso (y rico) para mantenerse a salvo. Ahora he aprendido que no es así. La industria del entretenimiento es descarnadamente voraz, fría y calculadora. En lenguaje coloquial: no tiene llenadera. Hace y destruye artistas y vidas a su antojo. Michael lo supo, lo dijo, lo denunció (tal vez demasiado tarde) pero no fue escuchado. No lo dejaron. Fue silenciado por otra industria, la de los medios impresos (amarillistas) y los tabloides que alimentan en nosotros los prejuicios, la discriminación, el racismo... y el chisme. 'No importa lo que hagas o las buenas intenciones que tengas, siempre habrá un idiota que tratará de hundirte', como bien expuso premonitoriamente Michael.

Mi impacto fue en aumento. Sin darme cuenta, llegué a verbalizar en voz alta: ¡Dios mío!! El mundo ha perdido a una gran persona. A un ser muy especial, único, con características extraordinarias que no fácilmente podrán repetirse, en décadas o siglos. Y debo confesar, a más de dos años después, que no conocía del todo la inmensa valía de Michael Jackson como ahora, al correr del tiempo.

Del dolor de su pérdida, me empecé a hacer consciente cuando llegó a mis manos su concierto "Live in Bucarest". Que belleza de hombre, cuanta maestría en su arte, cuanta perfección en la coreografía, los vestuarios, los efectos especiales y las luces. Cuanta belleza en su figura, en la precisión de sus movimientos, en su baile, en cada gesto, en su voz, en la creación de cada nota que da paso a una galería musical inmensa que nunca morirá...

De pronto me di cuenta que necesitaba compartir mi dolor con alguien que lo valorara como yo lo estaba haciendo. Pero, ¿con quién? No es lo mismo enfrentar una ola cuando descarga en la playa, que sentirse en medio del mar y no saber ni a dónde voltear, ni con quien compartir emociones tan insondables como el mismo océano cuando estás ahí, sola. Así me sentí.

Intenté platicar con toda naturalidad del tema. En algunas personas encontré un eco amoroso. En otras, dudas que con paciencia logré aclarar y llevar a buen puerto. Pero hubo aquellas que me demostraron con sus comentarios que los tabloides hicieron un buen trabajo: les lavaron (o mejor dicho les ensuciaron) el cerebro. Repiten como loros lo mismo que ya sabemos y no voy a repetir, pero han sido las menos.

Intuitivamente, pienso ahora, inicié buscando por medio del Internet: libros, biografías, videos, canciones, noticias, comentarios de Michael... cualquier cosa que hablara de él y que me quitara esa sensación de desolación que sentía. En libros encontré maravillas en cuanto a fotografía, pero al poco tiempo me fui dando cuenta que la mayoría se las arreglaba con un copy/paste a la hora de narrar 'la vida del rey del pop', de todo aquello que los medios y tabloides se encargaron de difundir hasta la saciedad. ¡El escándalo vende! Y no, como se hubiera esperado, del resultado de una investigación seria, profesional y bien intencionada.

En general me reconozco como una persona bastante centrada y en control (he aprendido a hacerlo) de mis emociones. Pero esto me rebasaba. Me sentía indignada y la idea de que la muerte de Michael no había sido fortuita, me inquietaba. Así fui entrando a blogs y páginas, que en cantidades impresionantes se sumaban en la red. Y es entonces que supe que mi intuición tenía razón de ser: personas pensantes, inteligentes, preparadas y espirituales, se sentían como yo. Que el mismo puente de comprensión nos unía: la pérdida de Michael Jackson. Gratamente sorprendida me fui conectando con aquellos que compartían con seriedad, nostalgia, devoción y alegría el tema Michael. Quién sin saberlo, nos ha unido no solo por su arte, sino por su esencia humanitaria que implica genuino interés por niños vulnerables, la ecología, el planeta y el universo en su grandeza. El respeto y la solidaridad que nos hermana me han enseñado que la distancia no separa... UNE.

'It´s all for L.O.V.E.', decía Michael con frecuencia. 'Todo es por amor', decimos ahora en Rusia, Japón, España, India, Nueva Zelanda, Estados Unidos, Argentina, Venezuela, Colombia, México (entre muchos otros países)... como un solo corazón.

Michael es una fuente de inspiración que derrama alegría, ritmo, talento, belleza, visión, ternura, inocencia, luz, sensualidad, carisma, sabiduría, espiritualidad... Su extraordinaria música, majestuosa danza, el tono especial de su voz, su asombrosa creatividad vivirá por siempre en mi corazón. Y por ello, estoy haciendo mi mejor esfuerzo por "hacer ese cambio" que nos ha pedido". Myrna Ramos

María del Rocío García Leiva, España. "Abro los ojos. Una luz blanca y cegadora se apodera de mí. Es tan brillante. Me ciega. Comienzo a cerrar los ojos por miedo a no poder ver. Los vuelvo a abrir. De repente, me doy cuenta de la Tranquilidad, la Paz y el Amor que me rodean. Escucho tu voz. ¡Esa Voz! Me hablas. Me susurras. Me inspiras Esperanza, Fuerza y Confianza.

No quiero irme. No quiero abandonar la Luz. Es ésa la Luz que tanto deseé. No quiero dejar de sentir. No quiero dejar de oírte. Sé que te puedo ver por fin. Al final de la Luz que nos separa. Sé que estás ahí. Justo al final. Sólo quiero seguir siendo Feliz. Feliz para toda la Eternidad.

Me despierto y ya todo es oscuridad. Oscuridad que me rodea. Completa oscuridad. ¿Debo decir adiós a todo aquello que sentí? Tal vez no fue tan sólo un sueño. ¿Qué fue aquella Luz que vi y sentí arropándome, ofreciéndome Apoyo y Cariño cuando más sola me sentía? ¿Acaso fuiste tú? ¿Fueron tus ojos?

Es la Luz de tu Mirada. Es la Luz de tu Alma. Es la Luz de tu Corazón. Gracias." María del Rocío García Leiva

Dear Michael

Michael Jackson, Mensajero de Amor Universal
Despertando Conciencias, Inspirando Almas,
Acariciando Corazones, Tocando Vidas

Michael en mí

Michael, almita buena... Almita transparente...
Almita pura... Diste todo...
Diste tu talento, tu magia, tu amor universal
e incondicional...
Amaste a tus fans como nadie...
Amaste a tus hijos como el mejor padre...
Amaste, diste, amaste, diste, amaste...
Sólo querías ser amado...
¡SER AMADO!
Millones te amaron y te siguen amando...
Muchos más se están sumando y aprendiendo
a hacerlo ahora...
¿Ya es tarde? Tal vez sí... Tal vez no...
Almita buena... Almita transparente... Almita pura...
Diste todo...
Desde el fondo de mi corazón, ¡gracias!
Y perdón por todo el sufrimiento que te causaron...
Hasta que me encuentre contigo en el cielo,
mi voz será tu voz...
Y te prometo: serás POR SIEMPRE AMADO.

¿Cómo explicar lo que Michael, con su voz y su música, provoca en mí? Escuchar a Michael es una experiencia tan gratificante y placentera... Cuando lo escucho cantar, hablar o reír, algo se enciende en mi interior. Mi corazón salta en mi pecho y me invade una profunda sensación de entusiasmo y alegría. Su alma me posee a través de su voz y su música, es como si entrase en un nuevo estado de conciencia, en un éxtasis místico, en un trance celestial. La llama de su esencia se enciende en mi esencia, todo mi organismo se despierta.

Su música me revitaliza, aumenta mi frecuencia cardíaca, bombea adrenalina en mi torrente sanguíneo y dibuja una sonrisa en mi rostro. Mis ojos se cierran involuntariamente, mis manos se elevan al cielo, y lo veo cantando y bailando tan claramente como si estuviera delante de mí. Todo encaja, todo se ilumina, todo está bien. Su voz impacta dentro de mí con un poder intensamente energizante y sanador. Su tono, su resonancia, su melodía, su ritmo hacen palpitar mi ser interno desplegando una influencia muy poderosa en todos mis centros de energía. La música de Michael en mí, es una especie de intervención terapéutica; me invita al juego, al romance, a la expansión de la conciencia, a lo sagrado, a lo cósmico y Divino en una sensación de trascendencia y de unidad con él, con Dios y toda Su creación. Michael eleva mi alma y sana mi espíritu. Michael saca lo mejor de mí.

En una entrevista para USA Today en 2001, Michael describió el poder de la música como *"Un mantra que tranquiliza el alma. Es terapéutica. Es algo que nuestro cuerpo tiene que tener, como el alimento. Es muy importante entender el poder de la música"*. Siempre digo que mi mejor mantra, el mantra más poderoso, energizante y liberador es *"Mamasé Mamasá Mamacusá"*, coda del tema *"Wanna be starting something"*. La repetición, la fuerza de la melodía y el ritmo de estas palabras trabajan como un mantra que queda resonando en los recovecos de mi mente, cuerpo y espíritu hasta mucho tiempo después de escucharlo y cantarlo. Me puse a investigar si este no sería de hecho un mantra real. Quedé asombrada cuando encontré que en realidad podría ser una especie de mantra. Las palabras en realidad se escribirían así: *Mamasse Mamuhsa Memaht Husah* y significarían: *Mamasse*: mi cuerpo; *Mamuhsa*: mi espíritu; *Memaht*: mis pensamientos; *Husah*: son puros. Michael era mucho más sabio de lo que pensamos y nunca dejará de sorprenderme...

A todos nos gusta escuchar música. Nietzsche decía que *"Sin la música, la vida sería un error"* y cuánta razón tenía. ¿Cómo imaginar la vida sin música? Desde muy pequeña recuerdo que la música o bandas que más me atraían eran internacionales y en idioma inglés – ¿será por mis genes? Recuerdo que cuando estaba en la primaria, a fines de los años 60, cuando llegaba del colegio y mientras almorzaba, veía en la televisión un programa que presentaba a una banda de rock llamada *"The Monkees"*. Esta banda tenía un estilo muy similar –o copiado– al de Los Beatles, pero yo aún no conocía a los genios de Liverpool y me deleitaba y divertía con los integrantes de *"Los Monos"*.

Cuando Michael *"me eligió"* para ser su fan y empecé a escuchar a The Jacksons 5, me llevé una gran sorpresa. Descubrí y recordé *"One Day in Your Life"* y *"Music and Me"*... Yo no sabía que cantaba Michael o los J5 cuando escuchaba estas canciones a mediados de los 70. Recuerdo una Navidad, regresando a casa en un taxi, después de celebrar en la casa de una tía, que tocaron *"One Day in Your Life"* en la radio... Y recuerdo que no quería llegar a casa, quería quedarme en ese taxi para siempre, escuchando esa dulce canción. En aquel momento, yo tendría unos 12 años y estaba muy enamorada de un chico de mi escuela. Esa canción era tan romántica que hizo que pensara en aquel chico durante todo el viaje. Yo no sabía que era Michael el que cantaba...

Michael me despertó, me abrió los ojos y el corazón... Iluminó mi alma de tantas maneras...

Luego, en mi adolescencia conocí a Los Beatles. A ellos les debo haber comenzado a estudiar inglés. Quería cantar junto a ellos y comprender las letras de las canciones. Ellos se convirtieron en mis maestros para pronunciar, para aprender vocabulario y me acompañaron durante casi toda mi adolescencia. A Los Beatles se sumaron Elvis Presley, Creedence Clearwater Revival, Johnny Rivers y Joe Lee Hooker con sus espectaculares *rock & rolls,* los que bailaba con mi compañero preferido del secundario o con mi mejor amiga. También me gustaban mucho ABBA, Madonna y los Bee Gees; y en algún momento tuve una especie de amor platónico por el menor de los hermanos Gibb, Andy. Me cautivaba su dulzura para cantar. Luego, en 1980 conocí a Oscar, quien hoy es mi marido, y junto a él comencé a escuchar bandas como Génesis, Pink Floyd, Queen y The Rolling Stones, entre otras. Pero quienes marcaron a fuego mi adolescencia fueron los genios de Liverpool, John, Paul, George y Ringo.

Durante los 80 escuchaba música melódica, romántica o disco, a los artistas exitosos en aquel momento. Entre ellos, por supuesto estaba Michael, como les conté al inicio de este libro. Michael con su *"Billie Jean"*, su *"Beat it"*, su *"We are the world"*... Recuerdo *"Bad"*, *Black or White"*... A partir de ahí, mi memoria se nubla... Perdí a Michael...

En 1985 me casé; en 1989 y 1992 fui mamá y el resto de la historia ya lo conocen. Mi vida se centró en canciones infantiles y disfruté mucho junto a mis hijos de la dulce y hermosa brasileña Reina de los Bajitos, Xuxa. Tampoco presté atención en aquel momento cuando Xuxa nombraba a Michael o lo imitaba en su programa de televisión. Xuxa cantaba una versión en español muy linda de *"Heal the World"* – *"Curar al Mundo"* y fue el nombre del show que presentó en diciembre de 1992 en Argentina.

Para comprender por qué Michael, su música, su voz y sus "sonidos" tienen este efecto sanador y vivificante tan potente en mí, comencé a investigar sobre los diferentes usos terapéuticos de la música. Cada persona reacciona de manera diferente a los distintos tipos de melodías, ritmos, voces. Se ha demostrado científicamente que la música tiene un efecto profundo en nuestro cuerpo y nuestra psique. Estudios realizados por la Universidad de Maryland de la Escuela de Medicina de Baltimore, demuestran que escuchar nuestra música preferida es bueno para nuestro sistema cardiovascular ya que las emociones producidas por la música que nos gusta tienen un efecto saludable en los vasos sanguíneos. En la actualidad, se han desarrollado carreras de grado y post-grado en musicoterapia en universidades alrededor del mundo y se la ha incorporado como disciplina de salud en todos los continentes.

Sin embargo, la musicoterapia es más antigua de lo que pensamos. Las tradiciones y culturas antiguas como la celta, egipcia, griega y persa vinculaban a la música con curaciones físicas, mentales, emocionales y espirituales. En la antigua Grecia, Apolo era el dios de la música y la medicina. Pepe Lanau, Presidente de la Asociación Española de Cuencoterapia, escribe en su sitio web: *"Pitágoras afirmaba que 'cada cuerpo celestial, cada átomo, produce un sonido particular debido a su movimiento, ritmo o vibración. Todos esos sonidos o vibraciones componen una armonía universal en la que cada elemento, sin perder su propia función y carácter, contribuye a la totalidad' lo cual incluye al cuerpo humano. Cada célula y cada órgano de nuestro cuerpo vibran continuamente en una determinada frecuencia. [...] Por lo tanto, cuando un órgano está sano, su frecuencia vibratoria está en armonía con el resto del cuerpo; pero si esa frecuencia se altera, se rompe la armonía y aparecen lo que conocemos como enfermedad. También sabemos hoy –por el principio de resonancia– que es posible modificar estas frecuencias alteradas a través de la transmisión de otras frecuencias. Y eso es lo que convierte al sonido en un proceso terapéutico capaz de brindarnos equilibrio físico, emocional, mental y espiritual".* [...]

La Comisión de Práctica Clínica de la Federación Mundial de Musicoterapia define a esta disciplina académica: *"La Musicoterapia es el uso de la música y/o sus elementos musicales (sonido, ritmo, melodía y armonía) realizada por un musicoterapeuta calificado con un paciente o grupo, en un proceso creado para facilitar, promover la comunicación, las relaciones, el aprendizaje, el movimiento, la expresión, la organización y otros objetivos terapéuticos relevantes, para así satisfacer las necesidades físicas, emocionales, mentales, sociales y cognitivas. La Musicoterapia tiene como fin desarrollar potenciales y/o restaurar las funciones del individuo de manera tal que éste pueda lograr una mejor integración intra y/o interpersonal y consecuentemente una mejor calidad de vida a través de la prevención, rehabilitación y tratamiento".*

Michael conocía perfectamente el poder sanador de los sonidos y de la música, y mi mensajero me sigue sorprendiendo cuando al continuar con mi investigación encuentro los seis sonidos curadores chinos: AHHH, WHUAAA, SSSSSS, WUUU, SSHHH, HIIII. ¡Extraordinario! Michael expresaba algo más profundo a través de sus gritos, susurros, gemidos y jadeos. ¿Quién no identifica a Michael Jackson con su famoso "Hee-Hee-Hee", o sus "siete" "Whoo" en Man in the Mirror o los AHHH y UHH en Earth Song? Me pregunto si el Rey del Pop sabría que estos sonidos que utilizaba provenían del sistema Qigong o Chi-Kung... Conociendo a Michael, apuesto a que lo sabía...

El Qigong es una antigua práctica y disciplina asiática orientada principalmente hacia la salud. Las notas y tonos se asocian con los centros de energía o chakras y con los principales órganos del cuerpo humano. Cada uno de estos órganos está relacionado con un elemento según la Teoría de los Cinco Elementos de la Filosofía Taoísta: madera, fuego, tierra, metal y agua. Estos cinco elementos se asocian con un tipo de energía o una etapa de desarrollo (hora del día, etapa de crecimiento, estación) y al mismo tiempo, se relacionan con una función fisiológica (sistemas de órganos en medicina oriental) y con una actividad psicológica. Es por ello que al realizar estos ejercicios estamos desarrollando un trabajo holístico a nivel cuerpo, mente y espíritu. Nuevamente, la holística se relaciona con Michael –o Michael con la holística.

Seguramente mi mensajero conocía esta ciencia y práctica china, ya que era un ávido lector. Aunque algo modificados tal vez, Michael realizaba estos sonidos para sanar y equilibrar sus centros de energía en aquellas canciones más duras y emocionales, y otras veces para divertirse y darle color a sus interpretaciones. Estos sonidos de Michael se convirtieron en su sello personal, así como la introducción de sollozos, jadeos, gemidos y risas en sus canciones.

Michael ponía su alma en su trabajo, no sólo cantaba con la voz, cantaba con todo el cuerpo, con las manos, con su mirada, con el gesto y con la intención. Por supuesto, la gran mayoría de los artistas entregan todo sobre el escenario para deleitar a su público, pero la diferencia con Michael es que al conocerlo como ser humano, su actuación se magnifica, se enaltece; y la conexión que establece con sus fans se potencia y fortalece.

Continuando con Pitágoras y el efecto sanador de los sonidos, hace más de dos mil años que este influyente filósofo y matemático griego descubrió que existía una relación numérica entre tonos que sonaban *"armónicos"*. Dedicó años de su vida al estudio de la naturaleza de los sonidos musicales. Enseñaba a sus alumnos que ciertos acordes musicales y melodías producían respuestas concretas dentro del organismo humano. El canto de armónicos es una técnica antigua mediante la cual una sola persona canta dos, tres y hasta cuatro sonidos simultáneos. Esta técnica tiene como principal objetivo proporcionarnos una maravillosa sensación de bienestar, equilibrar nuestros Chakras y ayudar a encontrarnos con nuestra propia esencia a través del sonido, expandiendo nuestra visión y sabiduría, en un abrazo armónico con nuestra paz interior. Podemos encontrar armónicos en los Cantos Gregorianos y los Cantos Tántricos del los Monjes Tibetanos, como así también en la vibración sagrada de sus cuencos, campanillas y gongs. Al Sonido Sagrado del Universo, Pitágoras le llamó *"música de las esferas"*. En el hinduismo el *"Om o AUM "* es el símbolo de lo esencial y representa la vibración primordial que sustenta todo el Universo. Los hindúes y budistas lo consideran la esencia de todos los mantras. Significa unidad con lo supremo, la combinación de lo físico con lo espiritual. Es la sílaba sagrada, el primer sonido del Creador, el sonido del que surgen todos los demás sonidos, ya sean de la música o del lenguaje. El *"OM"*, por lo tanto, es el sonido del infinito, el origen de todos los mantras y simboliza el Universo entero.

Michael describe maravillosamente lo que el arte y la música significan para él en su libro Dancing the Dream: *"Dentro de mí siento que el mundo en que vivimos es una gran y monumental orquesta sinfónica. Creo que la forma primordial de toda la Creación es sonido, pero no sonido caótico, sino música. ¿Has oído la expresión "música de las esferas"? Bueno, esta es una frase muy literal. En las Escrituras leemos: 'y Dios creó al hombre del polvo de la tierra y exhaló en sus fosas nasales el aliento de la vida y se convirtió en un alma viviente'. El aliento de la vida para mí es la música de la vida y ésta penetra en cada fibra de la Creación. [...] El ritmo biológico que resuena en la arquitectura del ADN también gobierna el movimiento de las estrellas. La misma música gobierna el ritmo de las estaciones, el pulso del latido de nuestro corazón, la migración de los pájaros, el flujo y la corriente de los océanos, los ciclos del crecimiento, la evolución y la disolución. Es la música, es el ritmo".*

Cuántas cosas no conocíamos de este bello ser humano que no sólo era talentoso en su arte, sino que además era extremadamente estudioso, culto e inteligente.

Karlheinz Stockhausen, compositor alemán (1928-2007) confirma el alcance cósmico de la música y su perpetuidad: *"Desde que el hombre existe ha habido música. Pero también los animales, los átomos y las estrellas hacen música".*

Kate Mucci, profesional de la música terapéutica y autora, define a la música como *"Un poderoso catalizador para la curación, porque toca la esencia misma de la humanidad: nuestras almas. Con la música, podemos recordar nuestra conexión con el Creador y el poderoso sanador interior. Podemos tomar el control de nuestra salud y nuestras vidas mientras disfrutamos del sonido curativo de la música".*

Laurel Elizabeth Keyes, (1983) escritora, profesora y consejera, es conocida por su libro *"Toning: The Creative Power of the Voice"* –Entonación: el *poder creativo de la voz*– sobre la terapia con sonido. Keyes expresa que *"La Entonación es el empleo de la voz como instrumento para sanar".*

Platón, filósofo griego alumno de Sócrates y maestro de Aristóteles, afirmaba que *"La música es una ley moral; confiere alma al universo, alas al pensamiento, vuelo a la imaginación, encanto a la tristeza, alegría y vida a cada cosa. Es la esencia del orden que ella restablece y eleva hacia todo lo que es bueno, justo y bello y, aunque invisible, es la forma deslumbradora, apasionante, eterna de todo ello". [...] "La música nos la dieron los dioses como una aliada de nuestra alma cuando ésta emprende la tarea de ordenar y armonizar todo cuanto en nosotros hay de movimiento desordenado y violento, todo lo que por complacer al cuerpo, y bajo los efectos del orgullo, vaga lejos del recto camino de la mesura y la gracia"*

Karl María von Weber, compositor alemán, decía que *"La música es el verdadero lenguaje Universal que el alma comprende"*.

Escuchar los sonidos de la naturaleza –llamada música ambiental– como cascadas, olas, ríos, pájaros, grillos, ranas, viento, lluvia, truenos; relaja todos nuestros sentidos, aquieta la mente y elimina el estrés. Escuchar música para meditar nos pone en contacto con nuestro ser interior y eleva nuestro nivel vibratorio. La música *New Age* –o música contemporánea instrumental– nos invita a sumergirnos en sentimientos de armonía y paz interior. La música romántica nos hace soñar con el amor. Cantar Mantras nos ayuda a elevar la mente y llevarla hacia el silencio interior. La música mística y religiosa nos enlaza con la espiritualidad, con los ángeles, con la Divinidad, con Dios.

Música para relajarse, para elevarse, para bailar y divertirse, para enamorarse, para equilibrar y armonizar nuestros centros de energía. Música con referencias religiosas y místicas que nos vinculan con lo sagrado. Música que nos conecta con la naturaleza y nos hace comprender el delicado equilibrio que existe entre el hombre y su medioambiente. Música que nos inspira a ser mejores. Todas estas características y contenidos los podemos encontrar en la música de Michael Jackson, absolutamente todas.

La música nos moviliza, nos conmueve, nos hace viajar en el tiempo a ciertos momentos del pasado, nos trae recuerdos felices o dolorosos... Una canción romántica de pronto nos hace recordar nuestro primer beso... Escuchar un rock and roll nos recuerda nuestra época de estudiantes... Escuchar folclore, un tango o un bolero nos hace recordar a nuestros padres o abuelos. Pero, cuando escucho a Michael, es simplemente

Michael... Michael en mí... Ningún otro cantante provoca en mí lo que provoca Michael Jackson.

Michael, tu luz nos ilumina desde el cosmos y nos alienta a brillar y a amar... La llama de tu amor despertó nuestros corazones... Otras almas se están abriendo a tu luz... Finalmente estamos comenzando a vibrar en unidad, mientras la suave música de tu nombre resuena a través del Universo.

Me pierdo en la ternura de tus ojos... Mi alma se eleva libre hacia tu alma... Tus ojos son mi escapada al cielo... Alivian mi mente y sanan mi espíritu... Puedo encontrar tanta paz en la profunda serenidad de tu mirada...

Tan suave y etéreo, casi un espejismo, una ilusión que se empeña en engañar nuestros sentidos... Y al mismo tiempo, tan real como impactante, tan tangible como inalcanzable, y una de las experiencias más extraordinarias e inigualables...
Caricia sutil para la vista y solaz para el alma, naturaleza humana misteriosa y excelsa, fragilidad casi femenina y la representación misma de la virilidad... Dulce aroma a maderas de oriente y orquídea negra, elixir afrodisíaco que estimul al romance y a la sensualidad. Incienso sagrado y purificador que eleva e invita a una ceremonia mística de ofrendas al gran faraón.
Como cálido oleaje de mar, sacude dócilmente la orilla de los corazones devotos, para luego deslizarse suavemente en retroceso y continuar así con su gentil ir y venir de movimientos mansos y afables. Viento impetuoso y audaz, apenas el susurro de una brisa leve... Serenidad apacible u osadía arrolladora, virtuosidad exquisita e inigualable grandeza; aplomo y compostura entre la sutileza de la lujuria y la perfecta castidad.
Maestría en magia y alquimia, brilo interior y sabiduría... Su pócima más valiosa; su mirada, su ingrediente más eficaz; su risa, su componente más sagrado; su abrazo... Su fortale-

za; la valentía y la verdad, su abatimiento; la calumnia y la mentira...

Chamán de la tierra y los océanos, avatar indiscutido de la humanidad... Rey, Príncipe y Cortesano; Caballero del Altruismo y Guerrero del Amor.

"Las estrellas no mueren"
"Dicen que algunas de las estrellas que están allí arriba realmente no lo están. Su luz tarda millones de años hasta llegar a nosotros, y todo lo que entonces hacemos es mirar en un pasado, en un momento que ya se ha ido, cuando ésas estrellas aún podían brillar. "Entonces, ¿qué es lo que hace una estrella cuando ya ha dejado de brillar?", me pregunté. "Quizá muere". "Oh, no" una voz en mi cabeza me dice. "Una estrella nunca muere. Sólo se convierte en una sonrisa". MJ

Este poema de Rumi podría ser el reflejo perfecto de lo que inspira la imagen de Michael... *"Nos desconciertas con tu gracia. Todas las maldades se transforman en bondades. Eres el Maestro Alquimista. Enciendes la llama del amor en la tierra y el cielo, en el alma y corazón de cada ser. A través de tu amor se funde la no-existencia y la existencia. Los opuestos se unen. Todo lo profano vuelve a ser sagrado".*

Cómo me gustaría poder estar allí físicamente, en tu lugar de descanso... Me sentaría allí durante horas, en silencio, solo respirando... Orando y meditando... Sintiendo tu presencia y energía, Michael... Cierro los ojos y me imagino que estoy allí, a tu lado... Te hablo con la voz de mi alma... Y tú me contestas en el vuelo de una mariposa, en el canto de los pájaros y en la brisa fresca que de pronto me rodea suavemente para hacerme sentir tu abrazo... Respiro tu esencia, tu paz celestial... El aroma de los árboles que custodian tu lugar de descanso... Y entonces me voy, en paz, sintiendo que te llevo dentro de mí, y con la certeza de saber que donde quiera que yo esté, tú estarás en mí para siempre. Gracias, Michael, por enriquecer mi vida.

"El arte es un amante insistente. Los años de actuación han sido maravillosos y me he sentido tan honrado de sentir su amor y apoyo. Y ahora, en los años centrales de mi vida, su hermoso aprecio y el gesto de despedida de amor hacen que quiera dar aún más. A pesar de que ya no estaré más en el escenario, hay otro escenario en mi corazón que quiero compartir con ustedes. Hay un nuevo medio a través del cual la divinidad puede encontrar expresión. La nueva mitología se está creando en un género abierto y emocionante. El nuevo mundo del mañana está siendo creado de una manera nueva dentro de un viejo escenario... la pantalla grande. Y yo quiero seguir siendo fundamental en la construcción de la nueva narrativa humana, la unión de lo humano y lo divino en la pantalla. Así que anuncio aquí y ahora, hoy, que después de un breve descanso, voy a comenzar mi nueva empresa, produciendo y dirigiendo películas. Quiero seguir sanando a la humanidad y el mundo con el mismo espíritu de mi trabajo anterior, pero en un nuevo formato, de una nueva manera, a través del teatro y el cine. Espero encontrarlos a todos en el nuevo género a medida que continuamos el arte de hacer juntos nuestra humanidad. Dios los bendiga, los quiero mucho a todos. Los amo más y hasta pronto." Michael Jackson

Desde hace casi tres años, todas las noches al cerrar mis ojos y luego de meditar un rato y de decir mis oraciones, justo en el instante antes de quedarme dormida, le pregunto a mi Mensajero de Amor: *"Michael, ¿qué quieres que le diga al mundo? Dime, ¿qué quieres que el mundo sepa hoy de ti? Permíteme ser tu voz."*

Espero haber sido fiel a su mensaje y haber logrado transmitir que no sólo la música del único y eterno Rey del Pop durará para siempre, el amor universal de Michael Jackson perdurará para toda la eternidad.

Mi Querido Michael,
nuestras conversaciones no terminan aquí,
continuarán...

Agradecimientos

A Dios Padre, por tantos regalos que me ha hecho en la vida.

A mi familia entera.

A mis padres, por su gran amor infinito y apoyo incondicional.

A mi marido, por ser mi amor eterno, mi amor único, mi mejor amigo, mi compañero en este camino de la vida que elegimos transitar juntos, por apoyarme en este sueño y ayudarme a hacerlo realidad.

A mis hijos por ser la luz de mi vida, por comprenderme y apoyarme siempre.

A mi sobrina y ahijada, Melina Ramos Etcheverry, mi fotógrafa preferida, por su amorosa dedicación y gentileza en tomarme la fotografía para este libro.

A mi hermana y mejor amiga, por su amor y por estar siempre a mi lado.

A mis hermanos por su amor, apoyo y colaboración.

A mis sobrinos, por llenar de alegría y sonrisas mi vida.

A mis abuelos, a mi tío y a mi "Aiaian" por cuidarme desde el cielo.

A mis tres tías, mis hadas madrinas que también me cuidan desde el cielo.

A todos mis primos, por estar presentes en la distancia.

A mis cuñados, por su cariño y por aceptarme como soy.

A Majo, mi amiga y hermana del alma, por su amistad y por compartir el mismo amor por MJ y por su corazón noble y bueno.

A mis amigos de toda la vida y hermanos del alma, por su cariño de tantos años.

A mi editor, Luis Pedro Videla, por su trabajo tan cuidadoso y por su enorme paciencia y comprensión.

A Emilse Valencia, una hermana que me regaló Michael y la vida, por honrarme con escribir el Prólogo de este primer "hijo literario", –así bautizado por ella– el cual enaltece y jerarquiza mi modesta obra.

A Luis Pietanesi por su enorme generosidad de ofrecerme sus fotografías de Michael para la portada.

A mi especialísimo amigo, Mauricio Mastroiacomo, por su amistad, por su corazón noble y solidario, y por su gran amor por MJ.

A toda la fan-milia de La Corte del Rey del Pop por su calidez, apoyo y compañía, especialmente a mis amigas y cómplices diarias en este amor mágico: Viviana, Marcela, Matilde, Checha y Cecilia; y a Gustavo Cusnier, creador y presidente de La Corte del Rey del Pop por su confianza y amistad.

A mi "alita gemela" y "Reina del Rey", Lydia Giménez Llort, por su valiosa amistad, por su apoyo y por su confianza a través de un "océano de amor".

A Jonathan Phillip Moffett por su amistad desinteresada y cálida.

Al doctor Thomas Mesereau por su apoyo, calidez y amabilidad siempre presente hacia los fans de Michael.

Al doctor Patrick Treacy por su apoyo, y por ser siempre tan comunicativo y paciente con los fans de Michael.

A Valmai Owens, creadora del sitio "Michael Jackson Tribute Portrait", por su apoyo y cordialidad.

A Deborah Kunesh, creadora del sitio "Reflections on the Dance" por su apoyo, y al artista David Nordahl por su gentileza.

A todo el grupo de fans de "Dear Michael..." en Facebook, soldados de amor, amigos gentiles y adorables, por apoyarme y acompañarme en esta travesía con tanto respeto, apoyo y cariño.

A un hermano en la distancia, de la India mi querido amigo Ashok Tiwari, por su apoyo incondicional y por alentarme a creer en mí y en mi sueño.

A mis hijos y ángeles de cuatro patas, por sus ojitos amorosos y sus mimos inagotables.

A mi guías espirituales, Myrta Yagnam y Hernán Latorre, por su amistad, su apoyo y sus abrazos entrañables.

A mi Ángel Guardián, el Arcángel Uriel, por su amor, inspiración y protección.

A la Virgen María, por protegerme a mí y a mis seres queridos con su manto.

A mi amadísimo Señor Jesús, mi maestro, mi amigo, mi sostén; por escucharme, por perdonarme y recibirme siempre con amor.

A Michael Jackson por iluminar mi vida con su propia luz.

A Dios y otra vez a Dios.

Correspondencia a la autora

Para contactar o escribir a la autora, o si desea recibir más información sobre esta publicación escriba a: *dear_michael_sp@hotmail.com*

La autora agradece su interés y comentarios sobre la lectura de este libro. Todos los emails recibidos serán contestados. Muchas gracias.

Referencias

1. ABC News, Good Morning America, Michael Jackson's Kids Want Future in Showbiz. Disponible en:
http://www.abcnews.go.com/Entertainment/exclusive-michael-jacksons-kids-future-showbiz/story?id=12988367#.T6wws1KQmII
2. Akio Morita Library, Recollections. Disponible en:
http://www.akiomorita.net/en/contents/episode/index.html
3. ALUA, ¿Qué es el Lupus? Robert G. Lahita, MD, Ph.D. Jefe de Medicina Disponible en:
http://www.alua.org.ar/ques.htm
4. Atalaya de los Arcángeles. Disponible en:
http://www.atalayadelosarcangeles.com
5. Autopsy Files, Michael Jackson Autopsy Report. Disponible en:
http://www.autopsyfiles.org/reports/Celebs/jackson,%20michael_report.pdf
6. BBC News, Jackson accuser 'denied abuses'. Disponible en:
http://www.news.bbc.co.uk/2/hi/entertainment/4557271.stm
7. Borowitz Report, Nelson Mandela. Disponible en:
http://www.borowitzreport.com/2005/03/30/mandela-michael-jackson-gives-me/
8. Boteach, Shmuley, The Michael Jackson Tapes. Disponible en:
http://www.youtube.com/watch?v=Owu1bkBtTbI
9. CBS News, 60 Minutes, Ed Bradley Jackson Interview. Disponible en:
http://www.youtube.com/watch?v=nqtW9y_2aZ0
10. CBS News, 60 Minutes, Ed Bradley, Jackson Interview Transcript por Ellen Crean. Disponible en:

http://www.cbsnews.com/stories/2003/12/28/60minutes/main590381.shtml
11. CBS News. Chopra: Media Frenzy Hurt Jackson. Disponible en:
http://www.cbsnews.com/2100-500202_162-5121336.html
12. Chandler/Shwartz, Conversación Telefónica. Disponible en:
http://www.youtube.com/watch?v=hqZR55Go1QI&feature=related
13. Citas de Michael Jackson. Disponibles en:
http://www.mjsmoonshine.blog.com/michael-and-his-fans/
http://www.goodreads.com/author/quotes/1354250.Michael_Jackson
http://www.quotes.lucywho.com/michael-jackson-quotes-t3552.html
http://www.lacortedelreydelpop.com/reportaje9.htm
14. CNN Transcripts, Michael Jackson's Attorney Speaks Out About Trial. Disponible en:
http://www.transcripts.cnn.com/TRANSCRIPTS/0506/14/lkl.01.html
15. CNN, Larry King Live, Thomas Mesereau. Disponible en:
http://www.mesereauyu.com/tag/larry-king-interviews-michael-jacksons-attorney-tom-mesereau-on-cnns-larry-king-live
16. Cruz Cabalística. Disponible en:
http://wwwes.scribd.com/doc/62657500/La-Cruz-Cabalistica
17. Cuenco Terapia, Musicoterapia. Disponible en:
http://www.cuencoterapia.com/
18. Cultivando el Espíritu, ¿Índigo o Cristal? Disponible en:
http://www.cultivaelespiritu.com.ar/ninos/articulos/indigoocristal.htm
19. Chopra, Deepak, Dr. Sincrodestino, Aguilar, Altea, Taurus, Alfaguara, S.A., 2003
20. Discurso de Michael Jackson en el Apollo Theatre, Harlem, 2002. Disponible en:
http://www.youtube.com/watch?v=k7WP4prIwUQ

21. Discurso de Michael Jackson en el Estadio de Fútbol Exeter en Inglaterra, 2002. Disponible en:
http://www.youtube.com/watch?v=hz9un75UByc
22. Discurso de Michael Jackson en la Universidad de Oxford, 2001. Disponible en:
http://www.youtube.com/watch?v=XzIQlVSH8GU
23. Dyer, Wayne, Dr. Are You a Writer? Disponible en:
http://www.drwaynedyer.com/blog/are-you-a-writer
24. Dyer, Wayne, Dr. Dr. Dyer's Inspiration Podcast – Coping with Loss. Disponible en:
http://www.learnoutloud.com/Podcast-Directory/Self-Development/Goals/Dr-Wayne-Dyers-Inspiration-Podcast/18773#
25. Dyer, Wayne, Dr. Real Magic and Michael. Disponible en:
http://www.drwaynedyer.com/blog/real-magic-and-michael
26. Dyer, Wayne, Dr. Tus Zonas Mágicas, 1992.
27. Fantam, Michael Jackson Fans are a rare breed. Disponible en:
http://www.michaeljackson.com/ie/node/287373
28. Fox News, Geraldo At Large. Disponible en:
http://www.youtube.com/watch?v=dVQMUdDJIWQ&feature=channel&list=UL
29. FOXTEL, The Debbie Rowe Interview – The Missing Tapes. Disponible en:
http://www.youtube.com/watch?v=srLhMXVHp14 30.
30. In Session Interview, Lee Thomas. Disponible en:
http://www.youtube.com/watch?v=o0FVNcsplEo&feature=related
31. Insomnio Comocombatir.com, Tipos de Insomnio. Disponible en:
http://www.insomnio.comocombatir.com/tipos-de-insomnio-2.html
32. Internet audio chat with Anthony DeCurtis - Presentado by GetMusic.com and RollingStone.com. Disponible en:
www.youtube.com/watch?v=Rq2snwHdmOU&feature=player_embedded

33. Jackson, Kaherine, Never Can Say Goodbye: Disponible en:
http://www.jacksonsecretvault.com
34. Jackson, Michael; Dancing the Dream, Doubleday, 1992.
35. Juez Pastor, Lectura del veredicto de culpabilidad contra el Dr. Conrad Murray. Disponible en:
http://www.youtube.com/watch?v=NX6HRcfPyTg
36. La Corte del Rey del Pop. Disponible en:
http://www.lacortedelreydelpop.com
37. Labor Humanitaria de Michael Jackson. Disponible en:
http://www.facebook.com/pages/Labor-Humanitaria-de-Michael-Jackson/133773590024145?ref=ts
38. Masquepadres.com, Vientre de Alquiler. Disponible en:
http://www.masquepadres.com/quiero-un-bebe/vientre-de-alquiler
39. Material de Psicología, Dr. Erich Fromm, El Arte de Amar. Disponible en:
http://www.materialpsicologia.files.wordpress.com/2010/01/erich-fromm-el-arte-de-amar.pdf
40. Maternidad Subrogada en Rusia y en el Mundo. Disponible en:
http://www.surrogacy.ru/es/history.php
41. MedlinePlus, Farmacodependencia. Disponible en:
http://www.nlm.nih.gov/medlineplus/spanish/ency/article/001522.htm
42. Michael anuncia el nacimiento de Prince. Disponible en:
http://www.mjhideout.com/forum/labor-humanitaria-de-michael-jackson/107772-febrero-humanhistoria-de-michael.html
43. Michael Jackson tribute. Disponible en:
http://www.love4mj.wordpress.com/page/7/
44. Michael Jackson, Moonwalk, Doubleday, 1988.
45. Michael Jackson's HideOut. Disponible en:
http://www.mjhideout.com/forum
46. Nancy Ann Tappe. Disponible en:
http://www.nancyanntappe.com
47. NIDA - Serie de reportes de investigación: Medicamentos de prescripción: Abuso y adicción. Disponible en:

http://www.nida.nih.gov/ResearchReports/Prescripcion/prescripcion2.html
48. Niños Prodigio. Disponibles en:
http://www.creaidea.com.ar/padres.html
http://es.wikipedia.org/wiki/Ni%C3%B1o_prodigio
http://www.taringa.net/posts/offtopic/1094001/Ninos-Prodigios_-Info-_-Videos.html
49. Nordhal, David, Interview by Deborah Kunnesh. Disponible en:
http://www.reflectionsonthedance.com/interviewwithdavidnordahl.html
50. Numerología Tántrica. Disponibles en:
http://www.hermandadblanca.org/biblioteca/numerologia/numerosdeldestino.com/numeros.html
http://www.sahej.com/Tantric_Numerology.html
http://www.decoz.com/DoReading_numerology_2.htm
http://www.entornomedico.org/ocio/numerologia.html#ocho
http://www.mysticscripts.com/numerology/tantric-numerology/
51. Oprah Winfrey Interviews Katherine Jackson and MJ's children. Disponible en
http://www.youtube.com/watch?v=xeyQXnULBS0
52. Oprah Winfrey Show. Disponible en:
http://www.youtube.com/watch?v=xeyQXnULBS0
53. Personarte, Sufismo. Disponible en:
http://www.personarte.com/sufismo.htm
54. Profesionales en Linea, Géneros Periodísticos. Disponible en:
http://www.profesorenlinea.cl/castellano/generos_periodisticos.html
55. Retroperspectiva. Sinestésico Perdido. Disponible en:
http://www.pekinhouse.wordpress.com/2007/08/03/sinestesico-perdido
56. Seth Riggs Entrevistado por Sara Levy, Magicmusic.com. Disponible en:
http://www.youtube.com/watch?v=D3GhgHBK288

57. Taylor, Elizabeth, Introduction "Dancing the Dream" Michael Jackson. Disponible en:
http://www.youtube.com/watch?v=JYmxtXqGV4E
58. The Guardian, Transcripción completa entrevista a Debbie Rowe. Disponible en:
http://www.guardian.co.uk/media/2003/feb/06/broadcasting.uknews.
59. The Jam Café, Michael Jackson Tribute Portrait Magazine. Interview with Jonathan Philip Moffett: Disponible en:
http://www.thejamcafe-mjtpmagazine.com/issue/beyond-the-dream/article/interview-with-jonathan-moffett
60. THE SUN, Not simply a black and white case. Disponible en:
http://www.thesun.co.uk/sol/homepage/woman/health/health/2585259/Darcels-black-to-white-skin-change-raises-Jackson-question.html
61. THE SUN, World Exclusive by Pete Samson, US Editor. Jermaine Jackson. Disponible en:
http://www.thesun.co.uk/sol/homepage/showbiz/bizarre/3968500/Jermaine-Jackson-I-hope-Conrad-Murray-is-haunted-by-what-hes-done.html
62. Tommasello, Anthony Dr. , Dependency vs. addiction. Disponible en:
http://www.articles.baltimoresun.com/2006-02-02/news/0602020013_1_drug-addict-drug-dependency-abuse-and-drug
63. Treacy, Patrick, Dr. Disponible en:
http://www.youtube.com/watch?v=6xL7zvkwdHk
64. Vitiligo Support International Inc., What is Vitiligo? Disponible en:
http://www.vitiligosupport.org/vitiligo/types.cfm
65. Walking Moon Studios, Man Behind The Myth. Disponible en:
http://www.youtube.com/watch?v=Hq0plufocgQ
66. Wikipedia, Vitíligo. Disponible en:
http://es.wikipedia.org/wiki/Vit%C3%ADligo

DESCARGO LEGAL SOBRE derechos de autor de los textos citados en este libro: La autora advierte sobre el desconocimiento de la fuente de algunos de los textos que han sido citados en este libro. Cualquier violación de derechos de autor detectada será corregida en la próxima edición.

Las reproducciones fotográficas en la portada de este libro son inéditas y fueron gentilmente cedidas a la autora por el fotógrafo profesional Luis Pietanesi, titular de los derechos de autor de dichas fotografías. Su ulterior distribución y/o cualquier uso comercial de las mismas están estrictamente prohibidos sin el permiso de su propietario.

Índice

Prólogo 9
Introducción 19
Capítulo I 21
    El comienzo
Capítulo II 33
    Conociendo a Michael
Capítulo III 111
    Conociendo la verdad
Capítulo IV 155
    Las visitas de Michael
Capítulo V 171
    Un oasis para el alma
Capítulo VI 175
    This Is It - Esto es todo - ¿Lo es?
Capítulo VII 201
    El cielo no pudo esperar
Capítulo VIII 225
    Palabras que brillan
Capítulo IX 249
    Tocando vidas
Agradecimientos 315
Referencias 317

www.ingramcontent.com/pod-product-compliance
Lightning Source LLC
Chambersburg PA
CBHW021849230426
43671CB00006B/323